함석헌의
생철학적 징후들

함석헌의
생철학적 징후들

김대식 지음

글모시는사람들

함석헌의 생철학적 징후들

등록 1994.7.1 제1-1071
1쇄 발행 2014년 9월 10일

지은이 김대식
펴낸이 박길수
편집인 소경희
편 집 조영준
디자인 이주향
펴낸곳 도서출판 모시는사람들
       110-775 서울시 종로구 삼일대로 457(경운동 88번지) 수운회관 1207호
전 화 02-735-7173, 02-737-7173 / 팩스 02-730-7173

인 쇄 상지사P&B(031-955-3636)
배 본 문화유통북스(031-937-6100)
홈페이지 http:// blog.daum.net/donghak21

값은 뒤표지에 있습니다.
ISBN 978-89-97472-79-6 93100

이 도서의 국립중앙도서관 출판시도서목록(CIP)은 e-CIP 홈페이지 (http://www.nl.go.kr/ecip)
에서 이용하실 수 있습니다.(CIP 제어번호 :CIP2014023067)

프롤로그

영국의 사회학자이자 정치 활동가이며 사회주의 페미니스트인 힐러리 웨인라이트(Hilary Wainwright)는 자신의 저서 『국가를 되찾자』에서 이렇게 말합니다. "어느 지점에서 '군중'(mob)은 도덕적 의제를 가진 '민중'(people)으로 변화하는가? 톰슨(Edward Palmer Thompson)의 답은 이렇다. 지식의 몸체와 자기 자신의 권리를 갖는 공공 영역을 발전시키는 지점"(Hilary Wainwright, 김현우 옮김, 『국가를 되찾자』, 이매진, 2014, 328-329쪽). 그렇다면 민중은 자신의 지식을 직접적으로 가질 수 있을까요? 게다가 국가 안에서 개인의 권리는 과연 존재하는 것일까요? 철학자 미셸 푸코(M. Foucault)의 '훈육적 권력'이라는 개념을 통해서 조명해 본다면 그리 쉬운 일은 아닐 것입니다. 통제, 관리, 분석, 분류, 교정, 조사, 평가하려는 국가의 권력 앞에서 민중이 자신의 순수 지식과 권리를 갖는다는 것은 점차 어려워진다는 것을 느낍니다.

어디 국가만 그런가요? 종교도 민중의 영혼을 가지고 위협을 하고 조작 · 조정 · 매매합니다. 교육은 일찌감치 국가 권력의 이데올로기를 양산하는 집단이 되다 못해, 이제는 아예 자본주의의 선봉에 서는 직업교육, 노동자 교육으로 전락한 지 오래되었습니다. 인류 역사가 점점 인간의 자유를 소중하게 생각한다고는 하지만, 실제로는 자본과 권력, 그리고 기계 등이 그것의 자리를 빼앗아 버리고 있습니다. 문제는 우리가 그것을 눈치채지 못하고 있다는 것이고, 설령 알아차린다고 하더라도 그 체제를 용인하는 지경에 이르렀다는 것입니다. 인간의 이성과 감성이 깨어 있지 못하는 것은 고사하고, 깨어나기를 바라지 않는 시스템과 메커니즘 속에서 우리는 살아가고 있는 것입니다. 함석헌은 20세기의 사상가였지만 이미 정치권력의 부패, 경제적 양극화, 종교적 망조, 교육적 광기 등에 대해서 신랄하게 비판하였습니다.

함석헌하면, 그저 과거의 사상가로 치부하고 말 인물이거나, 혹은 그저 향수어린 한때의 스승으로 기억되고 있는 상황에서 그의 사상과 철학을 통해서 오늘의 문제를 요량해 본다는 것이 무슨 대수일까 하고 생각하는 사람이 있을 것입니다. 게다가 젊은이들에게는 그나마 인터넷을 통해서 검색해 봐야 알 수 있는 옛 사람에 불과할 수도 있습니다. 하지만 시대가 암울할수록 그 현실을 타파해 줄 수 있는 스승이 필요한 법입니다. 글쓴이는 함석헌이 바로 그러한 인물이라고 봅니다. 우리나라를 대표할 만한 현대사상가요, 철학자인 함석헌을 통해서 지금의 문제들을 짚어 내고 해석해 나가는 시각을 기를 수 있다고 생각합니다. 순수한 사유가 존재하지 않을 수 있지만 그 사유가 태동하게 된 여러 가지 배경에는 반드시 그 시대를 전후로 한 또 다른 철학, 종교, 사상 등이 있을 것입니다. 함석헌도 예외는 아닙니다. 중요한 것은 그가 그러한 사유 매개체들을 통해서 인간의 역사 이성을 한 발짝 더 나아가도록 만들었다는 데에 그 의의가 있습니다. 그 사유의 흔적들과 흐름들을 좇아가다 보면 여러 갈래들이 나옵니다. 그리고 그가 어떻게 가능한 한 순수한 인간의 사유와 실천들을 추구했는가를 엿볼 수 있습니다. 새로운 세상을 만들기 위해서 새로운 말법들을 구상하고 더불어 이 세계가 아닌 초월의 세계, 형이상학적 세계를 구성하고자 무진 애를 썼다는 느낌을 받습니다.

누군가 글쓴이에게 '왜 함석헌을 다시 읽어야 하는가.'라고 묻는다면 이러한 유토피아를 찾기 위해서라고 말하고 싶습니다. 아직 있지는 않지만, 그 존재론적 장소를 찾기 위해서 함석헌 속으로 들어간다고 말입니다. 단언컨대 정치, 경제, 사회, 교육, 종교, 노동, 환경 등 삶의 구석진 곳을 밝게 만들어 나가기 위한 사유와 실천적 단초로서 그가 생각하고 말하는 그 본질에 깨달음의 자양분이 있습니다. 함석헌은 인식론적으로, 존재론적으로 우리가 무엇을 알아야 하고 또 어떠한 인간이 되어야 하는가를 일러주는 독특한 사유 세계가 있는 것이 사실입니다. 그런 의미에서 함석헌은 늘 그 자리에서 듬쑥하고(됨됨이가 가볍지 않고 속이 깊게 차 있다), 너볏한(몸가짐이나 행동이 번듯하고 의젓하다) 모습으로 우리 앞에 있습니다. 아무리 좋고 훌륭한 철학자나 사상가라 하더라도 그냥 지나쳐 버리면 나의 본래의 것(eigen; Eigentum), 즉 사유의 발생과 사건(Er-eignis)이 일어날 수가 없습니다. 오늘날 우리에게 부족한 것이 바로 그것입니다. 진정한 사유의 발생과 사건은 더디기만 합니다. 사유하기를 그치고 행동하기를 주저하는 나약한 인간의 모습은 필시 민중의 자유와 권리를 바라지 않는 자들에게는 호기가 아닐 수 없을 것입니다. 그래서 함석헌은 사유를 그렇게도 강조한 것입니다.

이 책은 글쓴이의 사유의 결과이기도 합니다. 동시에 함석헌과 동행한 흔적이기도 합니다. 나아가 글쓴이가 함석헌을 통해서 고민했던 것들을 독자와 함께 씨름을 하고자 하는 의도가 담겨 있습니다. 함석헌을 바람만바람만(바라보일 만한 정도로 뒤에 멀리 떨어져 따라가는 모양) 따라간 것이 벌써 몇 해가 지났습니다. 어쩌다 함석헌의 철학과 사상, 그리고 종교에 발을 들여 놓아 지금까지 왔지만, 한편의 정확한 삶의 그림을 내놓지 못한 것 같습니다. 그가 말한 씨올로서 살아온 것도 아니요, 그렇다고 행동하는 사상가로 살아온 것도 아니니 이 한 권의 책을 내놓는 것 자체가 부끄러운 일인지도 모릅니다. 하지만 함석헌의 글을 통해 세계를 보는 글쓴이의 시각과 고백적인 글들이 담겨 있는 것은 사실이고, 그로 인해 독자는 그가 말하는 삶의 지향성을 공유할 수가 있을 것입니다. 이전에 나왔던 책들이 어렵다는 소리를 종종 듣습니다. 최한기의 용어인 '배워서 익히고 물들임'이라는 뜻의 습염(習染)처럼, 글쓴이가 함석헌을 근간으로 하여 글을 전개하는 것이 아직 부족한 때문이라 생각합니다. 한편으로, 갈수록 글이 어려워진다는 것은 세상이 그만큼 단순하지 않고 복잡해진다는 것이요, 민중이 글에 마음을 열어 오래 머물기가 녹록치 않다는 반증일 것입니다.

알베르 카뮈(Albert Camus)의 작품 「자라나는 돌」에 보면 이런 말이 나옵니다. "망치로 돌을 부숴 보세요. 축복받기 위해서 돌 조각을 부숴 보세요. 하지만, 이런 일이 계속되면 돌은 자라난답니다. 부수고 또 부숴도 자라나지요. 기적이예요." 글쓴이는 이 책의 개념 하나하나가, 글 하나 하나가 인간의 마음의 문을 두드리고 함께 공감하면서 세계를 새롭게 축조해 나갈 수 있기를 희망합니다. 그러기 위해서는 올바른 삶을 살지 못하도록 하는 체제나 구조를 타파하는 사유가 필요합니다. 글쓴이는 사유의 실험을 통한 세계의 해석과 실천적 영혼을 갈구하는 몸부림이 온갖 시련에도 불구하고 새로운 세계를 구성할 수 있으리라 확신합니다. 한 사람의 생각이 계몽될 수 있다면 그것은 그야말로 기적입니다. 돌보다도 더 단단한 것이 사람의 생각이니 굳어져 버린 의식을 깨는 것은 다름 아닌 기적 아니고는 안 되기 때문입니다. "'우리는 걸어서 길을 만듭니다.' 미국의 시민권 운동이, 그리고 좀 더 최근에는 사파티스타가 한 말이다. 결국 우리가 가야 하는 지형의 지도를 만드는 일이 중요하다. 다른 가능성들을 공유하고 논쟁하기, 장애물들과 막다른 길을 만나 경고음 울리기, 그리고 언제나 우리의 방향 감각을 분명히 하고 우리의 집단적 힘을 이어가기."(Hilary Wainwright, 위의 책, 358쪽) 우리는 함석헌을 통해서 새로운 사유와 실천의 지형도를 구상할 수 있을 것입니다. 함석헌의 말을 통해서 세상에 경고를 하고 새로운 삶의 방향을 제시할 수 있습니다. 함석헌은 그 힘이 씨ᄋᆞᆯ에게서 나온다고 믿었던 것처럼, 민중은 깨어서 일어나야 하고 그 힘을 보여주어야 할 때가 지금이 아닌가 싶습니다.

　가족을 잘 그느르지(돌보고 보살펴 주다) 못한 글쓴이의 마음이 그리 편하지는 않습니다. 그래도 묵묵히 글쓴이의 옆자리를 지켜 준 아내 고운이 고맙습니다. 든든하게 그리고 무던하게 자라면서 삶의 불편함에 대해서 군소리 안 하는 아들 지원이에게도 사랑한다는 말을 하고 싶습니다. 아들은 잘 알 것입니다. 미래의 어느 시대에 자신의 목소리를 내고 당당하고 떳떳한 주체적인 한 인격체로 살아가기를 바라는 글쓴이의 마음이 이 책에 고스란히 녹아 있음을. 시대는 산다는 것을 어렵게 만들고 살아간다는 자체를 자연스러운 흐름 속에 있도록 내버려두지 않습니다. 사제로 살아간다는 것도 마찬가지일 것입니다. 글쓴이의 스승 전헌호 신부님은 그러한 사실을 덤덤하게 받아들이시면서도 글쓴이의 삶이 잘 풀리기를 바라는 분입니다. 그것을 모르는 바 아니기에 늘 감사드릴 뿐입니다. 또한 강원도에서 글쓴이를 위해서 새벽마다 기도를 해주시는 이찬옥 권사님께도 예를 올립니다. 대학을 들어갈 때부터 지금까지 마음과 영으로 함께 하시면서 글쓴이를 넉넉한 시선으로 바라봐 주셨습니다. 대학 강사로서, 그리고 목회자로서 이 시대의 바른 교회상을 고민하시는 박정환 목사님의 격려에도 고마움을 표하지 않을 수 없습니다. 그리고 깜냥이 안 되는 이 글을 위해서 선뜻 추천사를 써 주시는 수고로움을 마다하지 않으신 이만열 선생님과 황보윤식 선생님께 장읍(長揖)을 합니다. 마지막으로 글쓴이의 원고를 선뜻 받아주시고 정성을 들여 반듯한 책으로 만들어 주셔서 함석헌을 알리는 데 도움을 주시는 도서출판 모시는사람들의 박길수 대표님 이하 직원 여러분들께도 감사드립니다.

2014년 8월. 저자 말-열음

추천사

이 책은 그동안 저자가 함석헌과 관련하여 《함석헌평화포럼》(오마이뉴스)
에 써 왔던 글과 대학 강단에서 강의해 왔던 주옥같은 글들을 항목별로 분
류하여 한 권으로 엮은 책입니다. 이 책에 대한 추천사를 쓰는 이 사람은 글
쓰기 능력이 탁월하지 못한 사람입니다. 그런데도 추천사를 부탁하는 저자
의 말에 기꺼이 화답(和答)하였습니다. 그것은 이 책을 추천하는 사람보다
정신세계가 더 높은 저자이기 때문입니다. 글을 미리 받아 촘촘히 읽어 보
았습니다. 참으로 함석헌을 자신의 해박한 지식으로 분석하면서 해석하고
주석을 달았습니다. 함석헌의 사유를 쉽게 이해할 수 있게 만든 책입니다.
이 책의 핵심 주제어는 함석헌의 저항의식과 평화사상, 인간중심, 생태환
경, 아나키즘입니다.

이 책을 추천하는 사람은 역사를 전공하였고 이 책의 저자는 환경철학을
전공하였습니다. 철학은 변화하지 않는 진리를 연구하는 학문이고, 역사는
변화하는 진리를 연구하는 학문입니다. 그래서 역사학자가 철학자의 글을
이해한다는 것은 어려움 그 자체입니다. 그럼에도 저자의 글이 읽기가 편
한 것은 이 책이 함석헌에 대한 해석이기도 하지만 저자의 글이 '변함'과 '안
변함'을 동시에 합성하여 글을 썼기 때문입니다. 곧 새로운 패러다임을 구
축해가고 있는 책입니다. 글쓴이가 저자를 좋아하는 점은 바로 저자의 글을
통하여 함석헌이 철학자로, 사상가로 새로운 탄생을 하고 있기 때문입니다.

함석헌, 그러면 요즈음 젊은이들은 잘 모릅니다. 그러나 60대를 전후로

하는 그 이상의 연령을 가진 분들은 대부분 잘 아는 분입니다. 교수신문사에서 전국의 대표적 교수들이 '근대 백년 논쟁의 사람들' 중 일곱 번째 인물로 함석헌(1901.3.13.~1989.2.4)을 꼽을 정도입니다(2010년 08월 31일자). 이러한 함석헌에 대하여 많은 학자와 지식인들이 그의 사상을 연구하고 있지만, 진정 그의 사상과 철학을 학문적으로 그리고 함석헌이 즐겨 썼던 용어로서 씨올(민중)과 연계하여 함석헌을 다시 살려내고 있는 글쟁이는 드뭅니다.

함석헌 사상의 확연한 형성 시기는 어릴 적 일제강점기라는 배양기가 있었지만, 우리 역사에서 동서 이념에 의한 냉전 논리가 기승을 부리던 1950년대부터 1970년 말 사이가 됩니다. 한반도의 독재적 두 분단 권력들은 냉전 논리에 편승하여 국가 폭력으로 민주주의를 유린하고 인권을 짓밟았습니다. 이 탓으로, 이 시기는 '다스림의 윤리'가 처절할 정도로 구겨지고 때묻고 찢겨졌습니다. 권력의 끝 모르는 독선, 황제화를 위한 맹목적인 자기 확장, 통치의 자기 정당화를 위해 이기심의 치졸함이 극에 달해 있던 시기입니다. 바로 이러한 시대적 분위기에서 함석헌의 사상은 완성되었다고 할 수 있습니다. 이러한 함석헌에 대하여 함석헌 연구가들이 여러 각도에서 바라보고 그들 나름대로 단정(斷定)을 내리고 있지만 아직은 함석헌을 뚜렷한, 이렇다 할 일가(一家)를 이루는 사상가로 자리매김하기는 어렵습니다. 그런 가운데《함석헌평화포럼》에서는 이미 그를 융합철학자(무지개사상가)라고 규정지은 바 있습니다. 함석헌을 '무지개사상가'라고 규정짓는 것은 이 책의 저자도 표현하였듯이 함석헌이 '아나키즘적 그리스도교 사상'을 바탕에 두고 동서양의 사상을 넘나들며 고민하고 갈등하면서 진지한 사유 흔적을 통하여 우리(아시아)의 전통 학문과 서구 학문을 생산적으로 종합하였기 때문입니다. 그는 이를 통하여 독자적인 '우리 학문'의 길을 개척한 대표적인 인물입니다. 그렇다고 함석헌은 학자가 아닙니다. 그는 대중연설가로 고난 받는 민중의 해방을 염원하면서 재야의 투쟁 현장에서 존재했던 사상의 실천가였습니다. 이 책에서 저자는 융합철학에 대한 개념을 다음과 같이 새롭게 설정하고 있습니다. "서로 다르지만 조화를 이루는 것이 융합이다. 다시 말하면 보편성 안에 개별성이 녹아 있는." 그래서 저자는 최근에 한국 사회에서 일고 있는 '대중적 보수성'에 대하여 융합철학적 사고의 결여에서 나온 어리석음이라고 비판하면서 씨 을 의 '철학적 무장'을 강조하고 있습니다.

함석헌의 무지개사상은 종교다원주의로 표출됩니다. 그는 이단은 존재하지 않는다고 하였습니다. 함석헌은 종교에 대한 정의로, 임의적이고 자의적인 지배권력적으로 강제되는 개념을 반대하였습니다. 함석헌의 주장대로 "각 종교란 시대의 언어와 형식을 취하고 있다."는 말로 풀이할 수 있습니다. 동일한 것이 다르게 나타난다는 것은 각 종교의 존재 방식의 특수성을 말하는 것일 터, 결코 그 종교가 열등하거나 불완전하다는 것을 의미하지 않습니다. 함석헌은 각기 다른 민족과 문화에는 고유한 입장과 견해가 있기에 아무도 진리를 독점할 수 없다고 하였습니다. 이 때문에 함석헌은 종교적, 사상적, 문화적 다원주의 경향을 보이고 있습니다.

함석헌의 사상 전반에 걸쳐 흐르고 있는 또 다른 사상은 아나키즘입니다. 함석헌은 우리나라가 현대로 이어지는 길목에서 새롭게 아나키즘 사상에 관심을 갖습니다. 그는 신채호와 관련은 없지만 분명 신채호의 아나키즘과 관련을 맺고 있습니다《함석헌학회》 이만열, 2012). 이러한 사상적 바탕에서 함석헌의 실천철학이 나옵니다. 곧 자유주의 씨 을 사상과 세계평화주의사상입니다. 그래서 인간의 자유를 억압하는 어떤 국가조직과 기구도 반대하였습니다. 함석헌은 국가주의를 씨 을 이 겪는 고난의 원천이라고 보았습니다.

지구는 이제 지역의 국가를 넘어 세계가 하나로 가고 있다고 예언합니다. 그의 사상을 일관하여 꿰뚫고 있는 통일된 사상은 국가권력을 넘어선 씨올 중심의 사람주의입니다. 곧 그는 씨올이 중심이 되는 세상을 만들고자 했습니다. 그래서 씨올의 자유의지를 억제하는 일체의 국가권력을 부정하였습니다. 바로 이게 함석헌식 아나키즘 철학입니다. 때문에 그는 국가주의를 배제하는 평화주의적, 세계주의적, 공동체적 사상을 통합하면서 창조적 사상세계를 개척하고자 했습니다. 여기서 함석헌은 자연 씨올의 자치를 중시하게 됩니다. 바로 이러한 '씨올의 자치' 사상이 1970년대 박정희 권력에서 신음하던 씨올들에게 저항의 희망을 주게 됩니다. 이러한 씨올의 자발적이고 자연스런 생명의 힘을, 그는 국가주의에 핵심을 두는 유학의 천명사상과 씨올의 자치정신에 핵심을 두는 노장사상의 조화(융합)에서 찾습니다. 함석헌이 말하는 천명(天命)은 임금이 아니라 바로 씨올입니다. 이 책을 통하여 글쓴이가 감동을 일으킬 수 있었던 까닭은 이 책이 갖는 시의적절함입니다. 함석헌을 다시 살려놓아야 하는 이 시대에 이 책은 나오고 있습니다. 오늘날 이 시대에 함석헌의 존재가 다시 부각되면서, 이 책은 그 귀함을 새삼 주목되게 그를 제 자리에 제대로 놓게 만들었다는 사실입니다.

무엇보다 먼저 김대식 박사는 함석헌 연구를 통하여 함석헌식으로 사유하면서 함석헌식 글을 쓰고 있다는 점입니다. 한 예를 들어봅시다. 영성신학을 전공한 저자는 예수와는 다르게 '바로 가지 못하는, 엇나가는, 교회와 사목자들에 대하여 신랄하게 비판합니다. 그의 비판을 들으면 요즘 한국사회에서 밥 벌어먹고 있는 교회/목회자 대부분은 예수를 섬기고 따르는 교회/목회자가 아니라 예수를 배반하는, 예수를 팔아 치부(致富)하는 교회/목회자임을 자각시킵니다. "교회가 교회 본연의 임무와 사명에 충실하기보다 어떻게 하면 제도적·구조적으로 사람들을 구속하여 공동체에 묶어둘 수 있을까? 재원 마련을 보다 더 확고하게 할 수 있을까? 하는 세속적·물질적·물량적 사목에만 신경을 쓰고 관심을 갖는다."라는 대목을 읽을 때는 김대식 박사의 한국 교회/목회자에 대한 비통한 함석헌식 충언(衷言)을 느낄 수 있습니다.

그리고 그는 교회/목회자의 본질과 역할에 대하여 단호하게 말합니다. 그의 말을 요약하여 인용해 봅니다. "분명한 것은 교회는 성령의 활동이지 어떤 기관이나 체제가 아니다. 그런데 한국의 교회는 하느님의 역동성이 드러나는 활동보다 기관 확장과 체제 유지에만 급급하다. 다시 말하면 이것은 의례(제의) 권력, 성직자 엘리트 중심의 권력을 확고하게 다지겠다는 발상이다." "이런 식으로 한국교회가 나간다면 교회나 목회자는 힌두교의 브라만 계급처럼 될 것"이다. 또 "세상의 부조리, 불합리, 권력의 독점, 가난한 자들의 착취 등이 모두 인도의 사제 브라만이 지켜온 신과 그것에 대한 숭배의 례에서 나온 것"이다. "힌두교의 세계관, 브라만의 귀족화에 반대하여 혁명가로서 붓다가 나왔다. 붓다 자신도 성직자 체제, 권력, 지배, 착취 등에 대해서 반기를 들었다." "가장 중요한 것은 성직자(브라만)로 인해서 서민(농민)들의 삶의 근간이 무너지고 경제적으로 파탄에 이르기 때문"이라고 분석하고 있습니다. 저자는 그리스도교 교회 헌금이 결국은 성직자의 축재와 연결된다고 비판하고 있습니다. 바로 함석헌식 비판입니다.

반가운 일은, 김대식 박사가 우리나라에서 처음으로 함석헌 해석에 새로운 패러다임을 개척해 가고 있다는 점입니다. 그는 함석헌 입장에서 세계철학(동서양)을 논하는 게 아니라 세계철학자들이 사유하였던 사상세계와 함석헌의 사상을 비교하고 있습니다. 그래서 같은 테마에서 함석헌의 사유가 세계철학자들이 사유했던 사상이 어떻게 다른가를 비교하여 보여주고 있습니다. 이렇게 해서 김대식 박사는 함석헌의 귀함을 이 시대의 중요성에 비추어 드러냄과 동시에, 특히 함석헌을 세계적인 철학자의 반열에 올려 놓고 있습니다. 함석헌을 연구하는 다른 연구자들은 함석헌을 세계적인 사상가, 철학자로 만들어내지 못했지만 김대식 박사는 함석헌을 세계적인 철학자로 재탄생시켰습니다. 그것은 함석헌의 말과 글을 유럽의 저명한 철학자의 말과 글에 대입하여 사람(씨ㅇ)에 토대를 둔 함석헌의 행동철학(몸-짓)을 발견하고 있기 때문입니다. 함석헌의 이러한 사상의 토대를 저자는 왕양명 사상의 지행합일(知行合一)에서 찾고 있습니다. 때문에 이 책을 통하여 함석헌의 철학세계는 물론, 동서양의 철학세계까지 모두 섭렵할 수 있습니다. 우리는 이 한 권의 책을 가지고도 세계철학자들의 사유세계를 요약해 읽는 동시에 함석헌의 사상과 비교할 수 있습니다. 따라서 저자 김대식 박사에 의하여 함석헌은 새롭게 태어나고 있다고 할 수 있습니다.

다음으로, 저자는 인간의 갈등(스트레스)문제에 대하여 많은 이야기를 하고 있습니다. 특히 종교적 갈등이 정치, 예술, 성행위윤리, 경제에 영향을 미칠 수 있다고 합니다. 종교의 갈등에도 다차원적 성격, 중층적 특성을 무시할 수 없는데, 동일한 공동체 안에서도 개인과 개인, 집단과 집단이 서로 반목하거나 싸움을 하는 경우와 서로 다른 이질적인 공동체가 이해관계나 이익을 놓고 첨예하게 대립하는 모습을 볼 수가 있습니다. 그래서 저자는 종교적 갈등을 극복하고 종교의 평화로 가자고 제안합니다. 바로 저자의 '종교평화지수 제정'에 대한 동의입니다. 저자가 종교평화지수 제정에 동의하는 가장 중요한 철학적 의미는 타자에 대한 새로운 인식을 가져다 주어야 한다는 데 있습니다. 곧 현대 우리 사회는 자기 자신이 아닌 '타자'를 통한 자아의 이성 비판이 이루어지지 않으면 안 되는 상황에 놓여 있다고 강조합니다. 그래서 종교의 갈등 해소, 혹은 적극적인 의미에서 종교의 평화를 위해서는 종교 자체의 정화나 각성은 시대의 당위성이라고 합니다.

앞에서도 함석헌에 대한 설명에서도 말했지만, 저자도 함석헌의 사상 중 아나키즘에 대하여 관심을 보이고 있습니다. 김대식 박사는 특히 함석헌을 국가권력을 넘어서는 종교적 아나키즘(religious anarchism)으로 분류하고 있습니다. 함석헌을 통하여 김대식 박사는 종교와 정치를 깊숙이 연결합니다. 정치가 잘못 가는 것은 종교의 책임으로 봅니다. 그래서 국가권력의 폭력에 대하여 종교는 저항해야 한다고 주장합니다. 이와 더불어 종교 자체가 권력화되었을 때도 신도들은 그 종교권력에 대하여 저항해야 한다고 합니다. 함석헌 역시 인간의 절대자유와 종교자유를 강조합니다. 저자는 함석헌이 자유로운 종교, 노예의 종교(신앙적 평등성), 무교회적 신앙을 주장하는 것은 그가 '종교적 아나키즘'을 가지고 있기 때문이라고 봅니다. 그리고 저자는 함석헌의 종교적 아나키즘을 '평화적 아나키즘'으로 재해석하고 있습니다. 저자는 함석헌의 평화 아나키즘을 실천하는 방안으로 "평화적 소공동체, 생명적 대안공동체"를 제시하고 있습니다.

"한쪽만 잘 사는 사회, 한쪽만 편드는 국가, 한쪽만 잘났다고 하는 정치, 한쪽만 복 받는다고 하는 종교. 이렇게 두남두기(편들기)보다 모두가 평등하며 서로 돕고 조화를 꾀하는 사회가 바람직하지 않은가. 서로의 눈치만 보고 자신의 밥그릇을 생각하여 씨울(민중)은 아랑곳하지 않는 정치·국가·종교는 인간도, 자연도 살리지 못하는 바보가 아니던가." 그리고 그는 더 나아가 자연 환경에 대한 인간중심주의에 대한 논의를 탈피하고 생태중심주의로 나아가기 위한 어원적인 고찰이 필요할 때라고 생각하고 있습니다.

김대식 박사는 얽히고설킨 함석헌의 글을 꼼꼼히 풀어 가며 "종교적 현상을 꿰뚫고 있었을 뿐만 아니라 종교적 렌즈를 통해서 세계를 깊이 인식한 사상가요, 강연자요, 작가"라고 함석헌을 평가하고 있습니다. 특히 함석헌을 작가/종교적 작가라고 말합니다. "함석헌은 종교문제를 비롯하여 사회, 정치 등 여러 방면에 적극적으로 개입하고 참여한 작가임에 틀림없다."라고 파악함으로써 세계의 여타 철학자와 함석헌이 다른 점을 밝히고 있습니다. "세계철학자들이 사유와 비판 자체로 끝났다면 함석헌은 그 사유와 비판을 실천으로 옮겼다."는 주장입니다.

역사는 오류의 시간을 거쳐, 성찰의 시간을 만나, 정의 시간으로 가는 법칙을 가지고 있습니다(변증법적 역사 발전 법칙). 아직도 한국의 역사는 오류의 시간을 끝낼 시간에 와 있습니다. 그 와중에서 민주주의가 옥중에 갇혀 있고, 독재 권력이 제왕처럼 행사하고 있습니다. 설득과 포용의 리더십을 가지고 국태민안(國泰民安)에 진력하는 지도자가 없습니다. 개인의 영달과 국가 이익을 사유화하는 권력자와 정치인들만 우굴거리고 있을 뿐입니다. 반대 당파와 사회단체조차 감히 이를 비판하고 공격할 엄두도 못 내고 서로 '짜고 고스톱'(화투에서 말하는)을 치고 있는 판입니다. 함석헌처럼 옥살이도 두려워하지 않고, 협박도 무서워하지 않고, 위기에 빠져 혼탁해진 이 나라를 구하기 위해 혼신의 힘을 다하는 그런 신념을 가진 이가 없습니다. 이런 이 시대에 이 책은 우리 사고의 지평을 넓혀 주고 '추구하고 지향하는 인간'으로 만들어 주리라 믿습니다. 이 책을 통하여 오늘날 이 위기의 시대, 혼탁한 시대에 함석헌을 다시 그리워해 봅니다.

2014. 3.1 소백산 醉來苑 豊土堂에서 황보윤식

차례　함석헌의 생철학적 징후들

제1부

함석헌의
초월론적 세계와 정치 · 종교 수사학

함석헌의 논리를 한마디로 정리하자면, 종교란 자기 고침이다. 인간이 자기 숨고르기를 제대로 할 수 있으면 혁명이라고 말하는 것이다. 자기 고침이나 자기 개조란 결국 자기가 자신의 의지대로 들숨날숨을 할 수 있는가 없는가 하는 것을 나타내는 말일 것이다. 따라서 종교는 인간 자신과 삶의 숨통을 잘 터 주는가 못해 주는가를 보면 그것이 참인지 거짓인지를 알 수가 있다.

함석헌의 정치 인식과 철학

1. 씨올의 융합(정치)철학

2012년 용띠해. 환상과 기대에 묻혀 버린 세밑이다. 왠지 숭앙의 그림자와 거짓 진리에 현혹된 백성들과 함께 막다른 골목에 마주 선 광기의 기억들만이 아련히 남은 듯하다. 늘 그렇듯 인간은 역사의 사건들을 하나 둘씩 기억 속에 남기고 새로운 희망을 꿈꾼다. 올해의 시간 속에서 이루어진 사건들을 돌이켜 성찰해 보면 슬프고도 절망스러운 대선이 아니었나 싶다. 물론 자신이 지지했던 후보가 당선이 된 경우에는 기쁨과 희망이라고 말하겠지만 말이다. 필자는 이번 대선을 통하여 다시 한 번 함석헌의 '생각'과 '정신'이 옳(았)다는 것을 뼈저리게 느꼈다. 백성들의 이성과 감성은 여전히 과거 우리나라의 근대 산업사회의 향수로 퇴행하고, 그로 인한 트라우마를 극복하지 못하고 대선 승리자가 안고 있는 트라우마와 일치시키거나 투사하는 것을 엿볼 수 있다.

인간의 이성을 짓밟고 자연을 유린하여 얻은 경제적 성장 그리고 그 연장선상에서 이루어진 MB의 콘크리트 정치는 전혀 다를 게 없지 않은가. 그럼에도 백성들은 입을 것, 먹을 것, 잘 곳을 걱정하며―사실 많은 사람들은 상대적 빈곤감과 박탈감에서 그럴 뿐임에도―퇴행적 정치경제를 갈망하고 있으니, 우리의 성숙한 시민이성, 도덕감 그리고 초월적 정신과 생각은 무능하기 그지없다는 생각이 든다. 이에 분노한 사람들은 자괴감에 빠져 이 정치적 현실을 개탄하고 있으니 참으로 안타깝고 암울하기까지 하다. 하지만 함석헌의 정신을 계승하거나 동조하면서, 그에 걸맞은 사유와 실천을 전개하려는 사람들이 있다면, 이제부터 새로운 도전이 시작되었다는 사실을 알 필요가 있다.

새롭게 정신을 가다듬고 혁신된 전략과 운동으로 향후 정치를 철저하게 주시해야 한다. 그러기 위해서는 진일보된 철학이 절실하게 요청된다. 필자는 일전에(함석헌평화포럼 블로그, 2012.9.1) 황보윤식 선생님(함석헌평화포럼 공동대표)이 제안하신 '융합철학'(融合哲學)으로 바탕틀을 짜야 한다고 본다. 함석헌의 다양한 스펙트럼을 총체적·전체적으로 묶어내는 사유가 바로 그것이다. 융합철학은 정치·교육·사회·여성·경제·환경·통일·종교·문화 등의 얼개가 따로 떨어져 있지 않고 유기적으로 연결되어 있으면서 한 점, 하나의 빛, 보편성으로 모을 수 있는 철학임을 명백히 한다. 물론 융합철학은 모든 학문적 영역과 삶의 영역을 무차별적으로 혼합하겠다는 것이 아니다. 또한 생물학적 토대 위에서 타학문과의 교류 및 대화를 모색하는 통섭(consilience)과도 다르다. 나아가 융합철학은 보편성을 지향하지만 전체주의적 폭력을 의미하지도 않는다.

융합철학은 '여럿이 모여서 하나로 합침'이라는 사전적 의미가 내포되어 있다. 그러나 그것은 너무 제한적인 의미로만 파악될 수 있기에 좀 더 세부적으로 용어의 뜻을 길어 올려야 한다. 다시 말해서 융합은 각기의 장소, 시간, 개념, 영역, 사건 등을 버리고 하나로 합쳐져서 그 개별성이 완전히 사라진다는 것으로 인식될 수 있다. 그러나 하나의(큰) 보편성, 하나의(큰) 생각, 하나의[聯] 정신으로 모아지기 위해서 잠정적으로 녹아 있을 뿐이지 개별성과 특수성이 희석되는 것이 아니다. 그것은 함석헌이 말한 '생각', '정신'으로 모아지기 위해서 통하는[通/融] 것이다. 더 정확히 말해서 화합[融]하는 것이다. 모두가 서로 다르지만 서로 꼭 일치하고 들어맞기 위해서 조화를 이루는 것, 그것이 융합철학이라 볼 수 있다.

이제 정치 지도자를 판단/비판할 때 가져야 하는 씨ㅇㄹ의 시각은 서로 다르지만 큰 이성, 큰 정신, 큰 생각을 모으기 위해서 다양한 영역들과 관심사들은 통합적으로 바라볼 수 있어야 한다. 함석헌이 하나의 사건을 가지고도 생각과 정신을 근본으로 한 융합적 시각이었다면, 씨ㅇㄹ도 정치 현상 하나만이 아니라 정치와 교육, 정치와 종교, 정치와 경제, 정치와 문화, 정치와 환경, 정치와 여성이라는 카테고리처럼 둘 혹은 셋 등 여러 측면의 통찰을 통하여 그야말로 생각을 모아 갈 수 있어야 할 것이다.

이번 대선이 '대중적 보수주의'로 나타난 것은 국민들이 융합철학적 사고나 시각을 갖지 못하고 단선적 사고에 그쳤기 때문이다. 따라서 앞으로 씨ㅇㄹ이 견지하고 지향해야 할 철학은 융합철학이어야 한다. 이러한 철학을 가지고 백성을 계몽하고 차기 정권을 끊임없이 모니터링해 나가야 할 것이다. 씨ㅇㄹ이 먼저 새로운 철학으로 무장되어 있는 한 새로운 세계, 새로운 정치의 가능성은 다시 한 번 꿈꿀 수 있을 것이다.

2. 혁명적 인간, 혁명하는 인간

혁명(革命). 혁명(reformation)은 그릇[형식]을 바꿔서 통째로 내용물[질료]까지 변화시키는 것이 아니던가. 그래서 함석헌은 "달라지되 어느 한 부분만 아니라 전체를 완통 뜯어 고치는 일", "새 출발을 하는 일"[1]이라고 말한다. 혁명은 일부분이 아니라 전체를 고쳐야 한다는 말인데, 과거의 혁명은 완전한 혁명이 되지 못하고 늘 불완전한 혁명으로 그치고 말았다. 특히 한국 현대사의 비극인 5·16을 '혁명'이라고 하나 그것은 혁명이 아니라 엄밀한 의미에서 군사 쿠데타였다. 씨을에 의해서 밑에서부터 일어난 혁명이 아니라 무력을 앞세운 힘의 폭력이었던 것이다. 그 사건으로 무엇이 달라졌단 말인가? 그것이 새 출발이라고 말할 수 있는 것인가? '새로움', '새'라는 수식어를 달 수 없는 것은 그로 인해 새워진 정권이 곧 군사정권, 군사독재라는 결과물을 낳았기 때문이다. 다시 말해서 그것은 전혀 새로운 것이 아니라 한 군인이 국가 수장의 탈을 쓰는 것에 지나지 않는 것이었다. 모름지기 혁명은 씨을로부터 일어나야 한다. 그것도 하늘로부터 명(命)을 받아서, 하늘로부터 말씀을 받아서[2] 되어야 하는 것이다.

하늘로부터 받지 않은 것은 결단코 혁명이 아니다. 그것이 5·16 군사정변을 혁명이라 부를 수 없는 이유이다. 씨을이 주인이 되는 시기, 씨을의 의식이 깨이는 시기, 씨을의 정신이 자주성을 갖는 시기, 씨을이 생각을 펼치는 시기가 퇴보하고 말았기 때문이다. 그것은 4·19혁명의 불완전성 때문에 빚어진 현상이기도 하지만 말이다. 설령 그렇다고 하더라도 5·16 군사정변으로 인해서 인간의 정신이 깨이고 자신이 역사의 주인이 되면서 씨을이 역사철학을 형성하는 시기를 늦추는 결과를 가져오게 되었다는 것은 분명한 사실이다.[3] 그래서 함석헌은 비판한다. "민중이 일어서야겠는데, 일어서지 않기 때문에 군인이 일어선 것이다. 일어설 것은 군인이 아니요, 민중이다. 사람이 아니란다고 감정을 내는 학생이나 군인은 참 사람은 못 된다."[4]

반면에 5·18 광주민주화운동은 어떤가? 그 사건은 하늘로부터, 씨을로부터 이루어진 혁명이라고 말한다 하더라도 과언은 아닐 것이다. 함석헌이 말했듯이, "생명의 길은 언제나 모험의 길"[5]이다. 혁명에는 바로 생명의 길로 접어드는 필연적인 과정이 뒤따르기 마련이다. 그렇기 때문에 아픔과 고통, 그리고 피비린내 나는 참극이 일어난 것이라면 섣부른 판단일까. 박정희 정권이 막을 내리고 정치권을 장악한 신군부 세력의 군사독재, 언론 통제, 민주 정치 인사의 투옥, 계엄령, 휴교령 등에 맞선 그 당시 저항운동은 역사의 필연일 수밖에 없었다. 비록 비폭력으로 시작된 시위였다가 무장시민군이 형성되면서 엄청난 희생이 발생한 사건이 되었지만, 그것은 엄연한 '시민혁명'—영국의 청교도혁명(1640~60), 미국의 독립혁명(1775~83), 프랑스혁명(1789~94), 독일의 3월 혁명(1848), 러시아의 2월 혁명(1917) 등과는 다르다 하더라도—이었던 셈이다. "민중의 노함은 하나님의 불"[6]이라는 말처럼, 시민이 주축이 된 혁명, 하늘의 뜻, 하늘의 소리를 씨ᄋᆞᆯ 전체에게 주었기에 이루어진 것이다. 5·18 광주시민혁명은 국가, 세계, 생명 전체를 살리기 위해서 소아(小我)를 버리고 대아(大我)를 택한 사건이다.

혁명의 목적은 공(公)을 살리기 위해 사(私)를 죽이는 데 있습니다. 프랑스의 혁명정신 속에 살았고 민주주의 투사였던 빅토르 위고는 폭동과 혁명을 구별해 말하면서 "폭동은 물질적 동기로 일어나는 것이고 혁명은 정신적 동기로 일어나는 것"이라고 했습니다. 정신이 무엇입니까? 공(公)을 위하는 것이 정신입니다. 그런데 공이 무엇입니까? 천하위공(天下爲公)입니다. 세계가 공입니다. 살아도 인류 전체가 같이 살고 죽어도 인류 전체가 같이 죽게 된 것이 오늘의 세계의 현실입니다.[7]

이제 혁명은 개인을 넘어서 세계 전체를 살리기 위한 것이 되어야 한다. 그럼에도 무엇보다도 먼저 개인을 다시-만드는 일(재-형성, re-form)에서부터 시작되어야 한다. 그래야 개인에게서 시작하는 혁명은 한 개인을 넘어서 사회, 국가, 세계로 뻗어 나갈 수가 있다. 개인에게 머무는 혁명은 혁명이 아니라, 하늘 뜻을 새롭게 펼치는 것이 아니라 한갓 개오(改悟)에서 멈추고 만다. 한 현자는 이렇게 말했다. "자기로부터 시작하라고 했지 자기에게서 그치라고 하지는 않았다. 자기를 출발점으로 삼되 목표 삼지는 말라는 말이다. 자기를 파악하되 자기에 사로잡히지는 말라는 말이다."[8] 물론 개인을 새롭게 만들지 못하는 혁명은 공동체를 새롭게 하지 못할 뿐만 아니라 개인과 공동체 모두가 처한 상황과 위치를 전혀 알지 못한다.

랍비 하녹이 한 이야기다. 옛날에 아주 멍텅구리가 하나 살았었다. 아침에 일어나면 옷을 찾아 입기가 너무 어려워, 밤이 되면 이튿날 깨면서 또 고생할 생각이 끔찍해서 잠자리에 들기를 꺼릴 정도였다. 그러다가 하루저녁 큰 노력을 하여 연필과 종이를 갖다 놓고 옷을 한 가지씩 벗는 대로 어디다 놓았는지를 정확히 적어 두었다. 그 이튿날 아침 매우 만족한 그는 종이조각을 들고 "모자!" 하고 읽으면 모자가 있어서 머리에 쓸 수 있었고, "바지!" 하면 바지도 있어서 입을 수 있었다. 이런 식으로 옷을 다 입도록 계속했다. "자, 그건 다 좋았는데 나 자신은 어디 있지?" 하고 크게 당황하면서 물었다. "내가 도대체 세상 어디에 있는 거지?" 하면서 두리번거렸으나 자기는 찾지를 못했다. "우리가 바로 그 모양이에요." 하고 랍비는 말했다.[9]

그 어느 때보다 지금, 자기를 부정하지 않는 인간, 자기 존재도 모르는 인간을 위한 "인간 개조", 즉 자기 초월을 하면서 인간 자신을 뜯어 고치는 혁명이 전체로서 일어나야 한다. 그 "혁명이 성공하려면 반드시 대중운동이 아니면 안 된다."[10]

　이제 혁명은 전체의 협동으로서만 될 수 있습니다. 가령 아주 알기 쉬운 실례를 하나 든다면 핵무기 문제입니다. 개인의 참 발달을 막고 병들게 하는 것은 개인주의와 그것의 변태인 집단주의입니다. 개인의 정말 발달은 전체가 개체 안에 있고 개체가 전체 안에 있는 사회에서만 가능할 것입니다. 국가주의를 배격하는 것은 그 때문입니다. 지금 국가가 전체를 가장하고 속이는 그 우상숭배주의 때문에 인간의 물질적 · 정신적 · 영적 에너지는 얼마나 쓸데없이 소모되고 있는지 모릅니다. 우리는 단순히 세계의 발달만 아니라. 새 인류가 나타날 가능성까지도 내다보고 있는 이 진화의 시점인데, 그러한 돌변화는 개체의 자유가 절대로 보장이 되는 전체 안에서만, 말을 바꾸어 한다면 생각을 전체로서 하는 사회에서만 될 수 있습니다.[11]

　세계는 지금 생명의 위기, 환경의 위기, 문명의 위기, 경제의 위기, 정치의 위기, 교육의 위기 등 인간 전체, 세계 전체의 위기에 직면에 있다. 그야말로 위기의 시대다. 이러한 때에 가장 중요한 것은 인간의 개조, 인간 자체의 혁명인 것이다. 국가의 혁명도 중요하지만 이제는 세계를 전체로 보고 전체로서의 혁명, 전체로서의 인간 혁명에 집중해야 할 것이다. 또한 국가 이데올로기에 의해서 소진되고 있는 여러 현상들 이면을 짚어 내는 '생각의 혁명'이 일어나야 할 것이다.

3. 3월의 민족정신, 삼일정신

> 정신은 정신에서만 나온다. 정신은 정신을 일으키고야 만다. 3·1운동의
> 주인은 민중이다. 화산의 불이 우주 자연의 불이라면 3·1운동의 정신은 우
> 주 본연의 정신이다.[12]

인간의 몸과 정신을 억압하는 모든 형태의 수단과 세력은 자유를 향한(위
한) 어떤 지속적인 몸부림을 발생시킨다. 자유라고 하는 형이상학적 상태,
그것은 인간에 내재한 본래 특성이다. 그 본래적인 존재성을 누를 때 인간
은 저항하려고 한다. 다시 그 자리도 돌아감, 다시 그 자리에 서 있기를 원
하는 힘이 놀랍도록 분출하는 것이다. 저항은 자유스럽지 않은 자리에서 자
유스러운 본래의 자리로 돌아감이다. 삼일만세운동 정신이야 말로 바로 역
사의 저항 정신이 드러난 사건이라 볼 수 있다. 그렇다고 그것이 일본이라
는 외세로부터 이탈하고 폭압으로부터 분연히 일어나려는 우리 민족의 단
결된 힘을 보여주는 사건이었다는 데에만 역사적 의의를 두어서는 안 된다.
그 역사적 사건, 삼일정신이 지금 이 순간에도 이어져 우리에게 실존적으로
요청된다고 하는 사실을 깨달아야 한다.

왜 인간은 가시적으로 보이는 현상에 대해서, 혹은 자신의 이익이 눈앞
에 있을 때에는 저항(반항)을 불사하면서 무지불식간에 정신과 육체를 통어
하는 것(구조, 체제, 언어, 이미지 등)에는 저항하지 못하는가? 삼일정신은 단지 정
치·경제·문화·언어·사상 등을 잠식한 사건에 대한 저항일 뿐만 아니
라 의식의 저항, 마음의 저항이기에 가치가 있는 것이다.

함석헌이 "산 생명의 그 줄 잡아/ 날로날로 닦아내면/ 굽이치는 큰 물결

이/ 온 누리에 넘치리라."[13]고 읊었던 것처럼 죽을 생명, 죽은 정신을 산 생명으로 일으키는 역사의식이 필요하다. 온갖 체제와 권력으로 인한 과잉과 결핍이 동시에 존재하는 이 시대에 인간 존재 자체의 억압과 죽음이 다반사로 일어난다. 강제, 강압, 부조리, 부자유 속에서 탈피하기 위해서는 인간 존재의 자기 각성과 자기 저항밖에는 길이 없다. 구조의 속박, 자본의 전염은 인간을 병들게 하고 인간 존재의 고유 영역이 침탈당한다. 그보다 더 심각한 문제는 존재적 삶의 시공간이 조작되고 있다는 사실조차 인식하지 못한다는 데에 있다. 그러므로 인간은 존재 본래의 자기 자리로 되돌아가야 한다. 본래적 영역, 본래적 자리, 본래적 자기 자신은 자유이다. 저항 정신을 품고 있는 자유, 즉 스스로 자기 자신에게서 모든 근원과 정신이 나올 수 있어야 한다.

삼일정신은 인위(人爲)에 대한 무위(無爲)의 발로이다. 강제로 끄는 힘의 인위성은 사람을 불편하게 한다. 자연스럽지 못하다. 스스로(에게서) 그러한 것이 아니기 때문이다. 지금 다시 삼일정신을 논하는 것은 기념이나 기억의 차원이 아니다. 자신의 삶이 무위에서 연원하기를 바라는 각자의 고유한 자신에게서 비롯되기를 바라는 실존적 인식 때문이다. 삶은 풍요로워졌으나 자신의 고유하고 본래적인 인식과 행위는 날로 퇴락하고 무뎌지는 것은 내부의 존재의 목소리보다 소음과도 같은 수다스러운 외부의 목소리에 따라 살고 있다는 증거다. 따라서 굽이치는 삶의 거대한 물결이 우리 자신을 휘감고 있을 때조차도 그 목소리의 호소에 귀를 기울이고 거칠고 험한 힘(세력)과 맞설 수 있어야 한다. 무엇을 기억한다는 것은 '그때' 그 소리, 그 힘과 그 뜻을 되새길 뿐만 아니라 우리의 현존재를 확인하는 일이기도 하다. 우리가 '그때' 거기가 없었더라면 지금 여기가 없다는 것은 자명한 사실인데, 지금 여기에 존재하는 현존재는 지금으로서만 존재하기에 그때 거기를 망각하면서 자기의 본래성, 인간의 참 자리를 항상 벗어나고 만다.

문득 멈춰 서서 자기 존재의 자리를 바라보는 것은 그때 거기의 목소리이다. 그때 거기의 목소리가 자신에게 동시에 온 누리(세계)에 울려 퍼지지 않으면 세계는 변혁되지 않는다. 세계의 진보는 지금 여기의 목소리를 그때 거기의 목소리로 보채고 재촉하면서 닦달하는 닦음에 의해서 가능하다. 그때 그 목소리는 현존재를 침묵 속으로 빠뜨리는 것이 아니라 실존적 상황 안에서 깨어나 자신과 세계를 닦음이라는 구체적 삶으로 나타나게 한다. 닦음은 닦아-내는-존재의 행위로서 자신과 세계를 정화하는 것이다. 시간과 공간은 인간의 의식을 퇴락의 집적층을 만들어 내는 인식과 실천의 망각으로 빠져들게 함으로써 그것을 걷어내는 닦음은 수없이 반복되는 의식의 닦음과 그때 그 목소리를 삶의 실존적 생명으로 잡고서 일어나야 한다. 지금 우리는 그러한 닦아-세움이 필요하다. 마음-닦음, 정신-닦음, 생명-닦음으로 온 세상이 두루두루 닦아-세워져 외부에서 오는 온갖 힘으로부터 자유의 자리를 찾아야 한다. 삼일정신은 과거의 시간적 사건을 되새기는 것만으로 충분하지 않다. 쇠락해져 가는 인간의 이성과 세계 혹은 삶에 대한 풀어진 긴장감을 끊임없는 의식의 닦아-세움으로 밝혀야 한다. 오늘날 삼일정신을 현실을 변혁·혁명하라는 세계사적 의미 혹은 계몽적 의미로 받아들인다면, 그런 의미에서 삼일정신은 부자연스럽고 작위적인 삶, 스스로 타협하려는 의지, 이기주의와 무감각, 몰이성과 비도덕에 대한 저항으로 계승되어야 할 것이다.

4. 전쟁 미화 비판과 비폭력적인 평화

전쟁은 지옥이다. 전쟁은 괴물이며 악마적이다.

성경의 은유를 사용하자면, 전쟁은 하늘 높은 곳에서 하느님의 코를 찌르는 악취다.[14]

어떤 경우라도 전쟁은 악이다. 클라우제비츠(Carl von Clausewitz)의 말대로 전쟁이 또 하나의 정치 형태라는 논리를 들이댄다 하더라도 평화를 유린하고 인간을 죽음으로 몰고 가는 것을 정당화할 수 없다. 전쟁으로 남의 나라를 점령하고 인권을 빼앗으며 지배국가연하는 것은 전쟁을 도발하는 국가나 침략을 당하는 나라 모두에서 수많은 사람의 목숨을 앗아가는 일이므로 그것을 선이라고 말할 수 없다. 따라서 전쟁은 메모리얼(memorial), 즉 집단적 기념 행위나 집단의 (공식) 기억이 될 수 없다. 비록, 일어나서는 안 될 사건이기에 오늘에 되새기고 반드시 그와 같은 일이 다시는 일어나서는 않도록 해야겠다는 다짐을 하기 위한 메모리얼일지라도, 그것은 인간이 극복하지 못하는 반복적인 트라우마나 폭력 콤플렉스를 시인하는 것이나 다름이 없다. 더군다나 전쟁이 일어난 것도, 폭력을 당한 것도 억울한데 지속적으로 되새김질하여 그 아픈 상흔을 건드리면서 전쟁 경험자와 비경험자 사이의 간극을 심화시키는 일은 건강한 정치적 태도가 아니다. 그것 역시 또 하나의 전쟁 후 스트레스장애를 겪고 있는 이들에게 가하는 폭력이고, 그것을 경험하지 않은 이들에게는 그와 같은 일에 지극히 안일한 태도를 갖고 있다는 냉엄한 채찍질이나 혹독한 꾸지람과도 같은 것이기에 동일한 폭력이 될 수밖에 없다. 가장 심각한 것은 이데올로기의 양극화다. 한 이념적 체계가 가장 완벽하거나 올바른 것이라고 말할 수 없음에도 불구하고 이념으로 인한 뼈아픈 상처와 고통을 당한 사람들에게는 그 이념 자체는 악이 된다. 정치는 그 틈바구니를 교묘하게 파고들어서 그 이념을 추종하는 무리를 악으로, 그렇지 않은 무리를 선으로 규정하는 역설을 조장한다.

정전 협정을 체결한 지 수십 년이 지났건만 전쟁에 대한 메모리얼은 갈수록 심해지고 있다. 이념적 대립이 발생하는 순간 반공 단체는 세력을 모아 목청을 돋우어 구호를 외쳐대고, 이념의 진의와 상관없이 악으로 매도되고 있는 상황이다. 메모리얼에 관심이 없는 사람조차도 강요되는 선전을 학습하고, 전쟁을 미화하고 참전자를 전쟁영웅으로 추켜세우는 국가적 행사는 도를 넘어선다. 그것을 비판하는 사람들은 오히려 애국심이나 국방에 흠집을 내는 '비국민'(?)으로 낙인이 찍힌다. 로빈 마이어스(Robin R. Meyers) 목사는 이 사실을 정확하게 꼬집는다.

전쟁을 미화하고 군인들을 신성한 존재로 만드는 일에 열중하는 미디어 산업은 어디에서나 인기가 있다. 예수님의 처음 따르미들과는 달리, 오늘날 전쟁을 반대하는 사람들은 곧바로 우리의 "제복을 입은 용감한 젊은이들"을 지지하지 않는다는 비난을 받는다. 그들은 참된 양심적인 반대자들로 간주되는 것이 아니라 (국가와 군인들에게) 감사할 줄 모르며 비애국적인 존재들로 간주된다.[15]

따라서 이제는 비폭력적인 평화가 바로 선이라는 사실을 인식해야 할 때이다. 그냥 평화가 아니라, 비폭력적 평화다. 로빈 마이어스가 말하듯이, 그것이 종교적 정신, 즉 그리스도교적인 정신이기 때문만은 아니다.

비폭력은 기독교인들을 위한 선택사항이 아니다. 비폭력은 본질에 속한다. 우리의 평화주의적인 뿌리로 되돌아가지 않고서는 기독교가 서양에서 활력이 있으며 변혁적인 힘을 회복하지 못할 것이다. 이것은 언더그라운드 교회의 가장 중요한 특징이다. 그것은 교회가 시작될 당시의 원칙이며, 근본이 되는 특성이며, 또한 신성한 전통을 가장 중요하게 회복시키는 것이다. 비폭력적 평화주의의 특성이 근본적으로 체제 변혁적인 것처럼, 그 특성은 미래의 교회를 위해 결코 타협할 수 없는 본질이다.[16]

비폭력이 예수의 정신이었고, 원시 그리스도교 공동체의 신앙적 근간이었다는 사실만으로는 비폭력적 평화가 실현될 수 있는 것은 아니다. 폭력에 대해서 폭력으로 맞서지 않으며, 전쟁에 대해서 응징으로 맞서지 않고, 테러에 대해서 보복으로 맞서지 않는 소극적(동태적) 평화에서 아예 상대를 끌어안는 적극적인 평화가 필요하다. 지금의 평화정책은 사실 평화정치의 구현이 아니라 내가 의도하는 노선과 정치·전략을 용인하거나 수용하지 않으면 반평화적 축으로 단정 짓는 것이다. 그런 정치에는 포용과 관용, 사랑과 호의가 평화 덕목이 될 수가 없다.

함석헌은 상대의 양심을 일깨워서 무기를 내려놓고 사람을 죽이지 못하게 하는 것이 비폭력의 비결이라고 말한다.[17] 모두가 평화로운 세계가 되려면 무기를 내려놓고, 인권을 짓밟는 행위를 멈추고, 분노를 잠재우는 데에 있다. 나아가 좀 더 근원적으로 그런 감정과 행위가 발생할 수 있는 타자의 내면으로 들어가 '아니오'(안 돼)라고 깨닫게 하는 양심의 각성이 비폭력적 평화를 가져올 수 있다.

우리가 평화주의자라면 자기희생은 본래부터 각오해야 하는 것입니다. 왜 그러냐? 우리가 싸우는 것은 저쪽을, 사회의 약한 것들은 세상에서 없애기 위해서가 아닙니다. 그것은 저들이 나의 이웃이기 때문에, 우리와 한 몸을 이루는 한 지체이기 때문에 하는 것입니다. 아무리 약하고 어리석은 자라도 버려서는 아니 되기 때문에 하는 것입니다. 사랑으로 하는 싸움입니다. 사랑의 싸움이기 때문에 첫 번에 잘못하면 그 잘못한 것을 말해줘야 하지요. 안 들으면 들을 때까지 해야지요. 죽일 수는 없습니다. 만일 죽인다면, 아무리 내가 옳더라도, 그가 죽기 전에 죽이는 내가 먼저 죽어 버립니다.[18]

평화는 자기희생이 뒤따른다. 폭력, 전쟁, 테러, 비난 앞에 저항하는 개별적 존재의 자발적 희생 없이 평화가 구현되지 않는다. 그 희생이란 궁극에는 죽음일 수도 있다. 자기의 죽음으로 평화를 구현한 예수의 희생처럼, 우리도 폭력, 전쟁, 테러에 대한 잘못을 말하고 또 말하면서 사랑의 싸움을 하는 것이다. 그 언어와 행위로 인해 타자의 양심을 깨운다면 "전체를 건지시려는 것이 하나님의 뜻"[19]이라는 함석헌의 말처럼, 나도 타자도 함께 살 수 있는 길이 열릴 것이다. 궁극의 평화는 어느 개인만의, 어느 한 나라만의 평화가 아니라 전체의 평화, 전체의 자유, 전체의 사랑이어야만 하기 때문이다.

평화 때문에 전쟁을 하는 것이라는 명분은 용납될 수가 없다. 침략에 대응한 방어 목적의 전쟁은 있을 수 있겠으나, 그럼에도 전쟁은 곧 죽음이라는 것을 명심해야 한다. 그렇기 때문에 전쟁은 평화가 될 수가 없다. 반면에 평화는 살림이다. 평화는 생명이다. 그런데 평화를 강조해야 할 시기에 전쟁을 다시 상기하는 것이 평화를 지키는 길이라는 역설은 납득하기 어렵다.

더 나아가서 전쟁을 미화해서 정치적 전략으로 사용하는 것도 있어서는 안된다. 전쟁으로 인해서 너무 많은 사람들의 목숨이 희생되었다. 아니 그들의 이성과 육체는 남용, 오용, 사용되었다. 뜻 없이 백성들만 고통과 죽음을 겪었다. 이제는 평화를 위해서 저마다 희생을 해야 한다. 사르트르(Jean-Paul Sartre)는, 전쟁은 나의 전쟁이라고 말한다. 그 이유는 내가 전쟁을 하지 않기 위해서 피할 수도, 도망을 칠 수도, 거부할 수도 있기 때문이다. 그러므로 전쟁은 곧 나의 선택적 행위라는 것이다. 그런 의미에서 본다면 나는 전쟁이 아니라 평화를 선택할 수가 있다. 나는 폭력이 아니라 비폭력을 선택할 수가 있다. 내가 존재하는 한 나는 선택할 수 있는 자유가 있다. 폭력적 전쟁이냐 비폭력적 평화냐를 만드는 것은 우리의 언어이자 자유요, 결단이자 이성이다. 비폭력적 평화, 그것은 결코 추상적 현실이 아니다. 그로 인해 앞으로 국가의 평화, 녹색의 평화, 종교의 평화가 가능해질 수 있다는 확신을 갖지 않는다면 인간의 자유와 미래, 그리고 인간으로서의 삶의 행복은 꿈꿀 수 없거니와 영원히 동물적 본능의 투쟁과 다툼, 그리고 싸움은 그치지 않을 것이다.

5. 평화적인 아나키즘의 상상력

혹자는 아나키즘(anarchism), 혹은 무정부주의를 폭동이나 테러를 일삼으며 인간의 자유를 억압하는 온갖 체제와 조직, 심지어 정부와 국가도 거부한다고 비판하지만 실상은 그 본질을 다 담아냈다고 볼 수 없다. 고드윈(W. Godwin), 골드만(Emma Goldman), 슈티르너(M. Stirner), 크로포트킨(Pyotr A. Kropotkin), 푸르동(Pierre-Joseph Proudhon), 바쿠닌(Mikhail A. Bakunin), 톨스토이(Lev

Tolstoy), 고토쿠 슈스이(幸德秋水), 스푸(본명 류사오빈, 후에 스푸師復로 개명함), 신채호(申菜浩), 유자명(柳子明), 정화암(鄭華岩), 이정규(李丁奎), 박열(朴烈) 등이 꿈꾸었던 세계가 어떤 모습인가를 생각해 보면 아나키즘을 그렇게 부정적으로만 인식할 것이 아니다. 글쓴이는 이런 역사적 인물들과 같은 맥락에 있는 한 아나키스트로, 이견이 있을 수는 있겠으나 함석헌을 들고 싶다. 그의 여러 글에서 나타나는 바와 같이 그는 국가주의에 대해서 반대하는 견해를 밝히고 있다.

> 세계 전체를 생각하지 않고 이 민족의 장래 생각할 수 없습니다. 나는 국가주의 아주 반대하는 사람인데, 세계 국가라는 것 때문에 이렇게 잘못되고 있어요. 이 국가주의, 이걸 청산하지 못하는 한은 인류의 구원 아마 없을 거예요. 지금까지는 나라 없이는 살 수 없었지만, 지금은 나라 때문에 사람 살 수가 없지 않아요. 그러니까 이런 점을 믿음으로 어떻게 극복을 하느냐.[20]

함석헌은 국가 혹은 국가주의 해체를 주장하는 것이다. 개인(의 영역)을 넘어서[或] 울타리가 커진[□] 형태의 조직적이고 체계적인 공동체는 개인의 정체성뿐만 아니라 국가의 정체성을 나타내기에 이르렀고, 급기야 배타적 국가공동체는 극단의 민족주의가 낳은 폭력과 전쟁으로 개인의 자유와 생존권을 철저하게 유린하고 짓밟았다. 한편 "한국에서 국가란 이성을 발휘해 심사숙고해서 만든 정치질서가 아니라 역사적으로 형성된 자연적·운명적 정치 공동체로 이해되었다."[21] 여기에서 중요한 것은 '이성'이라는 말인데, 인간 이성의 반성과 성찰에 의해서 이루어진 근대 계몽주의의 산물로서의 서구 국가의 모습은 수많은 시행착오와 철학자들의 사유에 의해서 그 기반을 다져왔다. 하지만 우리나라는 특수한 역사적 현실 때문에 선험적 정치 공동체를 배태하고 그 속에서 개인은 국가의 정체성을 자신의 정체성으로, 국가의 과제를 개인의 과제로, 국가의 이데올로기를 자신의 이데올로기로 받아들일 수밖에 없었다. 거기에는 개인의 자유, 개인의 도덕, 개인의 이성, 개인의 주체성, 개인의 정신은 존재하지 않았다. 국가와 개인은 같은 운명 공동체였기 때문에 존재론적 개인과 자유는 있을 수가 없었던 것이다.

서양 아나키즘의 최고 목표는 개인이 절대자유를 향유할 수 있는 이상사회 를 건설하는 것이다. 따라서 서양의 아나키스트들은 인간 본성에서 우러나오 는 양심의 소리에 따라 자유를 추구했으며, 이에 방해가 되는 모든 권위와 권 력에 맞서 싸웠다. 그들의 눈에 인류의 자유를 억압하는 대표적인 것은 바로 국가와 정부였다.[22]

새롭게 일어나는 국가주의, 민족주의, 인종주의는 계속해서 개인의 자유 와 도덕성을 희생하기를 원하고 그럴 때마다 개인의 권리와 사유는 국가 공 동체에 양보해야만 했다. 그러나 이제는 국가주의로 인해서 개인의 존재론 적 자유가 파괴되어서는 안 된다. 더군다나 개인은 국가라는 존재 때문에 일어나는 다양한 폭력에 대항해야 하고 민족과 조국을 초월한 세계적인 보 편주의적 인류애로 나아가지 않으면 안 되는 시대에 살고 있다.[23] 한 국가에 서 일어나는 사건들은 이미 전혀 다른 국가의 세계에서 많은 영향을 끼치고 있고, 그로 인해 개인을 구속하고 생존권을 위협하고 있는 실정이다.

현재 우리 사회의 이념적 · 정치적 토대를 민주주의(Democracy)라고 한다. 그런데 민주주의란 민중(Demos) 스스로의 정치, 민중의 권력을 의미하는 정치 체제인데, '과연 그러한가?'라는 회의마저 들게 만든다. 국가라는 권력, 국가라는 시선, 국가라는 통치, 소수 엘리트에 의한 통치, 정부 조직에 의한 억압과 속박이라는 현실 정치에서 데모스는 없다. 이 때문에 시민사회(Societate Civili; Civil Society)라는 공동체 개념이 다시 등장하는 것이다. 시민 혹은 민중에 의한 자율적 결사체인 시민사회는 국가에 대해서 적대적·비판적인 정치적 상상력을 가진 공동체이다. 이는 임마누엘 칸트(I. Kant)가 말한 "어떠한 것에 의해서도 제약되거나 방해받지 않는 개인", 곧 자율적 개인들의 공동체 혹은 자치 공동체라고 말할 수 있을 것이다.[24] 이 공동체가 이상 사회를 건설하는 또 하나의 유토피아적 정치 공동체나 대안적 삶의 공동체가 될 수 있을지의 여부는 정치적 존재의 생활세계에서 치열한 고민과 삶으로 나타날 때 증명될 것이라 본다.

> 아나키즘은 국가, 즉 사회 전체에 법적·물리적 힘을 휘두르는 특정 기구의 존재 자체가 억압적이고 인간의 진정한 자유와 양립할 수 없다고 주장한다. 억압을 없애고 자유를 쟁취하려면 국가의 지배를 중앙집중적 권위가 없는 자치 공동체의 지배로 대체해야 한다는 것이다.[25]

한쪽만 잘 사는 사회, 한쪽만 편드는 국가, 한쪽만 잘 났다고 하는 정치, 한쪽만 복 받는다고 하는 종교. 이렇게 두남두기보다 모두가 평등하며 서로 돕고 조화를 꾀하는 사회가 바람직하지 않은가. 서로의 눈치만 보고 자신의 밥그릇을 생각하여 씨올(민중)은 아랑곳하지 않는 정치·국가·종교는 인간도, 자연도 살리지 못하는 바보가 아니던가. 이것이 왜곡된 현상이 한낱 주의(ism)가 되어 버린다. 그것의 시발점이 잘못된 경쟁, 우승열패, 약육강식의 논리에 따른 자본주의 윤리에서 비롯된 것이라면 약자의 생존권을 보장하고 상부상조, 상호부조할 수 있는 평화적 아나키즘으로 나아가야 할 것이다. 다시 말해서 철저한 개인의 금욕주의 윤리에 입각한 삶을 기반으로 평화적 소공동체, 생명적 대안 공동체를 지향하면서 구체화시켜야 할 것이다.

또한 다시 박정희 시대의 신화에 사로잡혀 그 시대가 품고 있는 그림자는 생각하지 않고, 박정희식 국가 발전 모델, 권위주의적 정부를 민중의 정치적 상상력으로 만들 거라면 국가에 의한 민중 억압, 민중 소외, 민중 자율 침해, 민중의 정치적 배제는 불을 보듯 뻔하다. 따라서 사회시민권의 요체라 할 수 있는 "인간의 도덕적 자율성과 평등 의식에 기초한" 민주 정치 체제가 보장되어야 한다.[26] 인간의 사실성이 국가에 있는 것은 아니다. 오히려 인간의 존재는 자유에 있다. 그런 의미에서 정치적 자유와 존재론적 자유를 동시에 확보할 수 있으면 좋겠지만, 그럴 수 없다면 그 무엇보다 더 중요한 인간의 존재론적 자유를 택해야 한다.

글쓴이는 요즈음 부드럽고 평화적인 아나키즘을 통한 유토피아를 꿈꾼다. 그러나 이미 그럴 자유조차도 없는 것은 아닌지 모르겠다. 그럼에도 사르트르(Jean-Paul Sartre)는 말한다. "나는 자유롭게 살 운명이다."

함석헌의 생태이성과 정치이성

1. 정치적 존재의 삶과 바르게 사는 인간

말하지 않는 정치는 없을 것이고 역으로 정치 없는 말도 없을 것이다. 그만큼 말과 정치는 떼려야 뗄 수 없는 관계이다. 하지만 말을 잘못 사용하면 오해와 갈등, 세계 이해의 불가능성, 상호 소통 불가능성 등을 가져오게 된다. 이것은 언어의 불확정성 때문일 수도 있겠으나, 그럼에도 말 혹은 언어란 세계를 이해하고 구성하면서 인간의 사유를 형성하고 삶을 창조하는 기능을 가지고 있는 것이 사실이다.[27]

이러한 언어철학적 의미에서 본다면, 정치적 상황에서 말이라는 것은 맥락과 소통이 중요한데, 정부나 정치가들이 하는 말을 유심히 살펴보면 전혀 맥락과 맞지 않는 말들을 하는 경우가 많다. 맥락과 맞지 않는다는 말은 소통이 안 된다는 말도 된다. 말(기표)은 퍼뜨리되 의미(기의)는 헷갈리고 조작되는 말들을 자꾸 발언한다. 말은 적게 하되 국민들이 잘 알아듣지 못하게 하는 전략을 쓰고 있는지도 모르겠다. 그나마 모람모람 가다가 복지, 행복, NLL, 종북, 역사의식 등 정부가 쏟아내는 말들은 말의 파시즘, 즉 언어의 전체주의화, 과거 박정희 정권으로의 회귀를 연상하는 것들이다.

이 사회는 행복하지 않으면 불행하다는 이상한 논리에 빠져서 대부분의 책, 강연, 강의 등이 행복과 연관이 되지 않으면 관심조차 두지 않는 것 같은 인상을 받는다. 말의 파시즘, 정서의 파시즘, 과거 정부가 이루지 못한 미완의 파시즘을 완성하려고 하는 것일까? 복지라는 것도 그렇다. 앞에서 말한 것처럼, 복지가 단순히 물질적 복지만을 말하는 것이 분명히 아닌데도 불구하고 우리는 물질적 복지의 양을 늘리면 그것이 곧 복지라고 생각하는 경향이 있는 것 같다. 물론 민주주의는 국민 혹은 민중들의 복지에 관심을 기울이고 그것에 균형을 맞춘다는 것쯤은 상식이다. 최장집의 말에 귀를 기울여 보자.

> 필자의 관점에서 민주주의는 민중(people)의 광범한 정치 참여에 의한 공적 결정과 그 결정을 집행하는, 일련의 규칙 또는 제도를 가지며, 이를 통하여 그것은 정치의 영역에서 민중의 권력으로 표현되고 사회의 영역에서 민중의 물질적, 문화적, 정신적 삶의 질적 고양이 담보되는 정치적 체계를 말한다.[28]

따라서 민주주의의 복지는 독일의 사회학자 랄프 다렌도르프(R. Dahrendorf)가 말하는 정치적 참여와 과정, 정치적 기회와 통로의 확대를 의미하는 사회적 시민권에서 물질적 급부(provisions)만 강조되는 것만을 의미하는 것은 아니다. 물론 물질적 급부를 통해서 복지와 사회보장을 확대하면 사회적 시민권이 확대되었다고 생각할 수 있지만, 그보다 핵심 관건은 측정 가능한 양적으로, 물질적으로 얼마나 풍요롭게 사느냐에 있다기보다 정치적 삶의 측면에서 질적인 삶, 즉 '도덕적 자율성과 평등의식에서 기초한 삶'을 사느냐에 있다고 봐야 할 것이다.[29] 그렇다면 그 질적인 삶의 척도와 근본은 어디에 있어야 하는가? 그것은 함석헌이 말한 것처럼 잘 사는 것이 아니라 바르게 사는 것이 되어야 한다.

잘 살아보자는 것, 소위 잘 산다는 얘기하는 것 그게 지배적인 관념인 되는
건, 그건 아무리 선진국이라 해도, 그리고 또 선진국에서 하는 일이지만, 그게
무조건 좋은 얘기인 줄로만 알지만은 않아야 돼. 그런데 국가에서 썩 잘 애용
하는 표어, 곧잘 내세운다는 것이 "우린 복지국가 건설한다." 난 그 복지국가
란 소리 아주 듣기 싫어. 새벽이면 거의 매일이다시피 '잘 살아보세 잘 살아
보세' 하는 요놈의 소리가 참 듣기 싫어. 얼마나 잘 살아보겠다고 그래. 그거
얼마나 지독한 사람들이야. "바로 살아보세, 바로 살아보세"하고 가르친다면
잘 살 수 있지만, "잘 살아보세 잘 살아보세"하면 다 나쁜 놈 되고 만다 그 말
이야. 잘 살기 위해서는 무소불위(無所不爲)예요. 못할 게 없어요. 잘 살기 위해
선… 그래 '잘'이란 좋은 의미로도 쓰이지만 나쁜 의미로도 쓰이는 거야. 그런
데 그것이 아주 우리의 인생관이 돼가지고, 정부가 그걸로 일부러 고치려고
하고 있어. 서양 선진국이란 것도 역시 그런, 사회 복지라는 것, 그것만 강조
해. 옛날에는 그렇지 않아요. 사람으로서 도리에 이르느냐, 아니냐. 하나님을
믿느냐 안 믿느냐.[30]

"잘 살아보세, 잘 살아보세" 노래만 부르게 합니다. 우리를 세뇌시키고 있
는 것입니다. 이 세뇌시킨다는 것은 여러분은 명심해야 합니다. 이 사람들이
지금 꾀가 발달되었어요. 정말 우리가 호랑이한테 물려가고 있습니다. 정신
을 똑바로 차려야 합니다.[31]

복지(wellbeing/welfare)라고 하는 것은 잘(well) 먹는 것(fare)만 말하는 것이 아

니다. 복지는 삶의 양이 아니라 삶의 질이다. 영어 단어에서 나타나고 있듯이 소유의 문제가 아니라 존재(being)의 문제다. 자꾸 많이, 좋은 것을 소유하고 이기적인 욕망을 가지고 높은 데 올라가는 것만이 능사가 아니라, 함석헌이 말하고 있는 것처럼 어떻게 하면 바르게 살 것인가 하는 존재의 문제가 곧 복지의 본래적인 의미라는 것이다. 최장집이 염려하는 목소리를 좀 더 들어보자.

　인간적인 가치를 구현하고, 한 사회의 문화적 · 사회적 · 사회경제적 삶의 질을 향상시키는 데 필요하기 때문에 성장을 말하는 것이 아니라, 성장을 위해서 개인과 사회가 동원되고 한 사회의 개인적 · 집단적 가치가 규정되며 그 비중에 따라 가치의 위계 구조가 만들어지는 상황이 도래했다. 인간의 가치, 민주주의의 가치, 환경의 가치, 평화의 가치가 경제 성장의 가치를 실현하는 수단으로 인식되는 수단-목적의 전치 현상은 오늘날 한국 사회에서 민주주의를 위협하는 수준에 도달해 있다.[32]

　하나의 정부가 성장에만 치중하지 않고 약자를 보호하고 사회복지 예산을 증액했다고 말하면서 스스로를 진보적 또는 개혁적이라고 자임할 때, 이를 평가하는 기준은 사회복지 예산의 일정한 증가라기보다는 수혜자가 되어야 할 사람들 내지 그들의 대표가 그러한 정책결정 과정에 실제로 참여하고 있는가의 여부다. 양극화를 말하고 사회복지를 말하고 약자에 대한 보호를 말할 때, 말하는 자는 언제나 의식적이든 무의식적이든 스스로를 온정을 베푸는 자혜로운 엘리트로 생각하곤 한다. 민주적 시민이 문제를 보는 방식은, 보편적 가치를 향유해야 할 사람들 스스로가 정치 과정에 참여하고 있느냐 아

니냐의 관점에 바탕을 둔다.[33]

정치의 가치 전도 현상은 위험수위를 넘어서 인간이 정치사회적 존재라면 응당 추구해야 하는 근본적인 삶의 태도가 완전히 바뀐 것을 의미하는 것이다. 정치적 동물인 인간이 사회적 삶을 살아가면서 가장 우선으로 삼아야 하는 가치가 "잘"이라는 또 다시 근대의 경제성장으로의 회귀 속에 매몰되어 "바르게"라는 삶의 가치를 도외시한다면 정치의 본질, 그리고 그로 말미암은 인간 혹은 민중, 시민의 자기 권리마저 포기해야 할지 모른다. 민중의 정치적 행위, 정치적 삶은 국가로부터의 어떤 혜택을 받는 수혜 대상이나 수동적인 존재가 아니라 적극적인 참여의 존재로서 바르게 살아야 할 의무가 있는 것이다. 그와 연관하여 국가는 일정한 정치적 언어로 과거 미완의 파시즘을 선전하고 선동하는 것을 멈추고 국민들에게 바르게 살도록 정치적 역량을 발휘해야 할 책무가 있다.

거듭 이야기하지만, 잘 사는 것보다 더 중요한 것은 '바르게 사는 것'이다. 그것을 국민에게 말할 수 있고 강조해야 하는 것이 맞는 것이다. 함석헌이 말했던 주장은 지금으로부터 30년 전의 이야기다. 그런데도 여전히 이 시대에도 울림이 있는 것은 그의 예언자적 외침이 잘 들어맞기 때문이라기보다 우리 자신의 사유가, 우리의 정치적 의식과 삶이 너무나 진부해서이지 않을까?

2. 정치의 또 다른 이름, '백성의 자연'을 부르는 자

민주주의, 이는 사람들입니다. 특권층이 아닌 보통 사람들 말입니다. 우리가 도처에서 최상층 부자들과 극빈자들의 기막힌 격차를 목도한다면, 민주주의는 뭔가 행동하고 또 해야 하며, 극빈층이 그들의 권리와 자유를 누리고 살 수 있게 도와야 합니다. 정치는 이런 것을 위해 하는 것이며, 우리는 여기서 정신적 영역을 회복합니다.[34]

사르트르는, "인간은 인간의 미래다."라고 말했다. 인간의 실존적 의식과 행위들에 따라서 인간의 삶의 가능성/불가능성이 달라질 수 있다는 말일 것이다. 필자는 이 말을 바꿔서 "자연은 인간의 미래다."라고 말하고 싶다. 다소 역설로 들릴 수 있겠지만, 실상 오늘날의 환경문제를 보면 자연을 주체(의식의 주체가 아닌 생명의 주체)로 놓아야 하기 때문이다. 최근에 우리나라는 새로운 지도자를 선출하는 중요한 선거가 있었다. 하지만 안타까웠던 것은 경제 민주화니 정치적 쇄신이니 하면서 새로운 정치적 패러다임을 공약으로 내세웠지만, 환경, 즉 자연은 뒷전이었다는 점이다. 백성의 거처가 자연이라는 점을 감안할 때, 자연은 추상의 개념이 아니라 구체적 삶의 실재라는 점을 놓치고 있었던 게 아니었을까.

새로운 지도자가 자연에 대해서 새줄랑이가 아니라면, "자연은 정치의 미래다."라고 목 놓아 외쳤어야 될 일이다. 정치경제의 배경은 자연(본성)이라면 억측일까? 먼 안목이 아닌 가까운 안목을 가지고 경제학적 측면에서 보더라도 경제의 토대는 자연이다. 자연을 통해서 노동이나 재화가 발생한다. 진공 상태에서 정치경제 시스템이 발생하지 않는다. 생태학(ecology)과 경제학(economics)의 동근원적 어원인 오이코스(oikos)가 그것을 잘 말해주고 있지 않은가. 그럼에도 가족과 같이 유기적 생명체인 자연을 정치적 대화 영역에서 배제한다는 것은 있을 수 없는 일이다.

서구적 사고를 가로지르는 '나'와 '나 아닌 것', 인간과 자연이라는 이분법적 사고가 지금 같은 인류의 위기를 초래했어요. 모든 것이 대화 가운데 있다는 사실을 인지하지 못했기 때문이지요. '환경'(Umwelt)이라는 단어가 이미 대화를 암시해 주고 있는데도 말이죠. 게다가 우리 서구는 그리스도교적 가치관을 기본으로 하고 있는데, 그리스도교는 인간에게 지구를 정복하고 다스리라고 명령하고 있어요. 이런 식의 사고를 벗어나야 합니다. 이런 사고는 파괴와 착취로 직결되기 때문이지요.[35]

그러므로 인간의 복지와 경제 민주화, 정치 쇄신에 밀려 자연이 정치 무대의 뒷방으로 밀려나서는 안 될 것이다. 새로운 정치 지도자(통치자)는 자연환경 보전도 복지와 행복의 본질임을 잊지 말아야 한다. 지도자는 자연이야말로 오히려 정치경제의 무대라는 사실을 깨달아야 한다. 생명적인 것뿐만 아니라 비생명적인 것조차도 한 나라의 백성들과 함께 모두 무대 위에 있는 주연들이다. 그런데 그런 공통적인 무대가 인간의 자의적인 해석과 이념으로 파괴가 된다는 것은 우주 공동체적 토대가 사라질 뿐만 아니라 인간의 삶의 장도 더불어 상실된다는 것을 의미한다. 따라서 스테판 에셀(S. Hessel)이 말한 공감의 환경정치적 사유가 절실하게 요구된다고 볼 수 있다.

공감(Mitgefuehl)의 'mit'는 우리가 뭔가를 직접적으로 대하기 전에도 이미 모든 것들과 관계되어 있었다는 사실을 보여줍니다. 나는 공감을 새로운 공생 정치의 토대로 여기고 있습니다. 공감은 글로벌 사회를 수립하는 데 필요한 연대적인 관계를 만들어 주지요.[36]

공감은 연대적 사유와 실천을 가능하게 해 주는 관계적 태도이다. 공감이 현실 정치적인 측면에서 타자에 대한 존엄성을 기반으로 하겠다는 의지와 정서의 표현이라면, 새로운 정부는 사람과 자연에 대해서 똑같이 공감의 정치를 실현할 수 있어야 할 것이다. 정치와 자연은 상호 연결되어 있다. 그런 의미에서 달라이 라마(Dalai-Lama)가 말했다시피 우리 모두가 '큰 우리' 속에 살고 있다는 인식을 갖는 정치 지도자가 되어야 할 것이다. 정치 지도자가 자연에 대해 찾을모라고는 알지 못하여 백성의 자연을 존엄(dignity)하게 여길 줄 모르더라도 그를 모욕(indignity)하지는 않겠지만, 만일 그렇게 한다면 백성의 자연이 결국 분노하고(indignant) 말 것임을 간과하지 말아야 할 것이다.

계속해서 스테판 에셀은 우리에게 경고한다. "자연과 더불어 스스로를 펼칠 수 있다고 생각하면 희망이요, 폐쇄적인 태도로 스스로를 자연과 단절시키며 자연보다 더 많은 힘을 가지고 있다고 주장하면 위험이 된다."[37] 새로운 지도자는 환경 파괴가 자신(인간)을 파괴할 수도 있을 뿐만 아니라 정치를 위기에 처하게 할 수도 있다는 생각을 가지고 친환경적 사회, 친환경적 국가를 건설하도록 애써야 할 것이다. 백성과의 교감만큼이나 중요한 것은 자연과의 조화로운 교감이다. 또한 백성에 대한 연민과 자연에 대한 연민은 이어져 있다. 그러므로 백성을 생각하는 만큼 자연에 대해서도 백성 생각하듯 한다면 그 연민의 정치가 궁극적으로는 나라를 더욱 풍요롭고 살만하게 만들 것이라고 믿는다. 지도자는 잊지 말아야 할 것이다. '백성의 정치적 욕망은 자연에서 살고 싶어 한다'는 것을.

향후 정치 지도자는 식량 전쟁, 물전쟁, 석유 전쟁 등 매우 중대한 정치적 사안들을 잘 극복하고 대처해 나가는 능력을 보여주어야만 할 것이다. 그러기 위해서 더더욱 백성의 자연을 귀하게 여길 줄 아는 지도자가 요구되는 것이며, 그 지도자는 백성의 자연을 위한 정신적 전투를 치를 수 있는 환경 통찰력이 있는 사람이어야 한다. 실학자 홍대용(洪大容)은 "사람의 입장에서 사물을 보면 사람은 귀하고 사물은 천하며, 사물의 입장에서 사람을 보면 사물은 귀하고 사람은 천하다. 하지만 하늘로부터 보면 사람과 사물은 균등하다."라고 일갈했다. 마찬가지로 정치적 쇄신이니 경제적 민주화니 복지니 운운하지만 정작 자연의 목소리에는 아랑곳하지 않는 지도자가 아니라 백성을 하늘로 여기듯, 그 하늘의 마음 또한 잘 읽을 줄 아는 현군(賢君)이기를 소망한다. 스테판 에셀은 말한다. "지금 우리에게 필요한 것은 참여, 공감, 감정이입, 이해심─한마디로 인류의 단합─입니다."[38] 우리와 새롭게 출범한 정부에게 필요한 메시지가 아닐까 생각한다.

3. 원자력의 기호(sign)와 자기 테크놀로지

삶은 우리의 손이 닿을 수 없는 곳에 있다. 수용자가 얻어낼 수 있는 것은 상식적인 견해와 모자라는 지혜, 뒤떨어진 정보의 뒤범벅뿐이다. 수사학적으로 말하자면 모든 언어는 비유적(figurative)이다. 언어는 고유의 의미, 본질에 이르지 않는다. 그러나 독자이자 청자인 우리들은 이를 자꾸만 잊어버린다.[39]

언어학자 소쉬르(Ferdinand de Saussure, 1857~1913)에 의하면 인간의 언어는 랑그(langue)와 빠롤(parole)로 구성되어 있다. 전자는 언어의 규칙이요, 후자는 언어의 행위이다. 개인이 만들어 낼 수 없는 사회적 성격의 랑그는 다시 기표(signifiant)와 기의(signifie)로 나뉜다. 소쉬르의 언어학에서 중요한 것은 텍스트(text)란 콘텍스트(context)에 의해서 결정된다는 점이다. 기표와 기의는 콘텍스트에 따라서 달라질 수 있기 때문이다. 장미꽃이라는 기표는 사랑, 화해, 축하, 감사 등 그 기의가 무한히 확장될 수가 있다. 그러므로 기호는 발신자보다 수신자의 콘텍스트 속에서 신뢰를 얻는다. "소쉬르의 기호학이 산출한 결과는… 우선 기호는 실체가 아니라 두 가지 차이군의 상관관계라는 것이다(곳치히). 그것은 인식의 표시기이며 표현이자 기표라는 것이다. 이는 문화에 의해서 그 문화의 내용들의 항목들(기의, 그 내용의 형식)과 상관관계를 맺고 있다. 그 결과 약호의 이론과 기호생산 이론이 나온다. 즉 의미화 작용 체계의 이론, 이데올로기적 기능의 이론, 심지어 대중조작 장치의 이론까지 등장하게 된다(에코). 여기에 빠진 것은 언어 그 자체가 순수한 기호가 아니라는 점, 즉 언어 역시 하나의 사물이라는 점이다. 언어는 음성, 즉 물질성과 연결되어 있는 것이다. 그러므로 말은 부분적으로 대상(object)이며 부분적으로는 기호이다."[40]

마찬가지로 원자력이라는 언어적 개념은 사람들의 기억 속에서 공포와 두려움, 고통과 죽음이라는 기의를 내포하고 있다. 따라서 원자력이 아무리 우리의 과학기술과 문명에 의해서 만들어진 것이라고는 하나 단순히 기표가 주는 이기(利器)만 좇을 수 없는 상황이 되었다. 정부가 끊임없이 원자력에 대한 긍정적 기호를 발신하고 있다 하더라도 그 기호가 품고 있는 기의의 위험성을 간과해서는 안 될 것이다. 기호는 발신자와 수신자의 커뮤니케이션의 수단이다. 하지만 그 기호 자체에 폭력성이 내재하고 의사소통이 결여되어 있다면 미래를 향한 스펙터클(spectacle)한 어떤 메시지가 담겨 있다 한들 그 의미와 가치는 소용이 없을 것이다. 특히 원자력이란 핵이라는 기표적 성격을 더불어 가지고 있기 때문에 그 언어가 가진 폭력성과 의존성(편리성)이 공존하고 있는 것이 사실이다. 또한 원자력이라는 기표는 마치 전 세계가 공유하고 있는 자연적 메시지(natural message)인 양 자신의 기의를 숨긴다. 거기에는 정부가 시각적 양식이나 상징인 엠블럼(emblem)을 통해 국민을 기만한다. 기호가 갖고 있는 이중성이 바로 여기에 있다고 볼 수 있는데, 그것은 경고의 엠블럼도 가능하지만 동시에 안심의 엠블럼도 가능하다는 점이다.

이로써 수신자는 자신이 받은 기호를 해독하는 매우 비판적인 해석 능력을 가지고 있어야만 한다. 정부는 원자력(발전소)에 대한 스펙터클한 메시지를 수신자에게 내보낸다. 어쩌면 원자력 발전소 자체가 국민들에게 일정한 신화와 환상을 심어주고 있는지 모른다. 그것이 아니면 천국이 지연될 것처럼 인식하게 하는 것이다. 장기간의 에너지 지속성, 영원한 진보(발전)라는 미명 아래 기호 발신의 에토스에는 관심조차도 없다. 게다가 국민들은 원자력이 갖는 마나(Mana)에 쉽게 빠져들고 그 힘에 굴복하고 만다. "세계란 우리를 속일 수 있는 기호라고 보는 기호학은 우리에게 모든 사실에, 그리고 가장 세속적인 사실에도 천착할 필요성을 가르쳐야 한다. 그리고 '그게 무슨 의미냐?' 하고 물어야 한다. 마치 그리스인들이 모든 나무와 냇물에도 의미가 있다고 믿었듯이 우리의 짐꾸러미, 광고, 정치 슬로건, 자연을 대체해 버린 우리의 일상용품들에도 의미가 있는 것이다(드 세르토)."[41]

이처럼 기호는 국민을 기만하고 사유하지 못하도록 하며 현상을 속인다. 원자력이라고 하는 기호를 통해서 우리는 그것의 의미가 무엇인가를 물어야 한다. 문자, 개념, 표정, 그림, 매체 등에서 발생하는 편리성 이면의 위험성과 무책임성, 심지어 죽음이라는 의미를 간파할 수 있어야만 원전의 신화를 접을 수 있다. 따라서 분명한 것은 "기호학은 오늘날… 무언가를 표명하지 않는 실체, 우리를 조정하지 않는 약호는 거의 없다는 사실을 폭로한다."[42]는 사실이다. 방사능, 원전 폐기물, 핵전쟁 등 온갖 최악의 가능성들을 배제할 수 없음에도 불구하고, 원전의 기호는 수신자인 우리를 조작하여 원전의 과잉적 쾌락으로부터 벗어나지 못하도록 강제한다. 그러므로 우리는 기호의 다음과 같은 특성들을 알아차릴 수 있어야 한다.

"기호학은 모든 기호들이 겉보기에 가리키는 것들(단어들, 이미지들, 기호들)보다는 개인들이나 그들의 지도자들이 원하는 것과 관련이 있다는 것을 이해하는 하나의 방법(즉 겉보기와 내용이 다른 것, 가려져 있는 비밀 등을 간파하는 방법)을 제공한다. 파워엘리트는 읽고 있다. 상업, 오락, 저널리즘, 정부 등에 포진하고 있는 강력한 거물들에게는 강한 자들을 위한 보고서와 초안들, 토론, 결정─언어, 랑가주(langage)─이 있다. 그 언어는 조용한 방에서 발화되고, 물론 치장되기도 한다. 그러나 그 치장은 우리가 볼 수 있는 곳에서 한참 멀어져서 온갖 화상들(그림, 텔레비전, 아름다운 필체, 잡지, 예술 등)로 승화된 것이다."[43]

자크 라캉(J. Lacan)의 논리를 빌린다면 기호란 상상계(the Imaginary)에 불과하다. 의미(작용)가 아닌 가벼운 최면 상태에 홀린 마비상태에 있는 것처럼 현실과 미래를 파악하지 못하고 여전히 많은 전력을 소모하면서 살아가는 삶을 지향하겠다면 그 실재계(the Real)는 무리와 무지 앞에 황망하게 무너질 것이다. 그러기 전에 지금 우리는 '원자력 발전소를 위한 아고라(agora)가 왜 필요한가?' '원전 가동 중단, 원전 비리, 전력 위기 등의 그 담론이 의미하는 메시지는 무엇인가?' 곱씹어 봐야 할 일이다. 더불어 함석헌의 기술문명에 대한 우려에도 귀를 기울여야 할 것이다.

광풍이 한 번 노하기만 하면 기술 어디로 갔는지 지식 어디로 갔는지 경험 어디로 갔는지 찾을 길조차 없고 모양은 일변하여 버린다. 그리하여 맘대로 이용한다던 바람은 인제는 맞출 수도 없고 도리어 그 폭위(暴威)하에 전연 굴복하여 그 하는 대로 맡겨두고 밀려갈 수밖에 없어진다. 소위 문명의 힘을 가지고 자연을 정복한다는 것은 대개 이러한 것이다. 지식을 믿던 인간의 지식의 밑바닥이 드러나고 기술을 믿던 인간의 기술이 끝이 나는 날은 저에게 죽음을 의미하는 날이다. 해와 별이 보이지 않는 것은 해와 별이 없어져서가 아니다. 눈이 어두웠기 때문이다. 인간이 자기 믿던 것을 다 잃어버리고 절망의 밑바닥에 떨어질 때 그전에 모든 사물 모든 이치를 그렇게 똑똑히 보노라고 자랑하던 교만한 눈이 그 안광을 잃어버린다.[44]

이에 미셸 푸코(M. Foucault)는 지금 우리에게 필요한 의식을 이렇게 말한다.

자신만의 수단으로 자신의 몸, 자신의 영혼, 자신의 생각, 자신의 행동 등에 영향을 끼치는 기술, 그리하여 자신을 변형시키고 자신을 수정하여 어떤 완벽, 행복, 순수, 초자연적 힘의 상태를 얻는 기술이 있는 것. 이 자아 테크놀로지는 진실과 관련된 어떤 사항들의 집합을 의미한다. 즉 무엇이 진실인지를 배우는 것, 진실을 발견하는 것, 진실을 깨우치는 것, 진실을 말하는 것 등이 그것이다.[45]

따라서 그가 주장한 자아 테크놀로지를 통해서 우리 자신이 원자력에너지의 조작인식, 핵에 대한 의존인식에서 탈피하여 스스로 삶을 조망하고 탈

핵에 근거한 생태적 삶으로 나아가지 않는다면 정부와 세계, 그리고 원전 자본의 기호적 조작은 하나도 바뀌지 않을 것이라는 것을 명심해야 할 것이다.

4. 국가 정신의 해체와 인간 정신의 퇴락

함석헌은 사람들의 꿈도 사라지고 정신도 영적인 것도 전부 내리막길을 걷고 있다고 염려한다. 게다가 정치는 "죽음으로 하는 정치"라고 개탄을 하면서 정신을 온통 잃어버렸다고 비판한다.[46] 국가라는 체제에도 정신이 있다면 그것은 프로이트(S. Freud)가 통찰한 대로 우리가 알고 있는 의식과 알지 못하는 무의식이 있을 것이다. 국가가 유지되기 위해서는 영토, 국민, 주권만 있어야 하는 것은 아니다. 거기에는 반드시 정신, 의식이 자리 잡고 있어야 한다. 그렇지 않으면 그것은 한낱 정치적 운영 체제로서의 인간 공동체의 인위적 확대 공동체에 지나지 않을 것이다. 국가가 존재해야 하고, 또 존재한다면 적어도 국가가 갖추어야 하는 형이상학적·보편적 인간 가치와 권리를 포함하는 정신이 있어야 한다. 그것은 국가 지도자가 지녀야 하는 정신적·정치적 이념이 될 수 있지만, 국가를 구성하는 국민 개개인의 주체적 생각이기도 하다. 국가가 존재한다고 해서 단순히 국가의 이념, 즉 민주주의니 사회주의니 공산주의니 하는 어떤 정치경제적인 생각의 전체 표현이 존재한다고 막연하게 생각해서는 안 된다.

사람들은 그러한 것들이 국가의 생각, 국가의 정신이라고 생각하는 경향이 있다. 그러나 그것은 국가의 이념을 대표하는 방향성과 지향성일 뿐이지 우리가 알지 못하는 국가 무의식과는 무관하다. 무의식은 여러 가지 형태로 나타난다. 말실수·꿈·농담 등 국가가 말하는, 국가가 취하는 여러 모습들을 간파할 수 있어야 그때그때마다 달라지는 국가의 이념과 무의식 속에 도사리는 국가의 본능 저장고를 알 수 있다. 그러기 위해서는 씨ᄋᆞᆯ이 깨어 생각할 수 있어야 한다. "결국 인간은 생각하는 사람이기 때문에 생각을 해야 하는데, 생각하려면 마음이 가라앉지 않고는 안 됩니다. 생각하는 사람이면 그걸 압니다. 무슨 바른 생각이 나오려면 안정하지 않고는 안 됩니다. 마음이 흥분되고 분한 생각, 좋은 생각, 미운 생각… 가지고는 안 됩니다."[47]

그런데 사회나 백성이나 할 것 없이 온통 들떠서 자신의 감정과 감각을 추스르지 못하고 있다. 사태를 깊이 관조하고 무의식을 알아차리려 하기보다 육아, 교육, 언어, 기후, 주택, 보험, 건강, 노후 등의 피상만 보고 직접적·즉각적 반응을 하려고 한다. 의식 바깥의 사태에 대해서 올바르게 파악하려면 내면이 고요해야 한다. 내면조차도 타나토스적 본능에 휘둘려서는 안 될 것이다. 파괴와 분열, 죽음과 무(無)에서 벗어나서 연대와 연합, 삶을 추구하는 에로스적 본능에 충실하려면 의식, 곧 생각의 고요가 중요하다. 가만히 사태를 예의주시하면 모든 것이 제자리를 못 잡고 있다는 생각이 들 것이다. 미쳤다고 말하는 나 자신조차도 국가의 무의식/의식, 공동체 의식/무의식에 의해 미쳐 가고 있음을 발견하게 된다.

함석헌은 말한다. "해방 후 40년을 이렇게 제 노릇 못하고 말하는 사람 일하는 사람 다 제 노릇을 못하면서도, 사회 전체 분위기는 무엇에 미쳤는지 미쳐 돌아가요! 정신 모두 잃고 있어요. 그러니 민족이 당초에 들떠서 양심의 판단을 못하게끔 했어요."[48] 그러므로 생각을 놓아서는 안 된다. 생각하지 않더라도 생각은 이미 생각을 하고 있다. 의식하지 않더라도 이미 무의식이 작동을 하고 있다. 알 수 있다 하면서도 한편은 알 수 없는 게 생각이다. 그것이 정말 국가의 관심사고 국가의 생각인지, 그것이 정말 주체적인 나의 생각인지 아닌지 도대체 분간이 되지 않는다. 그렇기 때문에 생각하고 또 생각을 해야 한다. 생각을 할 때도 생각 그 자체의 생각이요, 생각을 안 할 때조차도 생각 그 자체의 생각에 집중해서 생각을 해야 한다.

흔히 생각 없이 말한다고 한다. 말하려고 하는 생각 그 자체에 대해서 생각하지 않기 때문이다. 우리는 쾌락 원칙에 의해서 무의식적인 성적 욕망(쾌락, 생리, 생체적 욕망)에 따라 사고하고 행동할 수 있다. 그러나 이성적 숙고를 통해 생각하려는 사람은 적어도 자신의 본능적 쾌락이 무를 지향하고 파괴와 분열을 조장하는 타나토스적 본능인지 아닌지를 모를 리가 없다. 더불어 깊이 생각하는 백성은 국가의 정신도 지저분한 무의식적인 본능을 드러내는 단순한 표피적 생각이라는 것을 간과하지 않게 될 것이다. 사회 전체는 그야말로 광기로 치닫고 씨올 개개인은 정신을 잃고 있다. 그러니 거기에서 무슨 양심적 판단과 행위를 기대할 수 있다는 말인가? 미치지 말자. 그리고 정신을 바짝 차리자. 생각을 하자. 생각하지 못하도록 하는 지배 권력과 자본의 체제에 대해서 거부하고 불복종하고 저항하자. 그것만이 우리가 살 길이고 주체로서의 생각, 인간으로서의 삶을 담보할 수 있는 지름길이다. 국가의 지배 의식으로부터 완전히 해방되어 새로운 차원의 의식으로 나아가기 위해서라도 철학하는 인간, 이성적으로 사유하는 인간, 진리를 향해서 깨어 있는 인간, 확실한 생각에 도달하려는 인간, 명확하고(clara) 뚜렷한(distincta) 사고(명석판명한 사고)를 하려는 인간이 되기 위해 노력해야 할 것이다. 명심하라! 국가는 생각을 하지 않는다! 사회는 생각을 하지 않는다! 그렇기 때문에 생각의 공리(公理, axiom)는 오직 생각을 하고 또 생각하는 씨올에게만 있다.

5. 흔적뿐인 목자, 곤혹스러운 정치

인간은 "존재의 목자(牧者)"이다. 사유는 경건하게 "자기 자신이 요구되도록 만드는 것"이다. 겸허한 목자는 존재 자신에 의해 존재의 진리를 보존하라는 "소명"을 받는다.[49]

약속은 있지 않은 것을 있는 것으로 만든다. 반면에 있는 것을 있지 않은 것으로 만드는 것은 거짓이고 속임수이다. 지금까지 약속은 흔적이 있을 뿐 신의 전능한 발언도, 신의 친필도 아니었음이 밝혀졌다. 백성은 목자(牧者)의 말과 문자가 진리인 줄 안다. 아니 그것만 볼 수 있다. 백성은 자신의 이익과 편리에 따라 움직이기 때문에 목자는 자신이 정작 해야 하는 말과 문자가 무엇인지 너무나도 잘 알고 있다. 백성에만 국한시킬 것도 없다. 대다수의 사람들은 정치적 언어와 문자 이면의 의미와 영향, 그리고 그 결과에 대해 깊이 숙고하는 것을 습관화하지 않는다. 그래서 목자는 물신숭배의 해독불가능한 기호를 문자화, 언어화한다. 문제는 물신숭배와 권력의 관계성에서 또한 민주주의와도 관계가 없는 오직 물신의 거짓 기호를 독해하지 못한 백성의 무지에 있을 뿐이다. 목자에게서 발언된 말과 기호는 거짓인데도 제대로 판단하지 못한 것이다. 다음은 함석헌의 말이다.

우리가 먼저 할 것은 힘의 숭배, 돈의 숭배를 그만두는 일이다. 오늘 세계를 이렇게 만든 것은 군국주의, 제국주의, 산업주의의 국가관이다. 큰 배가 지나간 뒤에 작은 배가 그 물결을 겪듯이 앞서 해먹고 간 힘 숭배 돈 숭배자들이 일으키고 간 죄악의 결과를 당하고 있는 것이 우리 형편이다. 그런데 그것을 모르고 앞의 것을 따라가려 부국강병만 외고 있는 것은 참 어리석은 일이 아닐까? 양심이 예민하고서 소위 강력한 목자 될 수는 없다. 성인들이 정치 못한 것이 이 때문이다. 소위 지도력이란 결국 자기 생각을 남에게 요구하는 일이다. 인간의 정신연령이 낮은 때는 그럴 수 있었다. 이제는 이미 그것이 사회악의 근본인 것을 안 시대다. 그러므로 그런 생각을 계속해서는 아니된다. 제법 진리 비슷하면서도 모든 사회악을 만들어내는 근본이 소위 "최대다수의 최대행복"이라는 말인데 이것을 내세워서 하나의 이기심으로 인해 모인 단체 위에 씨올로 하여금 거짓으로 꾸며 따라가게 한다.[50]

공리주의적 발언과 마치 신의 친필인 양 공언된 문자는 백성에게 강요·강제·요구하는 것이 되어서는 안 된다. 설령 그것이 약속이라 하더라도 말이다. 약속은 이성의 자기 신뢰를 통한 인간 이성의 자기 발언과 인격의 확신과 확증이다. 그래서 약속은 개인에게는 신념과 성실의 문제, 타자에게는 믿음과 희망의 문제이다. 신의 약속을 철석같이 믿은 백성들은 그 약속의 언저리에 자신의 삶과 생명을 얹어놓고 기다린다. 약속은 다만 희미한 흔적이나 아물거리는 기억이 아니라 자기 내부의 표현과 실현과 책임이다. 그렇다면 목자는 약속을 지키기 위해서 자기 자신으로부터 자기 분투적인 몸부림의 표시가 있어야 한다. 실현하지 못할 약속이면서도 목자라고 해서 언어화하고 의식적으로 실행 가능하다고 백성들에게 호언장담하는 독선은 그야말로 흔적도 없는 음성의 찌꺼기나 다름이 없다. 약속은 자기 자신과의 문제이자 타자와의 관계성의 상징이다. 따라서 약속은 이미 세계 내부적인 의미에서, 세계 구성적인 의미에서, 백성의 마음과의 관계에서 자기 것이될 수 없는 공유된·공통된 구원의 공공성이다.

"참 지도자는 내가 한다는 의식이 없다. 자기를 믿고 자기가 위대하여 모든 것을 독점하는 것이 목적이기 때문에 될수록 모든 사람이 스스로 하는 것을 막고 자기 것만을 억지로 내세우려 한다. 그러므로 선전하고, 달래고, 강제하고 속이는 것까지 꺼리지 않는다. 사람은 깊을수록 조용하다."[51] 왜 목자는 모든 일을 자기가 다 할 수 있다는 생각을 하는 것일까? 분명히 목자는 기적을 일으키는 만능의 기계적 신(deus ex machina)이 될 수 없다. 목자에게 필요한 소양은 이성과 합의, 소통과 경청이다. 그러한 바탕에 서 있는 목자라야 군림, 독재, 독선, 위선이 아닌 섬김과 배려의 참된 정치를 구현할 수 있다. "거짓 목자는 다스리는 자요 지배하는 자요 사람을 폭력을 써서 몰아치는 자지만, 참 목자는 가르쳐 주는 자요 같이 짐을 져 주는 자요 받들어 섬기는 자다. 그리하여 우리 모두가 스스로 할 수 있게 하는 자다."[52] 가시적 혹은 비가시적 정치의 이미지를 통해서 그 누구보다도 독단에 치우친 목자는 백성의 짐을 지고 가는 듯하지만 실상은 백성의 눈을 가리고 짐을 지게 하는 사람이다. 두려움과 공포는 실체가 보이지 않기 때문에 생긴다. 두꺼운 장막 뒤에 감추어진 진짜 실체를 모르는 미욱하고 연약한 백성은 보이는 것만이 참이라 믿으면서도 왠지 모를 불안을 느낀다. 그럼에도 정치 · 경제적 모험이나 실험을 모르는 백성들의 소박함은 형이상학적 가치나 이상도 중요하지만 국가가 계도와 계몽을 통해서 자신들의 짐을 나누어지기를 바라는 마음이다. 그러니 지금이라도 목자는 자신의 말과 문자 속 약속들의 위선과 거짓을 참으로 세우고, 백성의 마음을 헤아려야 한다.

"세상을 밝게 만들려면 마음을 알아주어야 한다. 약한 국민일수록 그렇다. 상한 갈대도 꺾지 않고 가물거리는 등잔도 끄지 않는다는 것이 그것이다. 마음이 맑으면 맑은 것이 보이고 마음이 흐리면 흐린 것이 뵌다. 그렇건만 생각 없는 마음은 생각하지 않기 때문에 마음을 모른다. 전체의 참을 볼 수 있는 눈이 맑은 눈이요, 전체를 모르고 부분만 보는 눈은 흐린 눈이다. 나만 아니라 남을 아는, 이제만 아니라 영원을 바라는 마음으로 보면 역사는 결코 사납고 강한 자의 것이 아니고 착하고 부드러운 자의 것임을 알 수 있다. 그러나 소경에게 빛을 말할 수 없듯이 믿지 않는 자에게 정신의 세계를 말할 수 없다."[53]

목자는 자신의 안위를 위해서 지엽적이고 부분적인 문제에 매달리지 말아야 한다. 전체를 조망하고 영원을 바라볼 수 있는 진정성과 능력이 있어야 한다. 함석헌이 지적하고 있는 것처럼, 백성을 위한 마음이 없다는 것은 결국 생각 없는 정치를 하고 있다는 것과 다르지 않다. 마음과 생각을 다듬고 자신의 왜곡된 흔적은 지우고, 약속한 흔적들을 확연히 드러낼 수 있는 목자가 백성들로 하여금 축제의 춤을 추게 할 것이다. 백성들 또한 과거의 감상적 정치의 화신을 지금의 목자에게서 기대하는 것은 그로 하여금 거짓 목자가 되라고 하는 것이다. 적어도 올바른 경험적 인격자라면 그러한 정치적 상징과 정치적 존재자에게 순종의 파토스를 드러낼 수 없지 않겠는가. 그것이 정치적 오류라면 오류요, 정치적 오염이라면 오염이다. 백성 스스로의 정치적 무의지와 무능력을 거기서 드러내고자 하는가?

오늘의 인류는 스스로 문명인이라고 자랑하고 있다. 그러나 그 속에는 보기 싫고 듣기 싫은 더러운 것이 많다. 그중에서도 가장 심한 것은 소위 목자라는 소리다. 물건이 더러우면 사람의 몸을 더럽힐 수 있고 일이 더러우면 몇 사람을 상처 낼 수가 있으나 소위 목자라 하는 것이 잘못되면 사람의 겉만 아니라 속까지, 일부분의 사람만 아니라 나라나 인류 전체를 그릇되게 한다. 그런 의미에서 현대는 거짓 목자의 시대다. 스스로 문명이라 자랑하느니만큼 그만큼 도리어 어둠이요 야만적이다. 그러므로 현대를 건지는 길의 중요한 하나는 우리 속에 품은 목자의 모습을 밝히는 일이다. 요새를 오염의 시대다 공해의 시대다 하지만 오염 중에서도 가장 더러운 오염은 그 그리는 목자의 모습으로 인해 되는 오염이다.[54]

정치 없는 백성은 있을 수 있지만 백성 없는 정치는 있을 수 없다. 노자(老子)는 배부르고 등 따뜻해도(鼓腹擊壤) 군주가 누구인지 모르게 하는 정치를, 맹자(孟子)는 정치 행위의 근본에 백성을 두는 민본정치(民本政治)를 외쳤다. 고금을 막론하고 백성의 마음을 얻지 못하는 정치가 무슨 소용이 있을까? 백성에 대한 정치적 불감증에 걸리다 못해 잔인한 정치적 축제를 즐기는 목자와 그리고 정치인들에게 백성을 위한 성스러운 흔적은 정말 비어 있는(vacuus) 것일까?

6. 프로이트와 공백, 그리고 침묵 소리의 뜻하지 않은 방문

역사의 어느 때고 철학에서 형이상학의 문제를 간과한 적은 없었지만, 현실과 시대의식을 무시한 형이상학은 비판을 받기도 하였다. 그렇기 때문에 철학은 시대의 반성, 혹은 현실에 대해 성찰하는 일을 게을리 하지 않는다. 그런데 오늘날처럼 시대와 현실, 인간의 의식에 대한 반성이 강하게 요청된 적이 있었을까 할 정도로 정신과 물질, 이상과 현실 사이의 괴리가 심각해지고 있다. 함석헌은 단순한 일상적 존재의 거짓된 형이상학과 충동적인 현실에 얽매여 인간의 정신적 삶을 가볍게 여기는 현상을 다음과 같이 비판한다.

인간의 모든 고민은 본말을 전도하는 망상에서 나온다. 생명이 먹을 것으로 사는 것이 아니지만 먹을 것만 있으면 사는 것처럼 망상을 하는 고로 먹을 것을 위해 걱정을 하고 몸이 의복으로 자라는 것 아니건만 의복을 자라는 것처럼 그릇 생각하는 고로 의복을 위해 근심한다. 생명이 정말 믿음으로 사는 것인 줄을 안다면 생명보다 음식을 더 중히 여기고 몸보다 의복을 더 중히 여기는 어리석음은 행치 않을 것이다. 믿음이란 다른 것 아니요 생명의 절대 보장을 믿는 일이다. 그 근본 되는 문제가 해결됨으로써 그 밖에 모든 지엽 되는 부속되는 문제가 다 떨어져 나가게 되는 것이 신앙으로 인한 신생이다. 바람아 네 불 테면 불어라. 물결아 네 일 테면 일어라. 이까짓 낡은 배야 네 깨질 테면 깨져라. 천하일체 모든 불의ㆍ정의ㆍ불평을 다 아뢸 날이 분명히 올 것을 내가 아는 데야 너희가 내게 무엇이냐.[55]

삶의 본질, 내면의 가치, 정치적 정의, 종교의 초월은 모두 공허로 치닫고 원초적ㆍ본능적 삶에는 노골적으로 충실하다. 인간이 이성적 삶을 등한히 여기고 외면할 때, 정치적 권력은 그 틈새를 교묘하게 파고들어 정신적 혐오를 고백하게 한다. 게다가 정치적 권력은 금지와 쾌락, 욕망 사이의 경계를 오가며 인간의 부정행위를 부추긴다. 이기적이고 사적인 이성을 추구하면 할수록 종교도, 정치도, 경제도 그 본질과는 결별하게 된다. 부차적인 문제를 절대적인 삶의 문제로 주장하고 그것을 공론화할 때 정말 중요한 공적 이성과 공적 담론은 무너진다. 지금 우리가 경험하는 정치경제적 아포리아가 바로 이 때문이다.

이처럼 사람들이 본질과 현상을 서로 왜곡하거나 아예 바꿔서 생각하는 이유는 무엇일까? 프로이트(S. Freud)의 주장처럼 유아기의 강한 항문성애적 성향은 돈이나 물질에 대한 관심으로 집중되기도 한다. 일종의 자아도취적 자기 성애적 반항이나 완고한 성격으로 나타날 수 있는 것이다. 물론 이러한 항문성애적 집착이나 완고함이 자아를 표현하는 반응이기도 하다. 하지만 항문애적 성향이 완고함(분노와 복수심)으로만 나타나는 것은 아니다. 깔끔함(신체적 결벽증, 양심과 신뢰성), 인색함(탐욕)도 항문애적 성격이기 때문이다.[56] 이렇듯 똥이 존재하지 않는다고, 가치가 없다고 자신에게 납득시킬 수 있을까? 권력, 돈, 물질 등을 아예 관심 밖의 사안으로 외면하는 것은 정치적 결벽증이요, 반대로 그것을 끌어안고 쾌락을 느낀다면 정치적 완고함이나 인색함으로 나타난다. 그런 의미에서 정치적 콤플렉스는 곧 배변의 콤플렉스에서 벗어나지 못한 것일 수 있다는 추론적 상상이 가능하다. 이에 함석헌은 인간의 욕망, 관능적 환상, 억압의 장치를 버리라고 명령한다.

> 물질을 버리지만 제도도 버려야 한다. 배가 아무리 중해도 바다에 있는 동안이지 육지에 오른 후는 소용이 없다. 배는 내종에는 버릴 것이지, 버리고야 상륙이 되지 배를 가진 채로는 상륙은 할 수 없다. 제도 조직을 가진 채로는 하늘나라에는 못 들어간다. 우리로 하여금 이 인생의 바다를 건너게 하던 배는 그것이 한 몸이거나, 가정이거나, 교회거나, 나라거나, 크고 적음을 말할 것 없이 마지막에는 버려야 하는 것이다. 배의 목적은 배를 버리는 날이 오게 하기 위한 것. 아무리 철갑선이라도 아무리 생활자료를 많이 실었다 하더라도 수상생활은 임시지 영원한 것은 아니다. 배는 버려야 한다. 될수록 속히 버려야 한다.[57]

물질은 육체를 예속하는 욕망이요, 환상이다. 제도, 헤게모니, 체제는 육욕과 정신을 억압하는 장치들이다. 하지만 이러한 담론들은 권력자를 배려하라고 강요하다 못해 환상의 나라를 소유하기까지 침묵과 금기를 강화한다. 기괴하기 짝이 없는 '배'(船)를 보고도 수줍음과 존경심으로 숭앙하면서 배에서 하달되는 명령은 순응해야 할 미덕인 양 국민적 행동이 된다. 수치심과 혐오는 오히려 권력자가 주는 작은 쾌락의 성적 욕망으로 바뀌고, 배려해야 할 것들은 금기가 되어 자아의 자유로운 표현을 억압한다. 국민의 성적 콤플렉스는 권력, 규율, 금기, 통제를 미덕으로 받아들이면서 자신의 성적 표현인 자위(onanisme)조차도 국가의 검열로 성적 도착이라는 낙인이 찍힌다. 이제 그들은 버려야 할 것들, 즉 정신병의 발원지로부터 외려 격리, 예방, 위험군으로 분류되어 정신병 병인론의 탐구 대상이 된다.

미셸 푸코(M. Foucault)는 이와 같은 권력의 속성을 다음과 같이 말한다.

권력이 용인될 수 있는 것은 권력 자체의 중요한 부분을 숨기는 조건에서이다. 권력의 성공은 권력이 자체의 기제들 중에서 은폐하기에 이른 것에 비례한다. 권력이 문제될 때, 비밀은 남용의 성질을 결코 띠지 않을 뿐만 아니라, 권력의 작용에 필수불가결하다. 그리고 그 이유 또한 권력이 권력에 복종하는 이들에게 비밀을 강요하기 때문일 뿐만 아니라, 틀림없이 비밀이 그들에게도 불가결하기 때문일 것이다.[58]

권력의 꼼수에 감춰진 것의 진실을 왜곡한다면 정치적 콤플렉스와 다르지 않다고 봐야 할 것이다. 권력의 퇴행 현상은 결국 똥에 대한 트라우마, 규율과 훈련, 검열에 의한 학습이요, 금기를 깨고 싶은 욕망에 지나지 않는다. 모든 사람이 똥을 갖고 있다는 사실을 부정할 뿐만 아니라, 자신에게는 절대로 똥이 있어서는 안 된다는 병리적 결벽증, 자신의 도덕과 양심이 모든 이들의 결정기관인 것처럼 명령하는 것은 정치적 은폐, 가면, 거부, 거절이라는 것을 알아야 한다.[59]

결국 정치에는 병리만 존재할 뿐 온전한 정치적 에로스는 불가능한 것일까? 알랭 바디우(A. Badiou)는 베케트의 글을 분석하면서 사랑의 네 가지 기능을 방황(여행), 부동성, 명령, 이야기로 설명한 바가 있다.[60] 사랑이란 어둠 속으로의 여행이며, 계산 불가능한 것을 어떤 이름 속에 영원히 고정시키는 것이다. 또한 사랑이란 그 어떠한 희생과 분리와 분열 속에서도 계속하라는 명령이자, 관계의 잠재적 무한을 전해주고, 그 무한의 펼쳐짐을 이야기하는 것이다. 황금색 배지와 똥, 그리고 권력은 이와 같은 정치적 에로스가 없다. 관계의 무한, 예측 불가능한 영원한 진리, 무한의 지속적 이야기를 사심 없이 백성에게 펼치는 정치적 에로스는 지금 퇴행에 퇴행을 거듭하고 있기 때문이다.

여전히 '똥'을 공동목표로 삼은 쾌락에 도취되어 있는 한 똥의 정치학, 배변의 훈련은 계속될 수밖에 없을 것이고, 똥의 장치는 엉덩이를 철썩거리는 소리에 통제, 통치, 지배라는 시스템에 갇히고 말 것이다. 더욱이 종교의 목소리 혹은 초자아의 목소리를 똥의 인색함, 완고함, 결벽증으로 막겠다면 자신의 똥의 확인은 불가능할 것이다. 그러므로 항문성애가 성적인 목적을 벗어나 다른 목적으로 나아가는 정치적 승화가 이루어지려면 억압의 규율을 느슨하게 하고 정치와 종교를 근친상간으로 매도하여 금지·처벌하려는 욕망이 도리어 병리임을 깨달아야 한다. 하지만 밤과 마주한 공허한 빛이 언제쯤이나 제대로 밝은 빛을 발할 수 있을지 알 수 없는 지금으로서는 한 치 앞도 내다보기가 어려운 것 같다.

함석헌의 시선으로 바라본
생철학적 의미의 이질성

1. 생각에 대한 '생각'을 근원적으로 묻다

> 사유한다는 것만큼이나 더 큰 불안이 오늘날 어디 있겠는가?
>
> — 마르틴 하이데거

요즈음 서점가에는 대선을 앞두고 각 대권 후보자들의 생각을 알고 싶어하는 국민들의 욕구에 부응하여 이른바 정치가의 '생각'을 풀어 놓은 책들이 인기(「공동선」 2012. 11~12월호 게재)다. 후보로 나온 것도 주목을 받는 터이지만 그들의 정치관을 활자로 인쇄한 책이 특수를 누리고 있으니 더욱 부러울(?) 뿐이다. 그런데 필자는 여기서 대중들이 책의 표제어가 드러내주는 정치인들의 생각과 인간됨을 읽어 내는 것보다 더 중요한 것이 있다고 본다. 그것은 표심을 품고 있는 대중들 자신의 "생각"이다. 대선 후보자들의 생각이 자리 잡은 터를 간파하고 유권자 자신의 생각을 올바르게 세우려면 주체적이고 사려 깊은 생각이 우선이 되어야 하기 때문이다.

생각이란 스멀스멀 피어나는 깨달음, 혹은 깨우침이다. 그런 생각은 단시간 내에 이루어지는 것이 아니라 매순간 생각 가운데로 나를 앞세우고, 생각 안에 놓여 있지 않으면 어려운 일이다. 생각한다고 해서 생각-하는 것[行爲]이 아니라 생각-해야 생각하는 것이다. 생각한다는 것은 '사유-행위'이기 때문이다. 그것은 몸으로 부딪히는 모든 문제를 확연히 드러나게 하기 위하여 생각을 향해 마음을 열어 놓고 있는 것이다. 물론 마음을 열어 놓는다는 것은 무방비 상태로 무작정 세계에 방치하는 것이 아니다. 생각이 하나의 사물, 하나의 현상에 머물거나 매몰되지 않고 빠져 나옴과 동시에 자신을 그 사태에 끼워 넣어 항상 깨어-있음을 말한다.

하지만 우리는 자신의 욕망에 따라 자기보존의 본능과 자기 욕구 충족으로 인해 매우 이기적으로 생각한다. 이러한 경우 다만 생각이지 생각-함이 아니다. 생각은 일순간의 욕구와 욕망으로 세계에 시선을 두었다가 거두어 들이는 단순한 스침에 지나지 않을 뿐만 아니라 매우 표피적이다. 여기서 더 들어가야만 생각-함이라는 실제적인 사유 방식이라 말할 수 있다. 자신의 주체적인 생각-함이 없이 타자의 생각만을 읽어 내는 것은 위험천만한 일이다. 주체적 생각-함이 선행되고 난 후에 타자의 생각 읽기와 타자와의 생각-나눔이 가능하다. 그렇지 않으면 나의 생각인지 타자의 생각인지 분별하지 못하고 단지 자신의 욕구와 욕망으로 인해 그것이 자신의 생각이라 단정 짓고 잘못된 판단을 내릴 수 있다.

대선을 앞두고 후보자들의 생각이 무엇인지 명확하게 드러난 바가 없다. 오리무중이다. 그런데 대중들이 그 생각을 알아보겠다고 이미 활자화되어 있는 고정된 문자를 읽는다면 행간을 잘못 이해할 수 있을 뿐이다. 그러므로 지금 자신의 생각을 먼저 묻고 생각-함이나 깊은 사유-행위를 통해 사태를 판단하는 일이 그 무엇보다도 중요하다.

생각은 대상으로서 소비하는 것이 아니라 생각을 생각으로 존재하게 하여 생각 자체의 본질을 바라보는 데에 있다는 것을 명심해야 한다. 지금의 생각 소비 행위는 인간의 생각을 대상화하고 있는 것과 다르지 않다. 따라서 생각의 생각다움을 위해서는 자신의 생각과 끊임없는 투쟁(Streit)이 있어야 하고, 타자와의 생각 다툼과 균형 속에서 탈은폐적인 사유의 밝힘이 있어야 한다.

생각은 길어 올려져야 한다. 다시 말해서 생각은 숨어 있지 않음이다. 그러나 생각은 밝음 가운데 드러나기 위해 숨어 있어야 한다. 밝힘과 숨김의 모순된 역설이 생각을 어렵게 한다. 하지만 이것이 생각이 처한 운명이다. 생각은 그러한 운명 속에서 발버둥치면서 결국 밝음으로 나와 새로운 역사를 전개해야만 한다. 생각의 수립은 실존의 과제이다. 생각의 일어남(Geschehen)과 되어감(Werden)은 인간의 원천을 새롭게 하는 가능성이다. 따라서 생각에 대해서 생각한다는 것은 인간의 자기-정립이자 자기-객관화이다. 그것이 없이 타자와의 관계적 진리 발현과 새로운 역사 개현 혹은 도약은 불가능하다. 자기 생각에 대한 생각의 대상성에 따른 주체적 정립이 없이 타자의 세계로 뛰어듦은 자칫 근원(Ursprung)으로서의 생각의 터를 망각하게 될 수도 있다.

생각은 언어요 행위이며, 체험이자 역사이다. 그런 의미에서 그것의 근원, 그것의 시작은 자기 생각(의 정립)에서 비롯된다는 것을 잊지 말아야 할 것이다. 생각은 감사다. 생각할 수 있다는 것에 대해 감사해 본 적이 있는가? 생각은 자기 자신에 대한 감사요, 자기 자신에게 줄 수 있는 최대의 선물 곧 증여이다. 이 생각을 지금 포기하고자 하는가. 만일 그렇게 된다면 생각 곧 자기 주체로서의 생각(의 정립)이 없는 곳에서는 (정치의) 현재도 미래도 기대하기 어려울 것이다.

2. 몸적 주체성의 회복을 위해 생각-함

　몸은 인간의 존재 양식이다. 이 말은 다시 말하면 인간의 몸이야말로 세계 내에서 존재한다는 외현적인 사실을 의미한다. 몸은 세계에 나타남이다. 그래서 몸은 어떠한 억압과 구속으로부터도 자유로운 존재다. 자신의 몸은 곧 주체다. 자기에게 자기로서뿐만 아니라 세계에 대해서도 주체로서 나타나 있다. 몸을 타자화할 수 없는 이유가 바로 여기에 있다. 몸이 타자와 만나고 세계 안에 있다고 해서 몸의 주체적 경험을 타자화하고 대상화할 수 없다. 만남에는 '나'라는 몸적 주체가 만남 자체를 직접적으로 구현하기 때문에, 타자를 구속하고 억압할 경우 진정한 만남은 성립할 수 없다. 그것은 주체의 몸적 경험을 말살하는 것이고 몸적 경험의 시공간을 빼앗는 것이다. 몸이 주체가 된다는 것은 인간 개별자가 직접성을 표현하기에 그런 것이 아니라, 몸적 주체가 갖는 경험과 경험하는 시공간의 특수한 맥락 때문이다.

　몸은 결코 사물화될 수가 없다. 몸은 누구에게나 신성함과 순수함의 상징이다. 그러한 몸이 경험하는 것은 기억이며 흔적이다. 몸의 살은 기쁨·슬픔·노여움·즐거움·상처·고통·증오 등의 삶의 총체적 감정·기분·정서를 기억하고 있다. 따라서 인간의 노동 경험, 성적 경험은 자발적 행위나 능동적 행위를 통한 자기 존재의 확장과 확인, 그리고 사회적 교류의 총체이다. 그런데 만일 노동 경험과 성적 경험이 수동적·강제적 행위가 된다면 기억의 장소로서의 몸의 경험은 타자에게 억압당하고 말 것이다. 더군다나 가브리엘 마르셀(G. Marcel)이 말한 것처럼, "나는 나의 육체"라고 말할 수 있는 몸적 주체성을 확보하기 위해서는 몸이 타자화되는 일은 없어야 한다. "나는 나의 육체"라는 현상학적 선언은, 몸의 근원적 관계 혹은 자리를 말하

는 것인데 자기 아닌 그 누구에게도 양도할 수 없다는 것을 단적으로 드러
내 주는 것이다.

나아가 몸이 타자화 · 사물화될 수 없다는 것은 몸의 정치화에 대한 거부
를 포함한다. 이것은 앞에서 말했다시피 몸이 타자화 · 사유화될 수 없다
는 몸적 주체성의 좀 더 강력한 자기 선택적 발언이다. 이러한 발언의 주체
적 개별자를 몸으로 볼 수 있지만, 그것은 단순한 몸이 아니라 공동체적인
몸이라고 봐야 할 것이다. 다시 말해서 몸은 몸뚱이, 즉 사회 공동체나 국
가 공동체를 표상하는 '민족적 신체성'(national physicality)이라는 점을 무시할
수 없다. 이 말은 몸이 단지 타자와의 관계 속에서 소유와 사용 가능성을 넘
어서 국가적 차원의 희생물이 될 수 있다는 것을 시사한다. 몸은 민족적 신
체성이라는 측면에서 때로는 전쟁의 희생물, 종교적 희생물, 의학적 희생물
등으로 전추(顚墜)될 수 있다. 그뿐만 아니라 민족적 신체성으로서의 몸은
굴욕적으로 타자들에 짓밟히면서 유린당하는 성욕적 희생물, 노동의 희생
물이 되기도 한다.

이렇듯 개별적인 몸적 주체성은 거대한 민족적 신체성에 종속되어 자신
의 몸적 주체성을 주장하지 못함으로써 몸의 필연적 해방을 지향하지 않을
수가 없는 것이다. 개인이든 국가든 몸적 주체성을 구속하고 억압할 권리는
없다. 몸이 갖고 있는 사밀하고 내밀한 역사를 전체주의로 환원하면서 정치
적 수단의 몸으로 전락시키는 것은 몸을 통한 인간다운 인간을 역행하는 것
이다.

설령 몸이 이념의 희생물이 되거나 성적 희생물이 된다 하더라도, 세계를
정결하게 만드는 것이 아니라 오히려 오염시킨다. 이념은 정신세계를, 성
은 몸의 세계를, 노동은 자연 세계를 정결하게 한다. 이 모든 것들은 사유화

될 수 없는 인간 고유의 맘짓과 몸짓이다. 그런데 과거 이런 정결(의식)을 오염으로 만들어 버린 국가가 있다. 바로 일본이라는 나라다. 지난 일제 강점기에 우리의 선조들은 성과 노동의 경험에서 몸적 주체성을 빼앗기고 타자화되었다. 수많은 사람들이 몸부림을 치면서 희생물로서의 몸이 되는 것을 거부하였지만, 결국 민족적 신체성은 점령을 당하고 말았다. 몸적 주체성이 강탈당한 결과는 일제 강점기에 성노예(위안부; 근로정신대)로 자신의 몸적 주체성을 잃어버렸던 사람들이 일본에 대해서 지속적으로 몸과 정신의 보상을 외치는 뼈아픈 현실의 경험뿐이다. 그나마 강제 징용 피해자로 일본 기업(미쓰비시와 신일본제철)에 몸적 주체성이 종속되었던 분들이, 그들을 상대로 손해 배상을 요구할 수 있는 길이 열렸다는 것은 참으로 다행한 일이다.

'나의 몸이 있다.' '나의 몸이 존재한다.'는 발언은 세계와 관계 맺음의 방식으로, 몸이 세계를 지향하는 주체성의 언표이다. 그것은 세계의 기저(基底)인 기체(주체, subjectum)가 몸적 사고를 통해 세계를 구성하고 해석한다는 것을 의미한다. 세계와 만나고 세계를 지향한다는 것은 몸이 사유를 통해 세계에서 자기 자리의 위치를 점유하기 때문이다. 따라서 역사의 질곡에도 불구하고 몸에 대한 인식과 상처를 다독이는 행위는 몸이 세계를 해석하고 자신의 시공간을 새롭게 확보하겠다는 의지임에 틀림이 없다. 이제 더 이상 몸이 해석의 대상이 아니라 변혁과 자기 주체적 외현임을 다시 한 번 상기해야 하는 시점에 있는 듯하다. 그 이유는 그동안 몸적 주체성을 인식하지 못했던 사람들이 이미 지나간 과거에 경험한 몸의 기억들을 애써 치유하려고 하기 때문이다.

3. 이념(논쟁)보다 생을 앞세우라!

　인간은 자신의 경험 세계의 지평을 벗어날 수가 없다. 또한 인간의 경험은 경험 가능한 세계에 대한 경험일 수 없다. 경험은 경험된 것으로서의 그것, 혹은 그것에 대한 진술이다. 따라서 경험에 대한 인식은 미래를 확정 · 단정 짓지도 못한다. 오직 과거와 지금 일어나는 사건에 대한 감각에 의해서만 인식할 수 있을 뿐이다. 그래서 경험은 사건들의 지평이다. 사건이란 일어나고 다가오는 지평이 모두에게 동일하지 않다. 동일성을 갖고 있지 않다는 것은 사건에 대한 감각적 경험의 절대성이 존재하지 않는다는 것을 의미한다.

　이것은 앞에서 말한 것처럼, 경험은 경험된 세계에 대한 지평 해석 및 의미의 한계와 관련된 것이지, 타자와 공유된 절대적 지평이란 존재하지 않는 것과 맥을 같이한다. 이것이 경험을 절대화할 수 없고 경험에 대한 인식을 도그마화할 수 없는 까닭이다. 나아가 사건들의 지평에 따라서, 그리고 사건 속에서 의식은 발견된다. 사건과 더불어 의식이 발생하면서 의식이 사건 속에서 현존한다는 것이다. 그래서 인간은 사건에 대해서 감각하고 의식할 수 있는 것이다. 좀 더 엄밀하게 말하면 사건은 일어난다기보다 다가오는 것이다. 개별적 인간에게 사건은 다가오고 그 사건을 해명하기를 기다린다. 그때 사건 해명을 위한 1차적 조건은 감각적 경험이란 무엇인가에 달려 있다.

　감각적 경험은 모든 타자와 공통될 수 없지만 적어도 경험하고 있다는 존재 인식은 가능하다. 그러나 감각 경험을 의식하고 해명하는 것은 그것을 일반화하는 작업, 즉 이성을 통해 '개념화'해야만 그것이 '무엇'인지 알 수가 있다. 보편화하는 존재는 그 사건을 경험한 것을 해명하기 위한 이성적 행위의 2차적 조건이다. 여기에서 개입되는 것이 인간의 세계관, 가치관, 인생관 등의 어느 일정한 '관점'이다. "시간의 연쇄 속에서 우리에게 알려진 것은 우리의 영혼 혹은 마음이 그것에 대해 우리에게 묻자마자 바로 미지의 것이 되어 버린다."[61] 그러나 관점이란 사건을 만나면 그것이 무엇인가를 물을 수 없는 몰주체성으로 변한다. 사건 혹은 사건의 경험이 생(生)의 근저를 맴돌면서 주체를 뒤흔들기 때문이다.

이념 논쟁, 색깔 논쟁으로 정국(政局)이 소모전을 벌이고 있다. 민초들의 삶이 이념에 의해서 좌지우지되어서는 안 되는 생 그 자체의 존재론적 지위(위치)가 있음을 기억해야 할 것이다. 이념은 선도 악도 아니다. 이념이 맡아가진 그 형식 때문에 다만 그렇게 될 뿐이다. 이념(의 논쟁)은 시대적 산물이다. 또한 존재의 부산물, 삶의 소산물이기도 하다. 아니 조에 부스케(J. Bousquet)의 말을 빌려 말한다면, '보조물'에 불과하다. 그것을 마치 주산물인 것처럼 호도하는 것은 인간이 생 그 자체로 존재하고 있다는 것을 망각하는 일이 아닌가.

삶의 감각적 경험, 그리고 사건으로서의 경험에 의해서 이념이 육화된 것이라면 어떤 이념도 절대화될 수 없다. 하나의 이념은 또 다른 이념과 대립하면서 한쪽을 유배시킨다. 그러나 이념으로 인해서 오히려 생 그 자체가 유배되는 일이 없도록 해야 한다. 이념이 전체의 한 점이라면 생은 한 점의 전체이기 때문이다. 나아가 이념이 생을 도래하게 할 수 없다면 이념은 청산해야 한다. '종북'이라는 말도 언어도단이요, 생을 강제하는 거짓된 상상력일 뿐이다.

언어가 생을 바라보게 하고 생의 사건에 대한 의미를 육화시킬 수 있어야 한다. 동시에 인간으로 하여금 생을 밀착시키고 사건으로서의 경험 세계의 지평을 확장시키는 사고·사유·의식이어야 생이 조각나지 않을 것이다. 생에서 이탈하는 사건, 생을 기만하는 의식 속에 있는 나는 과연 존재한다고 말할 수 있을까. 조에 부스케의 말을 거듭 인용하면, "인식의 의식은 그의 감정이 향해 있는 모든 것에 대해 도덕적 균형을 만들어야 한다."[62] 인간은 단지 끊임없는 의식의 고양을 위해 이성과 의식의 깊이로 상승해 가야 한다. 그것만이 인간의 과제가 되어야 한다. 의식의 진보(앞으로 나아가)는 우리가 추구해야 할 마땅한 것이지만, 이념적 진보/보수는 필연적이지 않다. 생을 우선으로 여기지 않는 또 다른 이념의 논쟁 역시 자신의 역사적 감각 경험을 절대화하는 우를 범하는 것이나 다름이 없다. 다시 말하지만 이념은 사건의 해명을 기만하고 생과 사건보다 우선하려는 욕망이 크기 때문에, 이념·언어 혹은 개념의 '흠' 속에서 멀어질수록 인간의 생을 구제할 수 있을 것이다. 그러므로 난만(爛漫)한 이념의 궁핍이야말로 우리가 소유해야 할 권리일지 모른다.

4. 돈, 동그랗지만 날카로움으로 감

인간에게 돈이란 무엇일까? 돈에 대한 경제학적인 정의는 차치하고, 돈의 본질을 차근히 물어보자. 우선 돈은 유형적 특징을 가지고 있다. 동전과 지폐라는 독특한 물질로 구성된 것으로서 우리의 감각과 욕망을 자극한다. 또 다른 한편 돈은 무형적 특징을 가지고 있다. 돈의 가치는 약속일 뿐, 그 수치는 눈에 보이지 않는다. 다시 말해서 수학적 계산과 산정 방식은 추상적 개념에 불과하다. 그것은 구체적이고 가시적인 것 같지만, 우리를 속이는 가상이다. 나아가 돈 자체는 또한 광기를 갖고 있다. 좀 더 정확하게 말한다면 광기를 전염시킨다. 소유하고 싶어 하는 욕망이 나은 광기, 소유를 하고 싶지만 소유하지 못하는 데서 비롯되는 광기는 사람들을 전염시킨다. 그렇게 전염된 사람은 절망과 불안을 경험한다. 소유하지 못했기 때문에 절망하고, 소유했기 때문에 상실될 것에 대한 불안을 갖게 된다.

따라서 인간에게 돈은 절망이자 불안이다. 돈 자체를 소유하고 있다고는 하나 소유한 것이 아니다. 그것은 언제든지 나를 충족시켜 줄 수 있을 것 같지만 우리가 인식하는 만큼 쉽게 가시적 결과로 나타나지 않는다. 그렇기 때문에 절망이다. 또한 돈을 소유하고 있다고는 하나 일순간에 나의 곁을 떠나 버리고 말 수도 있는 물질이고 계량화된 개념이다. 그래서 돈은 사람을 불안하게 만든다. 그런데 이 사회는 그러한 인간의 절망과 불안의 묘한 심리를 악용하고 있다. 그리고 광기를 전염시켜 옴짝달싹하지 못하게 하는 체제는 사실 모두가 이 세계를 초월하고 싶은 황홀경에 빠져 있는지도 모른다. 돈은 사람으로 하여금 세계를 초월하도록 만든다. 또 다른 세계를 꿈꾸면서 개인의 이상적 사회를 만들어 나간다. 그것은 공동의 이상사회가 아니라, 개인의 이상사회에 그리며 빠져-있음이라는 기이한 현상으로 치닫게 된다.

돈으로 인해서 인간은 이 현실 세계의 고통을 초월하려고 하지만, 정작 돈 때문에 이 세계에 빠져-있음이라는 역설적인 결과를 초래하게 된다. 빠져-있음으로 해서 헤어 나오지 못하고, 빠져-있음으로 해서 그곳에 있는지도 모를 정도로 광적으로 중독되어 있다. 이렇게 돈은 광기를 동반한다. 즉 신비스러움, 성스러움으로 나타난다. 그렇기 때문에 돈은 두렵다. 돈은 공포가 된다. 멀리 하지도 못하고 그렇다고 가까이 하지도 못하는 거룩한 물질이 되는 것이다. 그 거룩한 물질, 어쩌면 모든 인류에게 금기시된 물질을 건드리는 것은 저주가 될지도 모른다. 차라리 그 물질을 얻기 위해서 고행의 길을 가는 것이 나을 것이다. 역사 이래로 거룩한 물질은 항상 접근 불가라는 암묵적이고 비밀스러운 딱지가 붙어 있었다. 그래서 그 물질을 얻으려고 하는 자들은 항상 자신의 목숨을 내놓아야 하는 위험을 감수하기도 했다. 그만큼 그 물질은 인간에게 매력적이었던 것이다.

나아가 그 매력은 마력이다. 돈의 매력은 치명적인 마력을 가지고 있다. 동그란 동전, 길쭉하면서 촉감이 묘한 지폐의 마력은 한마디로 추종이다. 그것을 추종하는 자는 모두가 똑같은 길을 따라가려고 할 것이고, 고행을 마다하지 않는다. 그래서 돈은 고행이다. 고행을 해야 얻을 수 있는 물질이다. 고행을 하면서 얻으려 하는 돈은 자기 증식을 한다. 돈은 자기를 늘이고 한없이 뻗쳐 나가려고 한다. 고행을 하는 사람은 바로 절벽 아래로 한없이 뻗쳐 나간 그 위험천만한 줄기와 뿌리를 얻으려고 하기 때문에 자신이 죽을 것이라는 광기를 알아차리지 못하면서도 손을 뻗고 마는 것이다.

지난 번 정부에서는 부실 저축은행을 정리하겠다고 발표를 하였다. 다행스럽게도 뱅크런(bank run; 예금 대량 인출 사태) 조짐이 보이지는 않았던 것 같다. 이제 매스컴은 그 이후의 사태가 어떻게 되었는지 관심을 갖지 않는다. 그러나 그보다 더 중요한 것은 우리 사회가 돈의 마력에 빠져-있음의 사태에서 벗어나지 못하고 있다는 것이다. 그것의 밑바닥에 얼마나 날카로운 죽음의 그늘이 숨겨져 있는지도 모르는 채 말이다. 돈은 돌고 도는 동전이나 순환을 하는 물질만이 아니다. 돈은 날카로움이다. 돈은 우리의 정신을 날카로운 곳을 향해 가게 만든다. 은행은 그것을 감추고 안정적이고 안전한 유토피아만 말해 준다. 정부는 사람의 좌절, 두려움, 공포, 불안을 조작하여

기어코 국민들이 돈을 숭배하도록 만든다. 어떤 사람은 뼈아픈 고행을 하면서, 또 다른 어떤 사람은 그 같은 고행을 덕보고 거룩한 물질을 일순간에 손에 넣는다. 그래서 돈은 정직하지 못한 속임수가 너무나 많다. 그래도 사람들은 오늘도 고행을 마다하지 않고 금기가 되어 버린 거룩한 물질을 소유하기 위해서 모진 애를 쓴다.

5. 다문화에 이중적 잣대는 안 된다!

큰 지혜를 지닌 사람은 여유가 있지만 작은 지혜를 지닌 사람은 남의 눈치만 본다. 위대한 말은 담담하고 너절한 말은 수다스럽기만 하다.

(大知閑閑, 小知閒閒, 大言炎炎, 小言詹詹.)

—장자(莊子)

아마도 우리 민족은 같은 핏줄을 타고난 동포가 해외에서 잘 나가는 위치에 서고 세계 언론에 주목을 받으면 박수를 보내고 싶고 괜히 어깨가 으쓱해지는가 보다. 보상심리에서 비롯된 것인지, 아니면 왜소한 국가에서 사는 우리 국민의 속성인지는 몰라도, 선진국에 대한 엘리트 콤플렉스도 작용을 하는 것 같다. 한국 사람이 아닌 듯이 미국이라는 나라에서 한 유명한 대학의 총장으로서뿐만 아니라 이제는 세계은행의 총재가 된다는 사람, 그에 비해 한 동남아 국가에서 대학 공부를 하고 한국으로 시집와서 어엿한 대한민국 국민이 되어 그 삶을 소중하게 생각하고 있는 필리핀 여성. 한 사람은 재미동포 김용이고, 또 다른 한 사람은 이번에 새누리당 비례의원으로 선출된 이자스민이다.

이 둘의 공통점은 자신의 본국에서보다 현재 살고 있는 국가에서 훨씬 더 많은 주목을 받고 있다는 것이고, 게다가 이제는 본국이 아니라 지금 살고 있는 국가의 시민이라는 것도 빼놓을 수 없는 엄연한 사실이다. 그럼에도 우리는 미국에서 성공적인 출세길을 달리고 있는 김용에 대해서는 찬사를 아끼지 않는다. 반면에 이자스민에게는 안타깝게도 외국인 혐오증(Xenophobia)으로 인한 인격적 폄하가 끊이질 않고 있다. 우리 사회가 이미 다문화 사회로 접어들었다고 말들을 하건만 타인에 대해서 환대하지 못하는 것은 도대체 무슨 연유일까? 다문화(多文化)에서 '다'(多)는 단순히 많다거나 다양하다는 의미만은 아니다. '다'는 다름이 있지만 다 같은 한 민족이라는 동질성을 내포하는 개념이다. 설령 다른 정체성을 가지고 있지만 그 정체성이 인간성이나 인격을 대변하는 것이 아님을 모르지는 않을 것이다. 게다가 우리는 선진국에 대한 우월의식, 백인 선망의식 같은 것들이 공존하면서 피부색이 다른 민족에 대해서는 인종차별적 태도를 서슴지 않는다.

그렇다면 앞으로 '다'에 대한 인식을 어떻게 할 것인가? 한국 내에 문화적 다양성, 민족적 다양성이 존재한다는 것은 부인할 수 없는 사실이라면, 진지하게 '다'의 정의와 이해를 달리 하지 않는 이상 타문화, 다문화적 현실을 타개해 나가기가 어려울 것이다. '다'는 포개어짐이다. 여러 개가 중첩되어 하나가 되는 현존재적 성격을 띠고 있다. '다'에는 특별한 시공간이 있는 장소이다. '다'는 거기에-있음이라는 존재 의미를 드러낸다. '다'는 다른 어떤 말보다도 우선성을 점유한다. 그러므로 '다'를 인식하고 인정해야 그다음의 언어와 행위가 가능한 것이다.

지금의 우리나라와 같은 '다'의 사태를 미리 내다본 사람이 있었다. 마르크스주의 역사학자인 에릭 홉스봄(Eric J. Hobsbawm)이다. 그는 "본국인이 기피하는 업종에서 기꺼이 일해 줄 노동력을 수입"할 수밖에 없고 "값싼 노동력의 부족으로 자국민이 제공할 수 없는 용역에 대한 수요는 계속 있을 것이기 때문에, 제3세계에서 제1세계로의 인구 이동은 피할 수 없는 결과"[63]라고 보았다. 과거의 경험에 비추어 우리도 타국에서 이방인으로 살아가던 때가 있었음을 상기해야 할 것이다. 더불어 우리 앞에 나타나 있는 존재를 부정할 수 있는 상황이 아니라면, 최소한 그들이 이제 이 사회의 뼈아픈 고통과 여러 난관 속에서 삶을 영위하고 있음을 인식해야 한다.

적어도 이 땅에 발을 딛고 사는 사람이라면 영원한 이방인은 없다. 몸이 낯설다 하여서 그들의 정신세계마저 혐오스러움의 대상이 되어서는 안 될 것이다. 이 땅에서 풀 한 포기, 돌 하나라도 소중하지 않은 것이 없듯이, 이성을 가진 존재의 삶과 행위는 마땅히 존중받아야 한다. 자본은 이미 세계 자본이요, 정치는 세계 정치가 되었다. 이 지구 사회 전체의 유익을 위하여, 공공선을 위하여 헌신할 준비가 되어 있다면 어느 누구도 손가락질 받아서는 안 되며, 차별 받아서도 안 될 것이다. 에릭 홉스봄은 "대부분의 이민자가 제3세계 출신이라는 사실에서 인종 차별은 피할 수 없다. 다른 용모와 다른 피부색을 가진 사람은 인정받기가 훨씬 어렵다."[64]라고 인종 차별 문제를 진단한 적이 있다. 하지만 결코 이 사회가 아파르트헤이트(apartheid, 인종차별주의) 만큼은 있어서는 안 될 것이다.

함석헌의 종교 해석과 의식의 옹호

1. 함석헌의 진리 인식과 초월자에로의 기투

"진리란, 지축이 끊임없이 흔들리면서도 흔들리지 않는 것처럼, 물결은 늘 뛰놀면서 바다는 언제나 평이한 것처럼, 변하면서 변하지 않는 것이다. 진리도 쉬지 않고 변하기 때문에 변하지 않을 수 있다."[65] 변하면서 변하지 않는 것, 함석헌은 그것을 진리라고 역설한다. 상대적 세계에서는 변하는 것 같지만 실상은 변하지 않음을 끝까지 견지하는 것이 진리다. 이는 만물은 생성 변화하지만 그 속에 영원 불변의 로고스가 있다고 말한 헤라클레이토스(Heraclitus, BCE 535~475)나 진도약퇴(『도덕경』 41장, 進道若退)를 말한 노자(老子)와도 맥을 같이 한다. 사람들은 진리의 본질을 보지 못하고 진리의 외형만을 보고 진리의 퇴색을 외친다. 어쩌면 진리의 왜곡이란, 하늘과 맞닿은 세계를 열어주는 종교경전을 제대로 보지 않고 가벼이 말하는 것이리라.

진리는 초월의 세계, 삶의 초월을 가리키고 있다는 것을 알게 되면 가상(Schein, 假象)의 진리가 아니라 참의 진리, 빛의 진리를 보게 될 것이다. 진리는 사라지는 것이 아니라 다만 변하는 것처럼 보일 뿐이다. 변화를 주도하는 진리가 변화 속에 있으니까 변화하는 것처럼 보이는 것뿐이지 불변의 씨앗으로서 존재한다는 것을 깨달아야 한다. 따라서 변화 속에서 변하지 않는 진리를 볼 수 있는 눈을 갖는 게 급선무다. 볼 수 없거나 보지 않겠다는 마음을 갖는 이상 변화, 퇴보, 퇴색만 보이니 진리 그 자체가 원본적으로 (originare) 다가올 수 없는 게 당연하지 않겠는가. 그러나 본시 "성경은 인간의 모든 마음을 불살라 열과 빛을 내잔 하늘 닿는 굴뚝이다. 올라갈수록 그 흔들리는 도는 놀랍게 늘어간다."[66] 그래야만 진리의 상승 기류를 만나 하늘 세계를 만날 수 있을 것이다.

성서는 단지 문자가 아니라 올라-감이다. 오르고 올라서 도(道)에 다가가도록 만들어 주는 진리다. 노자가 도법자연(道法自然)이라 말했듯이, 도를 향해 올라가면 결국 저절로-그러함의-존재와 만나게 된다. 신 혹은 초월적 존재는 스스로-있음, 저절로-있음, 저절로-그러함이다. 이제 성서의 문자를 떠나서, 문자를 넘어선 저절로-있음 그 자체로의 비약이 필요하다. 성서가 문자가 아니라 비약하는 정신이 되려면 씨ㅇㄹ이 되어 자라고 또 자라야 한다. 문자가 죽고 문자의 의미가 싹틔운 뜻만이 살아서 사람을 자라게 해야 한다. 그래서 함석헌은 "성경은 양식이라기보다 산 씨ㅇㄹ이다. 씨ㅇㄹ이기 때문에 그 첨 형상이 없어지도록 키어 내야 한다."[67]고 말한다. 의미가 꿈틀거리는 씨ㅇㄹ, 삶이 서부렁섭적 피어나는 씨ㅇㄹ, 사랑이 모락거리는 씨ㅇㄹ로 살아야 성서적 삶이라 할 수 있다. 그럴 때 비로소 성서의 의미덩어리들이 모여 움트려는 진리 가능으로 존재하는 것이다. 나아가 발언되고 살게 되면 단순한 말덩어리들 혹은 말조각들은 진리가 된다.

성경은 변치 않는 영원 절대의 것이 변하는 일시적 상대인 속에 나타나 있는 것이다. 그 영원 절대인 데 대하여는 들을 줄 알고 들어야 한다. 글은 굳어졌는데 뜻은 자랐기 때문이다. 이것이 성경에 끊임없는 새 해석, 고쳐 씹음이 필요한 까닭이다. 덮어놓고 믿는 믿음에 이르기 위하여 덮어놓고 읽기만 하지 않는 읽음이 필요하다. 세상 모든 것을 덮어놓고 믿는 믿음은, 열어 젖힌 마음의 칼로 성경을 사정없이 두려움 없이 쪼개고 열어 젖혀서만 얻을 수 있다. 성경은 덮어 놓고 읽을 글이 아니요 열어 놓고 읽어야 할 글이다. 덮어 둘것, 은밀하게 둘 것, 신비대로 둘 것은 하나밖에 없다. 하나님. 그 밖의 것은 다 열어 젖혀야 한다. 성경은 연구해야 하는 책이다. 연구하지 않고 믿으면 미신이다. 하나님은 연구의 대상은 될 수 없고, 그 밖의 것은 다 연구해서 밝혀야 할 것이다.[68]

아무리 성서가 거룩한 하느님의 말씀이라 해도 문자로 되어 있는 한 읽혀야 한다. 열어 젖혀서 밝혀야 한다. 글자를 읽어야 들을 수 있다. 글자가 살아나려면 읽어야 하고 읽게 되면 의미가 새겨져 뜻이 올라와 초월자의 말씀으로 인식되는 것이다. 그래서 종교의 어원이 되기도 하는 relegere는 legere(읽는다)에 re(다시)가 붙지 않으면 종교의 생명력을 잃게 된다. 종교가 살아 있는 실체로서 존재하려면 종교 경전이 화석화되지 않도록 다시 읽고, 고쳐 읽어야 한다. 문자와 문자, 글자와 글자, 문장과 문장이 풀어 밝혀져 '그때 거기'의 의미가 '지금 여기'의 의미로 열려서 나타나야 한다[開顯]. 문자가 읽힘으로써 밝혀내는 것 사이로 나타나는 것은 의미 그 자체, 즉 초월자(하느님)이다. 그러므로 굳어진 채 글자로 남아 있는 것을 부정하고 틈새로 나타나는 것은 초월자 그 자체이다. 초월자는 들이 파서 길어 올려야 하는 대상은 아니다. 하지만 파고 열어서 문자의 뜻을 밝히지 않으면 초월자를 인식하는 것은 어렵다. 초월자는 문자를 통해서, 문자의 열려짐을 통하여 나타난다. 그것이 읽히고 발언되는 순간 초월자의 목소리가 된다.

오늘날 종교(religion)가 종교 노릇을 잘 못하는 이유는 문자에 얽매여 초월자의 목소리를 열어 밝히지 못하거나 문자의 뜻을 길어 올리는, 문자의 의미를 들이 파는 힘이 모라자서 뜻 없는 인간의 소리만이 들리기 때문이다. 정작 놔둬야 하는 초월자를 들먹이며 공허한 낱말과 개념만을 나열하는 종교의 목소리는 장단 없는 꽹과리요 힘없이 불어대는 퉁소에 지나지 않을 것이다. 오히려 이곳저곳에서 난무하는 종교의 목소리는 애꿎은 씨올들을 엉뚱한 길로 들어서게 하고 신비(myein, 눈을 감는다)를 다 알아 버린 듯 그 가상(假象)을 입에 달고 다닌다. 물론 초월자는 문자를 통하여 이미 와 있다. 현존하고 있다. 그러나 그것을 현재화하고 도래하게 하기 위해서는 텍스트를 온전히 열어 밝히는 수고가 필요하다. 그것을 살아내겠다는 의지에 앞서 요구되는 것은 문자를 시간성 안으로 가지고 들어오는 텍스트의 정확한 이해가 있어야 한다. 그래야만 살아 있는 뜻을 드러내는 초월자의 현재와 도래에 사심없는 기투(企投, Entwurf; Projection)가 가능하지 않겠는가.

초월자의 존재 가능화는 문자의 시간화와 무지(無知)로부터의 개현이라는 것을 잊지 말아야 한다. 이것은 인간의 이성의 역할이기도 하지만 은총의 빛(Thomas Aquinas, 1225-1274)으로 인한 인식의 확장, 그리고 신의 망각(Vergessenheit)으로부터 새롭게 회상(Erinnerung)하는 것이며, 인간의 탈자적 피투성(내던져져 있음, Geworfenheit)을 통하여 초월자에의 헌신으로 이어진다. 인간 자신(의 유한성)은 절대적 존재에게 내던져짐으로써 완전한 위험에 처해지지만 그것이 인간의 종교적 실존의 본래적 모습이라 할 것이다. 그러나 인간은 문자적 유한성과 무지를 극복하게 된다면 생성 변화하는 상대적 세계에서 갑작스런 하늘 세계, 탈은폐적(aletheia) 세계를 만나게 될 것이다.

2. 근사(近似)적 진리로는 종교 행복이 있을 수 없다!

성경적 종교에서 하느님은 언어가 되었습니다. 나는 하느님은 언어의 힘 (force), 빛(light), 능력(power)으로 보기도 합니다. 때로는 좀 범신론적으로 하느님을 의미 자체로, 언어의 끊임없는 움직임으로, 인간 삶의 예지성(intelligibility) 으로 보기도 합니다. – 돈 큐피트(Don Cupitt)

종교 신자가 자기네 믿는 종교의 글월을 열심히 믿고 존경하면서도 아무 큰 힘을 얻지 못하는 것은, 그 가장 큰 까닭이 그것을 하나님의 말씀이라 높이는 나머지, 사람의 참된 힘씀에서 나온 것임을 모르는 데 있다. 하나님 말씀이야 물론 하나님이기 때문에 역사를 꿰뚫고 서는 것이지만, 하나님의 말씀이 사람에게 오려면 반드시, 예외는 하나도 없이, 꼭 참된 사람의 마음을 통해서만 온다. 통한다는 것은 거친단 말, 꿰뚫는단 말이다. 하나님의 마음은 사람의 마음을 뚫고 거쳐 나와서만 하나님의 말씀이 된다. 그럼 그것을 뚫고 거쳐 나오는데 그 빛깔이나 울림이 거기 들지 않을 수 없다. 그 악기 따라 다른데 음악의 맛이 있듯이… 그 사람스러운 점을 빼면 종교 경전은 집 없는 울타리, 곡조 없는 소리 같이 크기만 무섭게 크지 속은 아무것도 없는 싱거운 것이다. 참된 사람 되잔 정성은 없이 굉장한 능력, 놀라운 신비만 바라는 종교가, 마음의 정도가 낮은 사람들에게만 있고, 그리고 그 종교가 어떤 것임을 오늘도 잘 볼 수 있지 않은가? 사람이 참 사람이 되려 힘쓰고 애쓰면 하나님에게 가 닿을 수 있어도, 사람 되잔 생각하기 전 하나님부터 되려면 짐승 중에도 가장 더럽고, 독하고, 간교한 뱀같이 되어 버린다. 그것이 잘못된 종교의 그림이다. 문제는 그저 하나님에게 있지 않고, 하나님이 어떤 사람을 어떻

게 뚫었나, 어떤 사람이 어떻게 하나님한테 뚫리었나 하는 데 있다.[69]

　종교 경전이 초월자의 궁극적인 뜻이 활자화된 것이라 하더라도 정작 그 활자가 초월자의 것이었음을 애초에 증명해 내는 몫은 유한한 인간에게 달려 있다. 다시 말하면 말해진 말(입-말)과 씌어진 말(글-말)의 진정성은 그것을 읽고 받아들인 인간의 몸-말(몸-짓poiesis/몸행위)에 의해 밝혀진다는 의미다. 입-말과 글-말이 종교인의 마음을 꿰뚫어 전달된 언어는 단순한 말이 아니라 초월자의 마음이다. 따라서 초월자의 마음은 종교인의 몸-짓/몸행위에서 거룩한 "빛깔과 울림"이 되어야 한다. 그렇지 않으면 종교 경전의 활자는 사어(死語)나 다름이 없다.

　함석헌이 말하는 것처럼, "그 빛깔과 울림"이란 참된 사람이 되는 것, 참을 진리의 구현으로 보고 참을 놓지 않으려고 하는 삶의 자세를 말한다. 초월자의 마음에 의해 입혀진 삶의 빛깔, 그리고 말에 의해 일어난 삶의 파장은 종교인으로 하여금 다름을 보이게 만드는 중요한 몸-말/몸-짓/몸행위이다. 따라서 종교의 능력은 기적이나 신비에 있는 것이 아니라, 바로 참-사람-됨에 있음을 명심해야 한다. 빛깔과 울림은 "종교의 그림"이다. 그림은 초월자에 대한 거룩한 상상력에 의해 이루어진 놀이다. 그런데 그 놀이는 단순한 놀이가 아니라 초월자의 마음이 인간을 꿰뚫어 마음에서 일어난 빛으로 살아가는 생명의 놀이다. 그 놀이를 잘 할 수 있어야 참 사람이 된다.

　종교가 1차적으로는 초월자에 대한 인식과 규범, 그리고 진술에 목적을 둔다 하더라도, 그것은 곧 불트만(R. Bultmann)의 주장처럼 인간에 대한 이해와 진술(이야기)이어야 할 것이다. 그렇다면 참 인간에 대한 이야기는 단순한 인간학, 즉 신과 같이 되자는 어떤 노력을 기울이기 위한 방편을 연구하는 것이 아니라 참 인간이 되자는 본질이 되어야 한다. 얼마 전에 〈한국기독교목회자협의회〉가 '글로벌리서치'에 의뢰한 '2012 한국인의 종교 생활과 의식조사 결과'를 보면 비종교인의 90%가 종교를 가질 의향이 없는 것으로 나타났다. 더불어 신을 믿는다는 비율은 38.5%, 영혼을 믿는다는 비율은 36.5%로 미미하다. 이러한 결과로 보자면 일반 대중들의 종교에 대한 선호도가 자꾸 낮아진다는 것을 알 수 있다. 무엇 때문에 그렇게 되었는가는 여러 가지 측면에서 진단을 내려 볼 수 있겠지만, 우선은 종교와 종교인 자체가 참 인간으로서의 표지를 보여주고 있지 못하기 때문이다. 달리 말하면 종교의 밑그림을 잘 드러내 주고 있지 못하다는 것이다. 버트런드 러셀(B. Russell)이 혹독하게 비판하듯이, 어쩌면 뭇 사람들에게 "인류는 이제 황금시대의 문턱에 서 있다고도 할 수 있다. 만약 그렇다고 하면 첫째 이 문을 막고 있는 괴물을 무찌를 필요가 있는데, 그 괴물이 바로 종교"라고 생각하는지 모른다.

그런 의미에서 신이 되려고 애를 쓰기보다 참 인간이 되는 것이 무엇보다도 중요하다. 종교의 지향성, 즉 신과 같이 되기 위해서는 참 인간이 되려고 노력하다 보면 가 닿을 수 있다는 것이다. 종교를 갖고 신을 믿는 것은 궁극적으로 인간의 행복과도 밀접한 관계가 있다. 그 행복은 종교의 행복에서 기원한다는 것을 알아야 한다. 종교의 행복은 신자를 많이 확보하고 성장한다고 해서 누리는 것이 아니다. 그것을 믿는 인간이 신에 의해서 그려지는 깨달음, 즉 신에 대한 그리움에 사무치는 사람, 참 인간의 바탈을 보는 사람이 많아지면 된다. 신에 의해서 이루어졌다고 믿는 가시적 복보다 더 무게를 두어야 할 것은 신이 내 안에 어떤 모습으로 자리 잡고 있으며 내 안을 비추고 있는가, 경전의 빛이 어떻게 나를 조명하는가, 내가 믿는 신만으로 즐거워할 줄 아는가를 자문해 보는 것이다. 그것이 신을 믿는 사람의 글속(건전한 종교 인식 능력, 종교적 자율성, 종교 행복의 이해) 수준이 아닐까?

오늘날에는 인류가 싸우지 않으면 안 되는 가장 위험한 맹수는 인간이다.

– 버트런드 러셀

3. 근원적인 문자를 찾기 위한 해석학

근원적인 문자는 모든 의사소통 과정과 참여하는 모든 주체들을 선행함으로써 세계 해명의 기능을 실행한다. 진리는 고정되어 있지도 않고, 또 일정량의 잘 서술된 언표에 의해 단숨에 실증적인 것으로 되지도 않기 때문이다. 모든 것은 말하는 토라이다. 어떤 음절도 진정한 것이 아니며, 마치 근원적 문자로 전래된 것과 같은 것이 아니다.[70]

근원적인 문자(Urschrift)는 주체의 행위 이전에 주어진 시원적 사유의 가능적 표현이다. 자크 데리다(J. Derrida)가 "모든 표현 수단들은 기본적으로 문자"라고 말한 것은 신에 대한 표현조차도 인간의 언어 전달 수단인 문자에 있음을 놓치지 않은 것이다. 그럼에도 함석헌은 문자로 이루어진 성서의 속뜻을 읽어내야 한다고 지적한다. "성경을 읽을 때는 글자에 붙잡히지 말고 그 산 속 뜻을 읽어내도록 끊임없는 주의를 할 필요가 있다."[71] 문자는 기호로서 일정한 대상이나 의미를 지시한다. 문자는 의미의 표현 수단이고 대상 자체를 표상하여 바라보게 하는 수단이라는 것을 데리다의 한 문장을 통하여 다시 상기하게 된다. 그런데 대부분의 종교는 문자 자체를 숭배하거나 신성시하는 데에서 벗어나지 못한다. 문자로서의 기호조차도 신의 언표라고 믿기 때문이다. 문제는 신의 자기 계시성이 문자에 갇히게 되면, 그것이 뜻하는 바 다양한 해석은 불가능하고, 결국 해석의 단일성(해석학적 전체주의)이라는 폭력에 의해 신의 해체와 신의 왜곡으로 나타날 수 있다는 것이다. 그래서 기호와 기호, 문자와 문자 사이의 틈을 열어 밝혀서 신의 자기 본래성과 참 뜻을 알 수 있도록 해야 한다.

불교의 경우 그것을 탈피하기 위해서 불립문자(不立文字)를 말하면서 그것의 속-뜻으로 바로 들어가려고 했던 것을 알 수 있다. 유교도 경전이 문자에 얽매이는 손실을 줄이고자 해석의 가능성을 놓고 논쟁해 왔다. 이와는 달리 유독 그리스도교만큼은 문자, 즉 자구에 매달려 그것이 지닌 본래적 함의를 호도하고, 심지어 그 문자와 음성적 발화까지도 특권층만이 향유하도록 함으로써, 그 해석학적 논의는 닫히고 말았다. 이와 같은 전통은 현대 사회에서도 여전히 이어지고 있어서 일정한 계층 혹은 계급 집단의 발화와 해석의 독점권은 많은 신자들의 신앙과 사고, 행위에 절대적인 영향을 미치고 있는 것이 사실이다. 더욱이 문제가 되는 것은 그러한 독점 계층조차도 문자와 기호에 매달리는 경우가 비일비재하다는 것이다.

해석학적 주체는 문자 너머에 있는 속뜻을 파악하고 신의 자기 계시의 넉넉함, 자유로운 체험, 신의 관대함을 말하기보다 문자나 기호를 반복함으로써 신에 자유로운 유희(Spiel)와 상상력(Einbildungskraft)을 방해·제한하고 있는 것이다. 물론 이것이 종교의 기호와 문자에만 국한된 문제는 아니다. 광고 문자, 이미지, 선전 문구 등 현대사회의 문자와 기호 또한 의도된 이데올로기로 사람들의 이성과 상상력을 조작하고 있기 때문이다. 그러므로 함석헌이 말하듯이, 속-뜻으로 들어가야 한다. 겉-뜻은 문자와 기호의 외양에 불과한 것으로서 주체적 사고의 겉-살핌에 지나지 않는다. 그야말로 그것은 임의적이고 단의적인 문자의 음성적 발화 수단이자 지시인 것이다. 겉-뜻, 겉-살핌을 벗어나서 기호와 문자, 음성을 해체할 때 새로운 의미를 발생시킬 수 있다. 해석(exegesis)은 일면 종래의 겉-뜻을 해체하고 속-뜻으로 들어가는(eisgesis) 것이다. 그래야 비로소 자유로운 상상력은 문자를 떠나 초월적 존재를 만나게 된다. 이른바 변하는 것(기호, 문자) 속에서 변하지 않는 것(속-뜻, 진리), 변하지 않는 것을 통해서 변하는 것을 보게 되는 것이다. 앞에서 언급한 글이 마음에 와 닿아 다시 적어본다.

"진리란, 지축이 끊임없이 흔들리면서도 흔들리지 않는 것처럼, 물결은 늘 뛰놀면서 바다는 언제나 평한 것처럼, 변하면서 변하지 않는 것이다. 물결이 조그만 바람에도 흔들리는 바로 그것 때문에 언제나 변함없는 수평을 가질 수 있듯이, 진리도 쉬지 않고 변하기 때문에 변하지 않을 수 있다. 성경은 인간의 모든 마음을 불살라 열과 빛을 내잔 하늘 닿는 굴뚝이다."[72] 변하기 때문에 변하지 않는 것을 볼 수 있고, 변하면서 변하지 않는, 즉 진리를 만나게 된다. 진리를 나타내려면 표현 수단이 있어야 한다. 문자와 기호는 진리다. 하지만 그것만으로 진리를 드러내는 데 불완전한 표현 수단이다. 표현 수단이 진리 그 자체는 아니다. 그렇다고 문자와 기호가 진리가 아닌 것은 아니다. 다만 진리를 지시하고 있는 진리 수단이요, 진리의 한 측면이다. 그래서 진리는 변하면서 변하지 않는 것이고, 변하지 않으면서 변하는 것이다. 문자와 기호, 음성(적 발화)은 시대성을 갖고 있기 때문이다.

여기서 함석헌은 근원적인 문자 혹은 근원적인 목소리를 말한다. "성경은 양식이라기보다 산 씨올이다. 씨올이기 때문에 그 첨 형성이 없어지도록 키워 내야 한다."[73] 성서는 물질적 양식이라기보다 정신적·생명적·근원적 산 씨 올이다. 씨 올로 알아듣고 그것을 맨 처음의 음성과 문자로 인식 해야 문자와 기호를 넘어서 속-뜻이 내게 들어와 나를 산 사람으로 살아가 게 하기 때문이다. 산 사람과 죽은 사람의 차이는 맨처음의 기호와 문자를 자유로운 유희와 상상력에 따라 신을 그려내 만날 수 있느냐 없느냐 하는 것이다. 이것은 물론 신앙적 금기 사항이기도 했다. 신을 형상화하거나 신 과 같이 될 수 없는 터부는 오래전 신화에서도 등장한다. 그러나 금기는 초 월적 신비의 욕망과 신과의 일치의 갈망을 가능케 하는 일정한 경계이기도 했다. 상상력으로 들어가는 순간 신은 문자와 기호를 넘어서 새롭게 산출되 는(Produktive) 형상이요, 기억 · 연상되는 형상(reproduktive)으로 동일한 신성한 근원, 신성한 것과 직접적으로 접촉하게 된다.

그렇게 되려면 문자를 탈마법화(탈주술화)해야 한다. 문자나 기호를 신의 전부라고 착각하면 건강하지 못한 광기에 사로잡힌다. 성서가 산 씨 올이 되어야 한다는 것은 그것(속-뜻)을 자양분 삼아 인간이 살게 된다면, 맨처음 의 목소리는 결국 진리로서의 역할을 다한 것이나 다름이 없다는 말이다. 성서의 속-뜻이 체화될 때 로고스는 문자나 음성으로 그치지 않고 형상이 된다. 맨 처음 것이 사라진다는 것은 결국 내가 속-뜻의 사람이 되는가 안 되는가의 여부에 달려 있다. 그런데도 여전히 가시적 문자와 기호의 겉-뜻 과 겉-살핌이 마치 독실한 신자의 표상인 것처럼 자위하고 착각하는, 또 그 렇게 발언하고 교육하는 발언 주체인 성직자들이 있다면 신의 부재와 신과 의 멀어짐을 조장하는 것임을 알아야 한다. 문자가 모든 것의 표현 수단임 을 부인할 수 없지만 문자를 해체 구성하지 않으면 호교론에 빠지거나 아전 인수가 되거나 문자 합리주의자가 되거나 근본주의적인 죽은 문자주의자, 문자 토대주의자가 될 뿐이다. 그러므로 문자와 기호 이면의 산 속-뜻을 읽으려고, 살아 있는 정신을 만나려고 노력해야 할 것이다.

4. 시원적 의식의 해석학, 지중해와 그리스도인의 정신세계

"글을 그대로 다 믿는다면 차라리 글 없는 것만 못하다." 한 맹자의 말은 성
경을 읽을 때에도 들어맞는 진리다. 성경은 우리가 다 하느님의 말씀으로 믿
지만 또 사람의 심정과 경험을 통해서 온 사람의 말이기도 하다.

(함석헌, 『함석헌전집』, 「영원의 뱃길」 19, 한길사, 1985, 7쪽)

인간 사유의 태동지, 지중해

잘 알다시피 지중해는 그리스 철학의 발상지다. 디오게네스 알렌(D. Allen)
은 아예 "그리스도교 신학의 주요한 원천은 성서와 헬라적인 문화, 특히 그
리스의 철학이다. 고대 그리스의 철학자들과 비교할 때 고대 이스라엘인들
이 아무리 자연의 원리들에 대한 호기심과 탐구욕이 부족했다고 하더라도
그리스도교 신학은 본유적으로 헬라적이다."[74]라고 말한다. 이를 증명이라
도 하듯이 왕국을 나타내는 바실레이아(basileia)는 그리스 문화권에서는 왕
권의 의미로, 의(dikaiosune)는 정의(dike)를 타나내는 말에서 그리스도교가 차
용한 말이다. 더 나아가서 로고스(logos)는 "합리성 그 자체이자 연역을 주재
하는 질서"를 의미하던 말이었는데,[75] 요한계 문헌에서 사용하고 있지 않은
가. 지금도 터키 성채가 여전히 남아 있고 교회의 건물 잔해가 널브러져 있
는 에페소는 logos를 생각해 낸 고대 철학자 헤라클레이토스 출생지다. 우
리는 그 에페소 해안에서 요한의 유배지인 파트모스섬(patmos, 밧모섬)에서 그
리스도교의 logos 사유를 태동시킨 것을 우연이라고 할 수가 없을 것이다.[76]

진리(aletheia)는 어떤가. 알레테이아는 '은폐되지 않음', '감추어져 있지 않음', '그대로 들추어내는 일', '모든 은폐를 제거하는 일'에서 온 말이다. 요한복음 3,16절에 등장하는 "세상"(kosmos)이라는 말도 '장식', '치장', '조화로운 배열'이라는 의미를 갖고 있는 말이다.[77]

키토(H. D. F. Kitto)에 의하면 그리스인들은 자신을 가리켜 '헬레네스'(Hellnes)라고 하면서, 그리스어를 몰라서 '바르바로이'(복수는 barbaros)라고 부르는 이들과 구분을 지었다. 그러나 이 말은 야만인을 뜻하는 babarian과는 전혀 다른 의미로서 단지 그리스어를 몰라서 '바르 바르'하고 말하는 사람들을 가리켰던 것에 지나지 않았다. 또한 그에 의하면 알렉산더 대왕의 정복기에 그리스 사상이 히브리 사상에 상당한 영향을 미쳤다(예를 들면 전도서)고 주장한다. 고대 지중해 전체의 역사를 놓고 보면 알렉산더 왕조, 셀레우크스 왕조, 프톨레마이오스 왕조, 로마 스토아 철학(pathos, apatheia) 등이 성서의 세계와 함께 진행되었다는 것이다. 게다가 신약성서의 저자와 수신자 모두는 그 당시 로마 제국에서 살고 있었다는 것을 감안할 때 성서와 지중해 세계와 연관성은 떼려야 뗄 수 없는 것이다. 사회 지리적으로 볼 때는 로마, 그리스, 소아시아의 해안지대, 시리아 지역과 이스라엘까지 포함이 되니 지중해의 철학, 종교, 문화, 문학, 신화, 사회, 정치, 제도 등이 성서에 많은 영향을 주었다고 볼 수밖에 없다.[78]

김덕수는 "초기 그리스도인들 역시 지중해를 통해 로마로 입성을 했다."고 말하면서, 사도 바울은 터키, 마케도니아, 빌립보(필립비), 아테네(에피쿠로스와 스토아 철학자들과의 논쟁 지역: 오죽했으면 아테네의 아레오파고에는 사도 바울로에 대한 숭배까지 있었을까),[79] 고린토, 로마 등 지중해 지역을 활보했다고 본다. 그럼으로써 서양의 고대 문명은 당시 지중해 뱃길이 가장 유용한 수단이었는데,

그 지중해 문명을 인간 중심주의에서 신 중심으로, 다신론 종교에서 유일신
종교로, 현세주의에서 내세주의로 변화시켰던 순교자라는 것이다.[80]

슈테게만 쌍둥이 형제(Wolfgang Stegemann und Ekkehard W. Stegemann)는 이에 고
대 그리스도교에 지중해학적 해석의 필요성에 대해 암시적으로 이렇게 말
한다.

> 예수 따름(Jesusnachfolge)은 그 당시 팔레스타인에서 유대교 다수 사회의 일
> 부였다. 반면 그리스도교 신앙 공동체는 이스라엘이 아닌 다른 곳, 즉 이방인
> 이 다수를 차지하는 사회의 콘텍스트에서 도시 거주민으로 살고 있었다. 이
> 것 외에도 우리는 이스라엘 내부에서 예수 따름에 뛰어든 집단과 이스라엘
> 외부의 그리스도 신앙 공동체 사이에 존재하는 인종적-종교적 구성의 차이
> 점도 고려해야 한다. 특히 이스라엘 외부의 그리스도 신앙 공동체의 경우 이
> 방인 다수 사회의 구성원이 디아스포라 유대인과 함께 종교적·사회적 공동
> 체를 구성했으며, 사실 비유대인이었던 사람들이 점차적으로 큰 비중을 차지
> 하게 되었다는 점이 핵심적인 특징이다.[81]

종교영성의 발현지, 지중해

지중해는 그리스도교를 비롯하여, 이슬람교를 발생시킨 영성적 모토(母
土)다. 그리스도교만 해도 예수의 묵시사상, 복음서의 견유학파적 사상, 바
울로의 로마 종교와의 관계성에 의한 대항신학과 철학적 논쟁(에피쿠로스 학
파와 스토아 학파 등, 『지중해학성서해석방법이란 무엇인가』 참조), 플라톤의 이원론, 영지
주의적 신비신학과 영성(요한계 문헌에 대거 등장) 등은 모두가 지중해라는 배경
을 염두에 두지 않고서는 해결될 수 없는 문제이다.

특히 이러한 철학의 영향을 받은 신플라톤주의자들, 교부철학자들, 중세 철학자들은 모두가 그리스 철학의 그늘 아래 있었을 뿐만 아니라 그 철학을 통해서 신학의 체계가 이루어졌다. 그래서 과정철학자 화이트헤드는 '모든 철학은 플라톤의 주석사에 불과하다.'는 말을 했던 것이다. 실제로 우리가 영성적으로 관상이라는 말을 사용하지만, 그 개념과 고대 그리스 철학의 신적 직관을 일컫는 테오리아(theoria)가 중세의 라틴어 contemplatio라는 말로 번역이 되면서 관상이라고 했다. "관상은 인간 자아가 이성을 넘어 이성 위에 있는 진리를 향하여 나가는 수단이자 실재와 친교를 누리는 것, 관상의 대상은 신비로운 타자"[82]라는 말에서 알 수 있는 것처럼, 종교란 궁극적 관심을 향한다(Paul Tillich).

궁극적 관심을 드러내는 원천적 자료(Quelle)를 설명한다는 것 혹은 해석한다는 것은 단순히 종교를 규명하기 전에, 신앙의 근본을 확정짓기 이전의 선판단적 요소, 즉 성서의 내용을 형성한 정치·경제·사회·문화 등으로 상호주관적 삶을 살펴보는 것을 의미한다. 이와 같은 종교적인 것(the religious) 혹은 성(聖, sacred)을 구성하는 고대의 역사를 독해하고자 하는 것이 지중해의 관심사다. 그러므로 영성이란 축적된 삶을 관조하고 삶에서 나타난 이른바 신의 현존과 신적인 것을 직관(theoria)하는 것이라고 볼 수 있다. 그뿐만 아니라 영성은 해석학을 통해 텍스트와 콘텍스트를 파악하고 인식된 초월적 실재에 대한 경험을 동일한 지평에서 '지금 여기에서' 다시 사는 것을 말한다. 지중해를 통해 복원된 종교적 세계 내지는 종교영성은 그들의 고백을 거듭 고백하며 단절 없는 신에 대한 고백 이야기를 발생시키는 것이다.

지중해와 삶의 세계

그리스도교는 결국 삶의 세계의 근원성을 찾기 위해서 지중해라는 문화적·문명적 테두리를 본질적으로 추적하지 않으면 안 된다. 지중해는 단순히 인간의 삶의 자리나 지중해라는 특수한 토포스만을 의미하지 않는다. 지중해를 이해한다는 것은 전체 지구 역사의 이성과 종교로 형성된 삶을 이해한다는 것과 크게 다르지 않다. 따라서 지중해는 인간의 근원적 삶의 자리, 그것을 통해서 삶을 재정립해야 하고 성찰해야 하는 태고의 고향과도 같은 것이다.

다시 말해서 지중해라고 하는 특수한 삶의 세계를 추적한다는 것은 인간의 종교적 시원과 삶의 근원성을 밝혀내려는 시도라고 볼 수 있다. 지중해는 단순히 서구 유럽 사회의 종교적, 정신적 뿌리만을 일컫는 것은 아니다. 이미 한국교회의 신자들의 삶의 세계와 정신세계가 그리스도교라고 하는 종교적 사유에 따라 형성되었다면 지중해가 우리와 그렇게 멀리 떨어진 곳이 아니라는 것이다. 이것은 공간과 시간이라는 형식이 단순히 인식을 위한 선험적 직관의 형식이라는 칸트(I. Kant)의 주장에 동조하지 않더라도, 지중해라는 공간과 시간은 성서를 관찰하는 형식이다. 역사학자 드로이젠(Johann Gustav Droysen)은 바로 이러한 관찰 형식을 통해서 그것들이 '있다'라는 것과 그것들이 그곳에서는 '무엇이다'라는 것을 말해 준다고 주장한다.[83]

지중해라는 공간과 시간은 성서의 관찰 형식, 즉 해석학적 형식으로서 무엇이 있었다, 그것이 무엇이다(what, 의미와 이해)라는 것을 말해 준다. 해석학은 그러한 삶의 지평을 열어 주고 그것이 오늘날에 새로운 의미를 던져주도록 해 주는데, 특히 지중해라는 좀 더 광범위한 카테고리는 그것을 전체 역사적 맥락 안에서 오늘의 삶의 역사와 삶의 형식을 새롭게 바라보도록 유도

한다. 이것은 랑케(Ranke)가 역사를 객관적으로 구성하여야 한다는 강박증에서 자유로운 방법론을 취하는 것으로서, 랑케에 의하면 역사란 무엇이 있었으며, 어떻게 있었는가(how, 객관적 사실)를 보여주어야 한다는 것이다.

그런데 지중해는 이 두 가지를 다 보려고 한다. 즉 이미 사건(Ereignis)이 있었다는 것(있음)을 전제하고, 그 객관적 사실을 추론하고 그것의 의미가 무엇인가를 지금 여기에서 확보하려고 하는 것이다. 따라서 해석학 곧 지중해 문명을 기반으로 하는 해석학은 단순한 독서나 읽기(reading)가 아니라 글자와 글자, 문장과 문장, 단락과 단락 사이를 풀어-읽음, 혹은 읽으면서 풀어가는 것(read-ing)이다. 그 눈은 지중해학이라는 또 다른 산을 넘어야 가능한 일이지만, 그 통합적 시각을 요구하는 현 시대에서는 필수불가결한 방법론이라 아니할 수 없다. 고대나 현대나 모든 삶의 층위는 중층적이고 다층적이기 때문에 성서를 읽어 내는 것 역시 보이는 문자를 뛰어넘어야 삶을 재현(re-presentation)할 수 있고, 그리스도교의 정체적 삶도 가능할 수 있을 것이다.

5. 종교적 인간, 부처로 인해 숨을 쉬다!

인간은 불완전한 존재이다. 인간이 아무리 이성적 존재라고는 하나, 생물학적으로 볼 때 여느 동물에 비한다면 참으로 나약하기 짝이 없다. 신체 감각적 차원에서는 다른 생물에 비해 열등하기 때문이다. 다만 이성 혹은 영성이라는 것이 있어서 세계를 사유하고 초월자를 신앙하는 행위는 동물들과는 다른 삶의 방식이라고 할 수 있다. 특히 인간 외에 어느 생물도 종교나 의례라고 하는 것을 가지고 있지 않다. 이성과 영성을 가지고 자신을 창조한 초월자를 생각한다거나 인생의 허무를 경험하면서 초월자에게로 귀의

하려고 한다거나 하는 것은 오직 인간만이 할 수 있는 특이한 존재 방식임에 틀림이 없다.

그렇다면 인간이 종교를 갖고 있다는 것은 무엇을 의미하는 것일까? 종교를 사유하고 초월자에게 고백하는 행위는 인간의 숨고르기라고도 볼 수 있다. 유한성을 가진 인간이 날마다 차오르는 자신의 숨을 고르면서 내면을 바라보고 종교라는 렌즈를 통해서, 혹은 초월자를 통해서 삶을 반추하는 것이다. 어디 그뿐인가. 인간 자신의 유한성을 극복해 보려고 하는 자기 초월의 방식을 모색하면서 세련된 의식 체계를 갖추고 초월자에 대한 일정한/특정한 고백 공동체를 형성하기도 한다. 함석헌은 민족성의 개조와 혁명을 말하면서 이렇게 덧붙인다.

> 민족성의 개조는 결국 자아의 개조에 돌아가 닿고 마는 것이요, 자아의 개조는 곧 나 찾음이요, 나 앎이요, 나 함이다. 나 봄이 아버지[전체] 봄이라면, 나 함이 곧 아버지 함이다. 밥 먹음이 곧 제사요, 옷 입음이 곧 미사요, 심부름이 곧 영예요[service], 정치가 곧 종교다. 그러면 혁명은 어쩔 수 없이 종교와 연결될 수밖에 없다. 혁명이 종교요, 종교가 혁명이다. 나라를 고치면 혁명이요, 나를 고치면 종교다. 종교는 아낙이요, 혁명은 바깥이다.[84]

함석헌의 논리를 한마디로 정리하자면, 종교란 자기 고침이다. 인간이 자기 숨고르기를 제대로 할 수 있으면 혁명이라고 말하는 것이다. 자기 고침이나 자기 개조란 결국 자기가 자신의 의지대로 들숨날숨을 할 수 있는가 없는가 하는 것을 나타내는 말일 것이다. 따라서 종교는 인간 자신과 삶의 숨통을 잘 터 주는가 못해 주는가를 보면 그것이 참인지 거짓인지를 알 수가 있다. 그리스도교뿐만 아니라 이 땅에 많은 종교들이 있지만 그중에 인간의 고통 문제에 관해서만큼은 일가견을 가진 종교가 하나 있는데, 그것이 불교다. 부처는 이미 2,500여 년 전에 인간 삶의 근본 바탕에는 고통이라는 것이 늘 달라붙어 있어서 인생을 괴롭힌다는 것을 잘 간파한 사람이다. 그것을 극복하기 위해서는 집착을 없애고 자기라는 것이 없음을 깨달아야 한다고 보았다. 살아가면서 물질에 대한 집착, 사람에 대한 집착, 공부에 대한 집착, 온갖 사물에 대한 집착 등 무수히 많은 것들에 집착하고 있는 '나'를 발견할 수 있는데, 그 '나'란 실상 존재하지 않는다는 것을 깨달으면 열반의 경지에 들어갈 수 있다는 것이다. 간단한 것 같지만 결코 쉬운 수행이 아니다. 그러나 분명한 것은 부처는 이렇게 인간의 고통스런 삶에 숨고르기를 해 주기 위해서 이 땅에 왔다는 것이다.

어떤 종교인은 그리스도교만이 인간의 숨고르기(구원)를 할 수 있도록 도와준다고 믿는다. 그래서 다른 종교에 대해서는 거들떠보지도 말라고 하고 오직 자신의 종교에 와서만 숨을 쉬어야 한다고 강요한다. 요즈음 WCC(World Council of Churches, 세계교회협의회)를 가지고 일부 교단에서는 종교다원주의, 종교혼합주의 집단인 것처럼 호도하는데, 어불성설이다. 종교다원주의란 말 그대로 근원이 되는 것이 하나가 아니라 여럿이 될 수 있다는 관용적인 태도요, 저마다의 종교를 상호 인정하자는 성숙한 배려의 정신을 나타내는 것인데, 이를 종교다원주의니 종교혼합주의니 말해 가면서 그 단체를 폄하하려는 것은 무지의 극치를 드러내는 것이나 다름이 없다. 세계는 인간의 숨고르기를 할 수 있도록 하는 종교가 수없이 많이 있다. 오직 하나만 있는 것이 아니다. 그러한 종교들이 지금도 각 민족을 살리고 개인을 살리는 역할을 하고 있는 것이다.

민족의 씨가 나요, 나의 뿌리가 하늘이다. 그러기 때문에 참 종교는 반드시 민족의 혁신을 가져오고, 참 혁명은 반드시 종교의 혁신에까지 이르러야 할 것이다. 혁명은 명은 곧 하늘의 말씀이다. 하늘 말씀이 곧 숨·목숨·생명이다. 말씀을 새롭게 한다 함은 숨을 고쳐 쉼, 새로 마심이다. 혁명이란 숨을 새로 쉬는 일, 즉 종교적 체험을 다시 하는 일이다. 공자의 말대로 하면 하늘이 명(命)한 것은 성(性), 곧 바탈이다.[85]

그러니 부처님 오신 날, 가족들과 함께 멀리 나들이 가는 것도 좋지만 삶의 숨을 고르는 종교적 체험의 장(場)인 사찰에 들러보는 것은 어떨까? 그것이 인간 혁명의 대열에 참여하는 한 방법이 아닐는지.

6. 예수, 납세 문제에 답하다!

최근 종교인의 과세 문제가 사회적 관심사로 대두하고 있다. 종교인들도 '소득이 있는 곳에 세금이 있다'는 원칙에서 벗어날 수 없다는 분위기가 조성되고 있는 것이다. 그동안 종교인에 대해서는 비과세를 인정해 주었지만, 종교 탄압이라는 이유로 반발을 우려해서 유보하였던 것으로 보인다. 그러나 이제는 학계는 물론 한국기독교교회협의회(NCCK)를 중심으로 한 종교계 내부에서도 세금을 내자는 목소리가 커지고 있다. 이에 대해서 교계가 왈가왈부하기보다 예수가 어떻게 생각했는가에 대해서 알아보고 해법을 찾는 것이 더 중요할 것 같다.

예수의 성전세(마태 17,24-27)에 대한 입장에서도 볼 수 있듯이, 우선 눈에 보이는 건물로서의 성전과 그 성전에서 진행되는 제사 의식에서 자유롭다는 것을 몸소 보여준다. 불필요한 문제를 일으켜 약한 자들을 넘어지게 하거나 오해를 사지(skandalizo, 스칸달리조) 않게 하기 위해서, 자신이 속한 사회의 관례를 수용하고 따르는 태도를 엿볼 수 있다. 예수는 이른바 자유와 권리를 소유하였으면서도 다른 사람의 유익을 위해 그것을 포기할 줄 아는 인물이었다. 그런 차원에서 보면 재론의 여지없이 그리스도인들은 이 세상이 그리스도인을 비난하지 않도록 하기 위해서 납세 의무를 이행해야 할 것이다.

또한 마태오복음서 22장 15-22절에서 예수는 정교 분리의 원칙을 내세웠다. 그는 정치와 종교 둘을 인정하면서 동시에 서로 분리를 해야 한다는 것을 말했다. 카이사르의 권력을 인정하면서 그것을 초월하는 하느님의 권력을 인정하였다("황제에게 주화를 돌려주고 너희는 이보다 더 중요한 너희의 삶을 하느님께 바쳐라.")는 점에서, 지상의 권력을 무조건 부인하는 과격한 혁명가도, 혹은 거기에 무조건 충성하는 국가주의자도 아니었다. 그러므로 그리스도인은 국가에 대한 의무와 하느님께 대한 의무 모두에 대해서 소홀히 할 수가 없다는 것을 알 수가 있다.

이제 그리스도교는 세상으로 하여금 스스로 정치권력, 조직 체계, 물질, 명예 등으로부터 자유롭다는 것을 알게 해 주어야 한다. 예수가 보여준 행동은 바로 정치와 종교 어느 체제로부터도 자유로울 수 있음을 선언한 것이다. 세금 납부의 의미는 단순히 종교 비과세 철폐를 논하고자 함이 아니라 국가 시민으로서의 의무를 다해야 한다는 범국민적 여론으로 알아들어야 한다. 더 이상 국민으로서의 특혜를 누리는 부류가 없이 모두가 평등한 국민임을 밝히고자 하는 데에 감정적 대응과 함께 종교적 이념과 도그마를 들이대서는 안 될 것이다. 세금 납부 여론에 대해서 종교계가 불편하게 생각하는 것은 대부분의 대형교회에게 불어 닥칠 피해(?) 때문일 것이다. 하지만 오히려 대형교회의 세금을 통해서 아직도 자립하지 못하는 영세한 교회에게 도움이 되는 분배가 이루어진다면 좋은 일이 아닐까? 나아가 성직을 돈벌이의 수단으로 보는 사회적 판단을 수용할 수 없다는 종교계의 인식과 성직자를 일반 노동자로 취급하는 태도를 많은 성직자들은 있을 수 없는 일이라고 생각한다. 그러나 하느님이 세상 곳곳에서 일하고 계시는 초월적 노동자라고 한다면, 성직자는 하느님과 함께 일을 하는 가시적인 거룩한 노동자쯤으로 생각한다면 억측일까?

사람들은 종교의 투명성을 보고자 한다. 물론 종교가 사회 곳곳에서 순기능을 하고 있는 것에 흠집 내기를 하는 것이 아니다. 특정 종교가 국교가 된 것처럼 자신의 입장을 강변하고 싶겠지만, 지금은 그런 시대가 아니라는 것을 거듭 확인해야 한다. 그렇다면 종교가 종교다우면 그만이다. 그 전방에 대형교회가 나서서 솔선수범을 보인다면 그 자유로움이 종교쇄신의 한 축을 형성할 것이다. 자유롭기 위해서는 가진 것, 누리는 것을 과감하게 내려놓을 수 있는 용기가 필요하다. 교회는 그 용기와 결단에 힘을 실어 줄 예수의 모범을 배우고 따라야 할 것이다.

함석헌의 종교적 신념과 실존

1. 거룩의 현상학: 부정(不淨)한 것은 거룩의 선택을 빼앗는다!

시간이 갈수록 종교가 예사롭지 않다. 종교의 성직 지망자가 어느 종단에서는 모자라고, 또 다른 종단에서는 넘치는 기이한 현상, 수도자의 수급 위기, WCC 세계 대회 개최를 놓고 용공좌경이니 동성애 옹호 집단이니 하면서 홈집 내기에 바쁜 보수 종교단체의 행태, 성직자의 성추문과 금전 문제로 인한 구속 등. 종교나 종교 성직자의 본래 모습은 온데간데없고 이리도 추락에 추락을 거듭하고 있다는 말인가. 이에 대한 함석헌의 해법은 거룩함으로 나아가는 것이다.

여호와께 돌아가는 유일의 조건은 '거룩'이다. 저가 거룩한 고로 저에게 가는 자는 거룩할 수밖에 없다. 저는 반드시 많은 선물을 요구하지 않는다. 다만 남김없이 찢어서 거룩히 구별한 심장을 원한다. 하나님만을 생각하고 하나님만을 보는 것, 하나님만이 있는 곳을 거룩한 곳이라 한다. 저 이외의 하나라도 있어서는 안 된다. 심판의 자리에서 신생하는 자의 유일의 길은 스스로 자기를 거룩한 것으로 바치는 데 있다.[86]

거룩은 오직 초월자만 생각하고 초월자에게만 관심을 두는 것이다. 그런데 오늘날 종교는 그와는 반대로 가고 있다. 초월자를 빙자해서 세상의 권력과 명예를 좇고, 초월을 핑계 삼아 성욕과 물욕을 채우려고 할 뿐이다. 초월자에게는 접근 불가한 것들을 섬기고 숭배하는 행위가 곳곳에서 자행되는 종교의 뒷골목 현실에서 거룩이라는 말은 역설적으로 신자를 얽어매기 위한 허울 좋은 종교 언어, 강압 언어로 사용되고 있다. 초월자의 거룩함은 신자의 거룩함으로 통한다. 흠잡을 데 없이 온전한 상태의 삶을 추구하라는 당위명령, 정언명령과도 같은 것이다. 그런 수행적 언어를 퇴색하게 만드는 것은 우리의 종교적 삶이 치밀하지 못하기 때문이다. 어쩌면 거룩한 삶이란 신앙 인식, 신앙 의식의 철저함에서 비롯되는 것인지 모른다. 하지만 현대 물질문명은 우리의 의식을 느슨하게 하다 못해 타협하게 만든다. 실존의 절박함이 사라진 것이다. 실존의 자기 책임적 삶을 살아 내고자 초월자에게 바짝 밀착된 우리의 신앙 행위는 그럴 명분을 잃어버린 것이다. 그러니 흠집이 조금 난다고 무슨 대수랴. 거룩은 단지 종교 공동체에서 필요할 때만 읊조리는 무의미한 형식 언어가 돼버린 지 오래다. 더 이상 종교의 거룩으로 적어도 윤리와 도덕을 재단하던 시대는 지나가 버렸다.

그렇다면 이제 어떻게 해야 하는가? 시대는 초월자마저도 비집고 들어가기 어려울 정도로 촘촘히 얽어매고 꽉 조여진 문명과 정보, 물질의 풍요, 과잉 건강과 여가는 거룩으로 방향 잡는 것을 가만두지 않는다. 이제는 선택의 자율성, 혹은 선택의 의지에서 인간의 자유에 기댈 수밖에 없다. 이것과 저것의 기로에서 인간의 자유로움을 저해하는 것이 조금이라도 있다면, 생각과 실천의 방향성이 바뀔 수 있어야 한다. 거룩은 초월자의 온전함이자 자신의 순수 자유이다. 거룩에는 타율성이 섞일 수 없다. 그것은 자유 그 자체이며, 동시에 그 누구도 원해서가 아니라 순수한 바로 그것이 되지 않으면 안 되는 존재의 상태이다. 그것이 타율이거나 그것이 아니라도 선택할수 있고, 그것이어도 선택할 수 있다면 거룩은 의미가 없다. 그것은 신의 속성도 될 수 없을뿐더러 신자가 추구해야 할 가치가 없기 때문이다. 거룩은선택의 여지가 없이 그것 자체를 선택해서 살아야 할 자유이고, 그럼으로써삶의 의미 단계가 한층 높아지는 신적 행복, 초월적 행복이 깃들어 있다는확신이 있어야 한다. 그 확신은 자신의 자유로운 선택에서 이루어진 신자의마땅한 도리와 인간의 자부심을 갖고 사는 체험적 결과로서 주어진다.

거룩과 관련해서 반드시 짚고 넘어가야 할 문제가 있다. 성직자의 자격이다. 이것에 대해서는 함석헌도 매우 비판적으로 보고 있는데, 그 내용을 잠깐 살펴보자.

선지자의 사명은 생존하사 변함없는 우주적 권위로서 명한 것이므로 변하는 길이 없었다. 목사 중에는 영혼보다 '떡'을 위해 더 염려하는 이가 자못 많다. 그가 직업적 목사일지언정 참 신도의 영혼을 인도하고 복음을 전하는 목사는 아니었다. 선지자에도 허다한 가짜 선지자가 있었다. 그는 하나님의 명하신 것이 아니요 자기면허 혹은 학교의 면허였다. 하나님께서 자기의 말을 그들의 입에 넣지 않은 것은 물론이다.[87]

함석헌은 모름지기 성직자란 인간에 의해서 주어지는 면허가 아니라고말하는 것이다. 그것은 초월자에 의해서 부여되는 자격이다. 매우 상식적인이야기 같지만 거룩한 삶, 종교적 삶의 근본적 태도와 본래성이 무너진 것은 이 상식이 지켜지지 않기 때문이다. 성직이 포화상태가 된다거나, 역으로 수도자가 줄어든다는 것은 그만큼 사람의 생각이 개입된 판단들이 많아졌다는 것이리라. 또 생각! 생각이다! 성직자의 삶이나 수도자의 삶이 신의 부르심에 있다고 생각한다면 불편하고 어려워도 가야 할 길이다. 앞에서 말한 것처럼, 순수 자유 그 자체로 접어들어야 한다. 하지만 인간에 의한 성직 면허는 신의 부르심이 아닌 제도와 편리와 행정과 물질이라는 묘한 역학 관계 속에서 이루어지기에 거룩한 것이 못된다. 오히려 불결, 부정, 오염일 뿐이다.

성직자 자신으로 존재한다는 것은 거룩함, 즉 온전함과 다른 것을 선택할 자유가 있지만 그것을 포기하고 순수한 그것, 자유 그 자체를 선택할 때 가능한 일이다. 여기에서 바로 그 자신으로 존재하지 못하도록 하는 외부적 요인들이 많이 있는 것이 사실이다. 그럼에도 그것을 넘어서 그 자체 순수한 그것을 선택할 때 성직이라 말할 수 있을 것이다. 또한 다른 모든 것들을 놓아 두고 오직 초월자만을 바라보고, 초월자만을 알기를 원하는 일념을 갖는다면 그것이야말로 올곧은 성직자라 말할 수 있지 않을까? 무릇 거룩과 멀어지는 삶을 산다는 것은 성직자는 말할 것도 없거니와 어떤 사람이라도 초월자 앞에 있는 그대로가 아닌, 순수 그것 자체가 아닌 삶이라는 것을 유념해야 할 것이다.

2. 뜻에 대한 인식과 인간의 종교적 지향성

WCC(세계교회협의회)에 대해서 말들이 많았던 것은 어제 오늘 일만은 아니다. 하지만 WCC는 그 시대가 처한 상황 속에서 들려지는 하느님의 목소리에 응답하고, 시대의 문제에 응전하려는 태도로 일관해 왔다. 이를테면 그들은 환경, 인권, 정의, 평화, 생명, 종교 간 대화, 화해 등에 관심을 끊임없이 표명을 했던 것이다. 그런데도 지금 WCC에 딴죽을 거는 극단적인 보수 그리스도교 종단들은 도대체 무엇을 보고 있는 것일까? 껍질이 껍질을, 형식이 형식을, 외형이 외형을 보고 있는 것은 아닐까? 종교라는 것도 기실 내용이나 질료라기보다 형식이다. 다시 말해서 종교의 속내용을 감싸고 있는 어떤 틀거지, 외형이라는 말이다.

  종교가 종교 그 자체를 지시한다는 착각은 언어에 고착화된 편견이나 선입견 때문이다. 종교라는 말이 암시하는 것은 종교가 근원적으로 갖고 있는 본래의 속, 본질 전체를 다 드러내지 못한다. 종교는 말 그대로 대표성을 띠고 보편성을 띤 성질들을 모아 가리키는 개념(begreifen; Begriff)이라는 사실을 직시한다면 종교, 즉 그리스도교 · 불교 · 유교 · 도교 · 이슬람교 · 힌두교 등 수많은 종교 이름에 얽매이면 안 될 것이다. 그런 의미에서 함석헌의 말에 귀를 기울일 필요가 있다. "모든 종교는 하나다 하는 사상이 기독교에서도 불교에서도 인도교에서도 나오는 것은 참 재미있는 일이요, 이야말로 앞으로 하나인 세계의 종교 아닐까?"[88] 하나(to hen, ἕν)이신 분인 하나님, 하늘에 계신 하나이신 분인 하느님, 하나 자체(the Only One)이신 분인 일자(一者), 모든 사람의 마음속 하나하나에 계신 분인 부처님, 모두가 '하나'이다. 하나의 초월자를 이름을 달리 붙여서 개념화했을 뿐이다. 함석헌이 말하다시피 "방향이야 물론 반대지만 그 겨눈 것은 다를 리가 없다. 진리가 진리인 이상 둘일 수는 없다. 그러므로 서로 제 믿는 바대로 뚫은 것이 결국에 맞구멍이 뚫리게 된 셈이다."[89] 옳은 말이다. 진리는 하나다. 진리를 말하되 달리 해석하는 사람들과 다른 민족들과 다른 언어들이 있어서 그저 다를 뿐이다. 우리가 서로 다르다고는 하나 그 다름이 장벽이나 장애가 되어서는 안 된다.

그러나 조금만 깊이 들어가면 종교가 서로 만나지 못하는 심연이 가로 놓여 있다. 자신들의 색깔, 자신들의 신앙 언어, 자신들의 신앙적 상상력, 자신들의 신앙 풍습, 자신들의 암묵적인 정서 등에 부합하지 않으면 '아니'(Nein!)라고 거부한다. 함석헌이 말하는 서로 만나고, 뚫리고, 관통하는 것이 한낱 이론이나 관념, 혹은 이상에 불과한 듯한 생각이 드는 것도 바로 이 때문이다.

그럼에도 불구하고 이 논리와 주장과 생각과 싸움은 계속 되어야 한다. 모든 종교는 근본적으로 하나라는 매우 상식적인(?) 이야기가 단지 종교다원주의를 논하고 그로 인해 일부 종단에게 위협과 불편함이 되는 발언처럼 들리는 것이 아니라, 현실로 · 참으로 · 진정으로 받아들일 수 있을 때 인간이 가진, 종교인이 가진 높은 마음의 벽 · 제도의 벽 · 역사의 벽 · 언어의 벽 · 감정의 벽들이 무너질 수가 있다. 그런 의미에서 함석헌이 설파하는 종교 논리에 주목해야 한다. 그는 오직 뜻만이 있다고 주장한다. "절대에서 상대가 나오는 것도 뜻이요 상대로 하여금 절대에 돌아가게 하는 것도 뜻이다. 전체 속에 부분이 있게 하는 것, 부분 속에 전체가 있게 하는 것 다 뜻이다. 뜻이 없다면 존재도 변화도 있을 수 없다. 시비도 선악도 미추도 생사도 있을 수 없다. 이 우주는 뜻을 가지는 우주요, 이 역사는 뜻으로 되는 역사이다." 로고스(Logos), 브라만(Brahman)도 다 뜻이다. 다른 뜻, 틀린 뜻이 아니라 같은 뜻, 하나의 뜻이다. 함석헌은 말한다. "뜻이 알파요, 뜻이 오메가다." 그러니 당파심을 버려야 한다. "종교의 위대한 교사들은 수천 년 전부터 인류에게 모든 당파심을 버려야 한다는 것을 가르쳐왔다."[90] 종파를 내세우지 말고 파당을 만들지 말며 종단의 우월감도 갖지 말아야 한다. 모두가 하나이고 하나의 뜻인데, 뜻이 높고 낮음, 깊고 얕음, 넓고 좁음이 어디에 있단 말인가. 그러므로 뜻만 좇아야 한다. 뜻으로 살아야 하고 뜻만 숭경해서 뜻을 밝히고 뜻을 새기는 종교인(참인간)이 되어야 할 것이다.

　종교도 인간이 하는 일이다. 종교보다 인간이 먼저다! 뜻에 대한 존재와 인식은 모두가 공유하는 것이라면 문제는 뜻에 부합하고 뜻 속에 자신이 있는가 혹은 없는가 하는 것이다. 애초에 뜻 자체를 문제 삼는 것은 의미가 없다. 뜻은 이미 한 뜻이기 때문이다. 그러므로 뜻의 지향성이 무엇인지 그 본질을 묻는 게 순서가 아닐까 싶다. 뜻의 지향과 그 본질이 의심스러운 것이라면 형식을 아무리 그럴싸하게 포장한다고 해도 의식이 거짓이라는 것이 드러날 수밖에 없지 않겠는가. 이것이 뜻과 자신이 연결 불가능한 거리에 있다는 자명한 증거이기도 하다. 뜻에 대한 지향적 운동이 성실한가? 진솔한가? 진지한가? 그것이 중요하다. 종교는 스스로 물음을 달리해야 종교와 종교 사이, 종단과 종단 사이, 종파와 종파 사이의 넉넉한 사유 공간과 행동 공간이 확보될 수 있음을 기억해야 할 것이다.

3. 초월자의 발화와 종교인의 이성적 신앙

　성서(경전)는 초월자의 언어로 되어 있는 일종의 암호와도 같다. 그것은 풀어 밝혀야 이해될 수 있는 언어라고 말할 수 있는데, 그렇기 때문에 인간의 이성은 초월자의 언어를 이해하고 파악하기 위한 인식과 행위의 기능으로서 작용한다. 여기에서 중요한 것은 초월자의 언어 자체와 초월자의 언어로부터 유출(emanation)되는 것 사이의 구분, 즉 무시간적인 영원성이냐 아니면 시간적 유한성이냐를 식별하는 일이다. 인간의 믿음은 초월자의 언어를 깨닫고 그 언어를 자신의 삶의 근간으로 삼는 데까지 나아간다. 하지만 그 언어가 초월자 자체인지 아니면 초월자로부터 유출된 것인지를 판단하는 것은 그리 쉬운 일이 아니다. 일반적으로 종교인은 강론자(설교자)로부터 발화(發話, utterance)된 언어 혹은 해석된 언어를 초월자의 말(logos)로 인식하는 경우가 많이 있다. 이것은 앞에서 말한 것처럼, 성서를 초월자의 것, 초월자에게 속해 있는 것으로 보는 것과 초월자의 언어가 시간적인 유한 세계에 들어와 가변적 형태의 언어가 되는 것의 차이를 혼동하기 때문이다. 이러한 이유에서 인간은 신앙에 있어서도 이성을 통한 이해가 필요한 것이다.

그저 성경에서 그랬다고 그래서 무조건 받아들이는 걸로 하면 정성은 있는 것 같은데 이해 못해요. 그러니까 믿기도 해야 하지만 이해가 있어야 해요. 우리 이성으로 "아, 그렇지." 고개가 끄덕거려지는, 인간이란 고개가 끄덕거려지는 것이라야 깊이 내 속에 들어와 내 의지가 움직이고 실행에까지 힘이 나오게 되는 겁니다. 이치 모르고 그저 믿으라니까 믿는 거 좋지 않아요. 내게 이롭다니까 그러는 거지 도덕적으로 수긍을 한 게 아니에요. 그러기 때문에 사람인 다음에는 그 점을 인간의 일을 따져야 해요. 결코 인간 이성에 어그러지는 일을 하나님이 하시는 게 아니라 그 말이에요. 인간 이성을 잘 이해하면 하나님이 하신 일을 이해할 수 있어요. 아주 이치에 맞지 않고 되는 대로, 그런 게 아니에요.[91]

함석헌은 성서 혹은 해석된 언어를 무조건 받아들이는 것을 경계한다. 그것은 불완전한 신앙인식이라는 것이다. 적어도 성서를 믿는다는 것은 그것을 수용·수긍·긍정·실천이라는 신앙적 태도, 다시 말하면 신앙의 실천 이성적 행위, 혹은 도덕적 행위로 나갈 때 온전한 믿음이라는 것을 말해준다. 함석헌은 믿음을 인식(이해)과 실천(도덕)으로 보고 있는 것이다. 신앙에 이성이 요청된다고 하는 것은 초월자의 발화를 바로 신앙화하기만 하는 것으로 그칠 것이냐 아니면 모든 사람들이 공감하는 실천적 행위로까지 끌고 갈 것이냐를 의식해야 하기 때문이다. 초월자는 비상식적인 존재가 아니기 때문에 신앙적인 공통감각에 호소하여 모두가 그렇게 인식하고 받아들이는 어떤 신앙 형식이 있음을 전제하는 것이다.

우리가 상식적이지 않다면 초월자도 상식적이지 않을 것이라는 것은 자명하다. 함석헌이 우리 자신의 이성을 잘 이해하면 초월자가 하신 일을 이해할 수 있다고 말한 것은 이러한 의미일 것이다. 물론 여기에서 반드시 선행되어야 할 것은 인간이성의 성숙성과 건전성이다. 건강하지 못하고 성숙하지 못한 이성이 상식적이라 말할 수 없고 보편적이라 단언할 수 없기 때문이다. 모든 사람들에게 초월자의 발화가 설득력이 있으려면 그 발화를 수용하고 실천하는 종교 공동체의 구성원들의 이성이 성숙되어 있어야만 한다. 그래야 그들의 행위가 상식이 될 수 있고 그 속에서 초월자의 발화 행위를 볼 수 있다.

발화 행위가 지각된다는 것은 곧 지각된 존재의 개현(開顯) 가능성과 더불어 그 개현으로 말미암은 인간 존재의 자기 가능성을 암시한다. 그래서 초월자의 발화에 대한 인식은 인간 가능성의 인식이라 말할 수 있다. 상식(common sense)이란 인간과 그가 속해 있는 공동체가 갖춰야 할 공통적 의미, 공통적인 감성, 공동체적인 감각으로서 보편성·평균성의 잣대와도 같다. 인간 가능성이란 바로 그런 의미에서 초월자의 발화를 이성과 도덕으로 구현하는 것이라고 말할 수 있는데, 그 사람의 이성과 도덕을 보면 초월자의 일하심, 초월자의 나타남 또한 볼 수 있는 것이다. 따라서 초월자의 발화,

즉 성서가 참의 실재인가 아니면 거짓의 가상인가, 존재인가 비존재인가를 판별하는 것은 이성과 도덕이다.

성서는 초월자의 자기 계시 혹은 자기 드러내 보임인데, 이것은 초월자의 발화를 이해할 수 없다면 드러내 보임은 아무것도 아닌 것이 된다. 발화의 무의미함은 결국 무조건적 수용이나 무조건적 긍정이나 다름이 없다. 이해할 수 없는 발화 주체나 발화를 무조건 받아들이는 것을 신앙이라고 생각하는 무지몽매함이 발생하는 이유가 여기에 있다. 그러므로 이성은 인식 능력을 통하여 발화 주체와 발화의 이해를 필연적으로 수행해야 한다. 그런 의미에서 종교가 이성을 거부하고 멀리하는 것은 발화 주체와 발화, 즉 초월자와 초월자의 언어를 파악할 가능성을 저버리는 것이다. 발화 주체와 발화가 의미 있는 것인지 아무것도 아닌 것인지는 이성 이해에 달려 있다고 해도 과언은 아니다. 이성은 질문하면서 초월자 그리고 그의 발화와 마주 서 있다. 이 선험적 이성은 초월자 그 자체를 사유하고 신앙적 실천과 도덕적 실천의 가능성을 위해 발화에 대해서 이해하고 동시에 진리를 통일하고 비진리를 구별·분리한다. 또한 이성의 능력을 간파하고 그것을 잘 활용하는 종교 공동체일수록 초월자가 어떻게 일하고 있는지를 알 수가 있을 것이다. 고로 인간이기 때문에 당연히 이성을 계발하고 그것을 통해서 신앙에로, 초월자에게로 향할 수 있는 길을 발견할 수 있고, 그렇게 해야만 하는 것을 무신앙이나 비신앙으로 치부하면 안 될 것이다.

4. 종교적 인간과 성(性/聖)스러운 인간

절대다수의 백인들에게 흑인은 원시적인 형태의 성 본능을 대변한다. 흑인은 모든 도덕과 금기 너머에 있는 잠재적 생식력의 화신인 것이다. 백인 여성들은 순수한 귀납과정을 통해서 흑인들을 축제와 바카스 주신, 그리고 정신을 혼미하게 할 정도의 성감각 그곳으로 그들을 인도하는 존재 혹은 그곳의 보이지 않는 문을 지키는 수호신 정도로 생각한다.[92]

인간에게 있어서 성(性, sex)이란 생물학적으로 볼 때 이항대립(binary opposition)으로 볼 수 있겠지만, 그로 인해 성의 즐거움 · 쾌락 · 생산 등의 가능성이 열리게 된다. 그러한 인체생리학적 구조의 생명체계가 있기 때문에 성은 본능적 욕구의 교환이 이루어진다. 하지만 성을 단순히 남성성과 여성성이라는 이항대립의 구조로만 놓고 본다면, 구별과 구분 혹은 차별과 차이가 발생할 것이다. 반면에 사회적 차원의 논의에서 성(性, gender)은 의미가 부여된 성적인 역할을 강조한다. 그런 연유로 한나 아렌트(H. Arendt)가 생물학적 생명인 조에(zoe)와 의미가 부여된 비오스(bios)를 구분했던 것처럼, 여성 혹은 남성들의 역할이든 나아가 동성애자들의 행위이든 인간의 성이란 "기술과 이윤이 지배하는… 동물학적 생명체로 축소"시킬 수 없다. 성은 의미를 지닌 생명으로 보아야 하기 때문이다.[93] 그 의미란 경험 이전의 것이다. "나는 내 스스로에게 의미를 부여한 주체가 아니다. 의미는 이미 그곳에 있었다. 내 이전에 이미 그곳에 선험적으로 존재하고 있었다. 나를 기다리며 말이다."[94]

여기에서 성은 성스러움과 연결이 된다. 그것은 초연함(indifférence, 무관심), 즉 모든 차이를 없애는 다르지-않음(in-différence)이라는 평형상태를 말한다. 다시 말해서 이것이 아니면 저것이란 없다.[95] 남성성과 여성성, 그것은 초연함을 통해서 서로의 차이를 없애는 것이며 궁극적으로 서로의 성을 필연적으로 요구하는 상호주체성을 갖게 된다. "성스러움은 기존의 질서를 무너뜨리고 새로운 질서를 끌어들인다. 성스러움은 '또 다른 질서'에 속하는 것, 더 나아가 초월(transcendence)을 통하여 모든 대립들을 넘어서는 것"[96]을 의미한다.

지금까지 그리스도교에서는 성을 남성성과 여성성이라는 이항대립의 구조 속에서 봄으로써 성스러움에 근접하는 경계와 금기 사이의 위험한 줄타기, 다시 말해서 정결과 오염이라는 양면성 속에서 고민해 왔다. 성은 거룩하면서도 동시에 타락으로 이끌 수도 있는 것이다. "실수투성, 죄의식, 죄의식의 거부, 편집증 등. 동성애 영역의 뒤편에는 이런 것들이 숨어 있다."[97] 이렇듯 유독 동성애의 문제에 있어서만큼은 교회가 관대하지 못한 것은, 동성애는 신이 창조한 세계 내에서의 근본적인 질서를 와해시키는 성의 일탈을 가져오는 것이며 차이를 부정하고 경계를 무너뜨리는 행위로 보았기 때문이다. 차이의 소멸은 분명히 질서를 교란시키거나 폭력을 낳을 수도 있지만, 그와는 달리 차이를 강조하는 사회나 종교는 이데올로기를 통해서 차별을 합리화하거나 지배 권력을 정당화하는 결과를 가져올 수 있다는 것을 명심해야 한다.[98]

동성애에 대한 교회적 시선이 타협의 여지가 없이 매우 비판적이라는 것은 어제 오늘이 아니다. 그러나 고대 이스라엘 사회나 원시 그리스도교 공동체에서는 오늘날과 같은 복잡한 동성애와 같은 이해가 존재하지 않았다. 다만 동성성교(homogenitality)나 동성성교행위(homogenital acts)라 할 수 있는 일반적인 인식에만 관심이 있었을 뿐이다. 더불어 앞에서 말했듯이, 그들의 종교적 관심사는 성결(정결)이었지 섹스 자체(혹은 동성 간 성행위)의 옳고 그름의 윤리·도덕적 문제가 아니었다(레위 18,22; 로마 1장과 14장 참조). 그들에게 동성애는 그저 비일상적인(unnatural, para physin[본성을 넘어서는/거슬러; 비정상적인]←kata physin, 일상에서 벗어난) 것이었으며, 오히려 사도 바울로는 선하지도 악하지도 않다는 중립적인 입장이었다. "음식물에 관한 관례, 할례 관습, 성행동의 차이 등 어떠한 성결 요건이나 문화적 차이도 그 자체로는 윤리적 중요성을 지니지 못한다." 그러므로 "게이나 레즈비언 섹스 자체가 선한지 악한지, 즉 동성 간 행위가 옳은지 그른지를 분명하게 알아보고 싶다면 성서가 아닌 다른 곳에서 답을 찾아야 할 것이다. 왜냐하면, 성서는 결코 그 질문에 답하지 않으며, 오히려 동성애에 대해서는 일부러 개의치 않으려는 것처럼 보이기 때문이다."[99]

이에 "동성애자를 인격적으로 만나기 위해 우리에게 필요한 것은 "하느님께서 우리를 불완전하게 창조하셨다."는 한계에 대한 진심어린 수용이다."[100] 논의를 좀 더 진전시키기 위해서 프란츠 파농(F. Fanon)의 흥미로운 표현을 한번 들어보자. "논란에 논란을 거듭한 끝에 과학자들은 어쩔 수 없이 흑인도 인간임을 인정했다. 생체내적으로나 생체외적으로 마침내 흑인도 백인에 버금가는 인간이 된 것이다."[101] 동성애에 대한 반대 논쟁은 결국 성차별의 논쟁이자 인간우생학적(혹은 인종차별적) 논쟁이라고 말할 수 있다. 그렇다면 몸 안과 밖의 차이의 인정, 앞에서 말한 초연함의 태도는 인간성(性)의 긍정을 통한 인간성(humaness/sacred)의 인정으로 나아가면서 상호 주체성을 확보해야 할 것이다.

그럼에도 교회가 여전히 다항대립으로 치닫고 있는 것은 무슨 이유일까? 그것은 파농이 주장하고 있는 논리를 빌려 말한다면, "생물학적 공포" 때문이다. 물론 그가 말하는 논지의 핵심은 흑인 공포증이지만,[102] 이를 같은 맥락에서 보고 확대하자면 교회에는 성공포증(sexophobia, 성혐오증)이 만연되어 있는 것이다. 성공포증은 위험을 암시한다. 생물학적 공포증, 즉 백인 우월주의에 반하는 공포증, 가부장적 남성주의에 반하는 공포증에서 벗어나지 못하고 있다. 공포는 곧 금기와도 연관이 된다. 그래서 직업, 권력, 경제력, 정치행위 등을 포함하는 공론장 혹은 생활세계에 대한 공포와 위기, 긴장과 위험을 인식하면서 성차별주의, 인종차별주의에 이르게 되는 것이다.

그러면 성공포증으로부터의 탈출구는 무엇인가? 그것은 의식의 해방이다.[103] 남성성을 대변하는 주인과 여성성을 대변하는 노예, 이성성을 대변하는 주인과 동성애적 성 일반을 대변하는 노예의 의식으로부터 해방하는 길이다. 또한 인간 존재의 긍정성과 부정성의 조화에 있다. 프란츠 파농의 말이다. "나는 인간을 긍정의 존재라고 생각한다… 삶에 대한 긍정, 사랑에 대한 긍정 그리고 관용에 대한 긍정. 그러나 인간은 부정의 존재이기도 하다. 인간이 인간을 경멸하는 것에 대한 부정, 인간이 인간을 비하하는 것에 대한 부정, 인간이 인간을 착취하는 것에 대한 부정 말이다. 인간에게서 가장 인간적인 것, 즉 자유를 도살하는 행위에 대한 부정 말이다."[104]

리타 그로스(Rita Gross)가 지금까지의 "모든 종교적 실천과 판단은 가부장적이고 성차별적이며 여성의 지위를 깎아 내리므로 모두 부당하다."[105]고 말한 것처럼, 그동안 그리스도교 공동체 안에서 여성성에 대한 폄하와 폄훼가 이루어진 것이 사실이다. 그러한 것을 극복하기 위해서 균형 있는 양성 평등적 성교육이 평생에 걸쳐 행해져야 한다. 이와 동시에 무엇보다도 성교육을 위한 바탕이 되는 성서를 보는 시각에서도 남성 중심주의적 렌즈가 아닌 양성 균형적인 렌즈를 통해서 재해석되어야 할 것이다.[106] 나아가 교회 공동체는 남성/여성 혹은 이성애자/동성애자라는 이분법을 넘어서 하느님과의 관계를 재설정해야 할 뿐만 아니라 모두가 그리스도교 공동체의 온전

한 참여자라는 인식을 가져야 한다.[107]

이제 교회 공동체의 과제는 가부장적인 성교육, 혹은 이성애자 중심의 성담론에서 동성애자를 위한 성담론 혹은 양성 평등적 성정치를 구성하기에 적합한 "종교적 표현과 (언어/이미지) 상징"을 어떻게(무엇을) 선택할 것인가 하는 것이다. 또한 자본주의 사회에서 남성 중심주의로 일관해 온 성의 권력화가 여성에 의해서 재편되는 과정에서 가부장적 성정치 구도로 굳어진 성서의 세계관과 충돌하고 있는 것과 교회 공동체 내의 고착화된 시선들(여성성과 동성애에 대한 편견)을 어떻게 극복할 수 있을 것인가를 고민해야 할 것이다.

함석헌은, "종교는 전체의 말씀이다. 그러므로 그것은 생각해 내는 것이 아니라 알아듣는 것이다. 그렇기 때문에 거기는 귀가 필요하다. 귀 아닌 귀다… 근대 사람은 듣기보다는 말하는 사람이다. 들은 것 없이 말하려 하기 때문에 거짓말이다. 여기 현대 종교가 권위를 잃어버린 이유가 있다."[108]고 말했다. 전체로서의 하느님은 이성애자나 남성들에게만 말씀하지 않으셨다. 들어야 하는 사람은 이성애자나 남성만이 아니다. 동성애자든 여성들이든 관계없이 모든 사람들이 말씀을 들어야 하는 씨올들이라는 것을 알아야 한다. 전체로서의 하나님은 물론이거니와 전체로서의 말씀은 남성/여성, 이성애자/동성애자를 초월하여 혹은 포함하여 적용되고 침투되어야 진정한 말씀이다. 여기에 함석헌의 여성 예찬론의 일부를 옮겨본다.

하늘과 땅의 사이가 되는, 형상 없는 형상인 구름 어디 있을까? 모든 빛깔과 선이 다 녹아 엷어질 대로 엷어져 뚫려 비치는 영광만인, 모든 욕심과 번뇌가 다 식어버리고 오직 평화만이 서편 하늘은 어디 있을까? 젊은 여성의 뱃

속, 혼 속 아닐까? 이 인간의 살림의 모든 기쁨, 모든 슬픔, 모든 이상, 모든 소
망, 모든 실망, 모든 눈물이, 다시 없이 약하고 다시 없이 느낌 많은 여성의 그
아름답고 사랑스럽고 신비론 혼의 용광로를 거처, 끓을 대로 끓고, 탈대로 탄
후 무한을 향해 피어올라, 영원의 찬바람을 만나 식으면 그것이 정말 구름이
다. 그 속에 새로 올 세대의 가지가지의 환상과 꿈이 들어 있다. 젊은 여성의
가슴 속에 서리서리 서려 있는 이 구름을 타고서야말로 인자(人子)는 올 것이
다. 아미타불의 나라는 열릴 것이다. 새 시대의 주인은 올 것이다.[109]

여성을 통해서 새로운 세계가 도래한다는 함석헌의 지론은 오늘날 한국
교회가 여성에 대한 시각을 어찌 가져야 할지를 다시 한번 더 생각하게 해
준다.

5. 다 없는 사랑을 하는 인간

종교적 행위에서 온 몸, 온 맘, 온 정성을 다해서 신을 섬기고 기도한다
는 것은 무엇을 뜻하는 것일까? 그것은 있는 그대로의 존재 근거 혹은 초월
자를 향해서 다함이 없는 사랑을 하는 것이리라. '다한다'는 것은 곧 완성했
다, 성취했다, 끝인 그것으로서 더는 할 일이 없다는 것인데, 그야말로 전적
투신이다. 성서는 그렇게 말한다. 마음, 정성, 힘(마음, 목숨, 뜻;heart, soul, mind;
kardia, psyche, dianoia)을 다하여 섬기라고(신명 6,5; 마태 22,37). 그만큼 전심전력,
전력투구하여 실재(Reality)를 섬기라는 것이다. 함석헌은 이를 두고 이렇게
말한다.

이미 예수를 믿는다고 했으니까 수년 동안 철저히 해봐야 돼. 철저히. 좌우간 내 있는 힘까지 해야 돼. 그래 네 마음을 다하고 뜻을 다하고 성품을 다하고 몸을 다해서 해봐라. 그 '다'라는 말이 무서운 말이에요. 건성으로 다다, "하나님 아버지, 간절히 빕니다. 우리 몸과 맘을 다해서 드린 기돕니다." 천만에! 나는 그런 기도는 못해요. 다가 어디? 다란 끝이 없어요. 맹자님도 진기심자(盡己心者)는 지기성(知其性)이라, 제 마음을 다한 사람은 바탕을 안다, 지기성(知其性)이면 지천(知天)이라, 제 성품을 알면 하늘도 안다고 그랬어. 그런 거 다 굉장히 어려운 밑천이 먹은 거, 체험한 거예요. 그러니 그 진짜가 어떤 거냐? '다한다'는 게 어떤 거냐? 네 속에서 네 혁명이나 어서, 네가 새 사람이 되도록 어서, 그럭하면 아마 이 민족이 살 길이 있겠지.[110]

함석헌은 애초에 이것이 매우 어렵다고 시인한다. 그러면서 '다한다'는 것을 인간 안에서의 혁명, 인간이 새 사람이 되는 것이라고 방향을 일러준다. 다한다고 하는데 다한다는 것은 결국 각 개인 안에서 마음을 새롭게 하는 혁명, 새로운 사람이 되고자 하는 근본적 열정이 있지 않으면 불가능하다는 것을 지적하고 있는 것이다. '다한다'(enden, leisten, sorgen)는 것은 마음의 혁명, 새 인간의 혁명 아니고서는 안 된다. 존재 근거를 발견하고, 그 존재를 자신의 삶의 전부로서 인식하고, 삶으로 체현(embody)하는 것은 설렁설렁해서 되는 것이 아니다. 자신 안에서 근본적인 마음이 하늘의 명령으로 불 일 듯 거듭나지 않고는 절대 다할 수 없는 것이다.

그런 의미에서 우리는 다함이 있는 존재라고, 다하고 있는 존재라고 말할 수가 없다. 다만 그에 대한 표본을 그리스도에게서 발견할 수 있을 따름이다. 그렇기 때문에 가톨릭 신학자 칼 라너(K. Rahner)의 말대로, "그리스도는

'다 된 인간'이고, 사람들은 '되어 가는 그리스도'다."[111] 그리스도는 '다 된 인간이다. 다시 말해서 다함으로서 다 된 인간이다. 초월적 실재에 대해서 다함으로서 자신을 봉헌한 것이 인간으로서의 완성, 다 됨, 완전히 됨, 온전한 됨이 되었던 것이다. 반면에 인간은 그저 '다'(완성)를 향해 되어 가는 인간이다. 완전한 존재(be)로서 초월적 실재에게 다가서고(coming) 있는 중이다. 이렇게 완전한 존재를 이루었다고 볼 수 있는 사람이 바로 성인이다. 성인은 완전한 존재 가능이다. 완전한 존재는 그리스도와 같은 존재라면, 자신의 전생애를 바쳐 다함이 있는 존재로서 살아가고자 했던 사람들이 성인이기 때문에 그들은 완전한 존재 가능 인간이라 말할 수 있을 것이다. "영성의 세계에서 말하는 참나란 우연적 산물인 개인의 특성이나 재능을 가리키는 것이 아니다. 참나는 인간이면 누구나 타고난 본연의 인간성 자체다. 성인(聖人)이란 곧 참사람을 일컫기 때문이다… 성인은 별다른 존재가 아니라 가장 인간다운 인간이다. 인간의 인간성을 제대로 자각하고 실현한 존재다."[112]

'가장 인간다운 인간', '인간의 인간성을 자각한 존재', '참사람'은 초월적 실재에 대해서 다함이 무엇인지를 보여준 표상이다. 다함은 자신의 내적인 마음의 혁명을 이루어 참나를 깨달은 새로운 인간의 행위이다. 그렇다면 그 다함의 궁극을 이루기 위해서 어떻게 해야 할 것인가? 고독과 침묵이다. 자신의 내면적인 고독과 침묵을 좋아할 수 있어야 한다. 고독과 침묵은 인간 자신을 위해서가 아니라 초월적 실재가 들어설 시공간을 주기 위함이다. 다함의 행위는 나를 위한 행위는 없고 오직 초월적 실재를 위한 삶만이 있기 때문에 고독과 침묵은 영성의 필연이다. "영성과 고독이 함께 간다면 영성과 침묵도 떼려야 떼기 어려운 짝을 이룬다. 고독과 침묵은 같이 가며 자발적 고독은 자발적 침묵을 위함이다. 생각은 홀로 하는 말이고 자기 자신과의 대화다. 그래서 진정한 침묵은 생각마저 멈추는 무념의 경지까지 나아가야 한다."[113]

생각을 멈춰야 초월적 실재가 들어설 자리가 있다. 실재는 생각이나 사념이 아니라 그것을 넘어서 있기 때문에 생각하면 할수록 실재에 대한 깨달음에는 방해가 된다. 따라서 생각하지 않음으로써 생각한다가 맞을 것이다. 생각은 자신에게서 피어나는 깨달음이어야 하는데 자칫 생각함으로 자발적인 무념, 즉 초월적 실재의 생각이 유념(有念)으로 고착화되어 편견이 될 수 있기 때문이다. 다시 다함으로 돌아가서 이야기해 보면 다함이 되기 위해서 나의 생각이 있으면 안 된다. 단지 생각의 흐름을 관찰하고 종국에는 생각을 놓을 수 있어야 한다. 초월자의 뜻, 초월자의 마음, 초월자의 사랑으로 일념이 되어야, 무념의 상태에서 다함이 가능하다. 그래서 고독과 침묵이 일상이 되어야 한다. 고독과 침묵은 자기 심연(실재)과의 대면을 가능케 하고 초월적 실재가 머무는 장소(locus)를 확보할 여지를 준다. 말하고 또 말하는 데 익숙하고 이제는 그 말 안 함이 오히려 병리(질병)가 되어 버리는 사회에서 고독과 침묵은 단순히 힐링이 아니다. 그것은 자신의 삶과 인생에서도 다하고 더 나아가서 완전한 존재, 초월적 존재에게도 다할 수 있는 가능성을 마련하기 위함이다.

마지막으로 이 다함의 구체적 삶의 형태 혹은 신앙 형태는 어떻게 나타나는가? 그것은 정의, 평화, 사랑, 자연 등으로 나타난다. 길희성은 이렇게 말한다.

종교다원주의자들 가운데는 이론적·사상적 차원보다는 실천적 차원에서 다원주의론을 펴는 사람도 있다. 실천적 종교다원주의에 따르면, 종교의 궁극적 일치는 어떤 종교적 경험이나 교리나 사상 또는 궁극적 실재에서보다는 정의와 사랑 같은 실천적 차원에서 찾는다. 정의, 평화, 사랑, 자유, 해방, 자연, 인간의 복리라는 보편적이고 초월적인 구원의 이상 앞에서 과거나 현재 존재하는 종교는 모두 불완전하다. 실천적 종교다원주의는 진리보다 사랑의 우선성을 주장한다고 말할 수 있다. 아니, 사랑이 진리다.[114]

다함은 모든 종교를 뛰어 넘는 실천들, 즉 교리나 신념(신앙) 혹은 이론보다 우위에 있는 인류 보편적인 실천에서 나타난다. 실재에 대해서 다함은 실재 안에서 포괄하고 있는 진리, 곧 사랑이 전부다. 무슨 말이 필요하겠는가. 다한다는 것은 사랑한다는 것, 괸다는 것, 그것으로서 모든 것을 완성한다는 것이다. 거기에 어떤 교설, 교리, 신학도 필요하지 않다. 다함. 그 끝을 보았는가? 그 끝을 보기를 원하는가? 그렇다면 '사랑하라!'

함석헌의 비판적 종교사유

1. 교회 공동체의 제도적 속박과 민주적인 신앙 공동체

일부 개신교 종단에서 자신의 교회법을 뜯어 고치면서까지 신자들의 신앙과 삶을 통제하는 시대착오적인 일이 벌어졌다. 헌금을 제때에 안 내고, 교회 출석을 일정 기간 안 할 경우에 신자에게 주어진 직분(권사, 집사 등)을 박탈하겠다는 것이다. 또한 일정한 신분을 취득하고자 하는 자격을 결혼한 사람에게만 주겠다 하니 교회가 시대를 잘못 읽고 있는 게 아닌가? 도대체 교회의 창시자인 예수가 그런 말을 한 적이 있는지, 그리고 하느님의 말씀이라 일컫는 성서에도 그런 문구나 조항 같은 것들이 명시되어 있는지 자못 궁금하다. 아니 글쓴이가 아는 바로는 전혀 그런 뉘앙스의 언어나 개념은 등장하지 않는다. 교회가 교회 본연의 임무와 사명에 충실하기보다 어떻게 하면 제도적·체제적으로 사람들을 구속하여 공동체에 묶어 둘 수 있을까? 재원 마련을 좀 더 확고하게 할 수 있을까? 하는 세속적·물질적·물량적 사목에만 신경을 쓰고 관심을 갖는 것이 곧 성직자의 권위, 교회의 권위가 오롯이 세워진다고 본다면 그야말로 오산이다. 그것을 달리 거룩한 구속(拘束) 혹은 속박이라고 미화시킨다 해도 그 타당성과 명분(?)에 값하기는 턱없이 모자라다.

오래전 하비 콕스(H. Cox)는 교회의 본질에 대해서 신랄하게 비판하고 지적한 바가 있다.

교회는 한 몸이요, 하나의 포도나무요, 한 식물이요, 한 백성이다. 잠시 동안 한 백성 곧 신의 백성, "라오스 테온"(laos theon)으로서의 교회를 생각해 보자. 우리는 즉시 하나의 빌딩이라든지 조직이라든지 예산이라든지 교파라든지 그 밖에 교회의 본질에 속하지 않는 다른 것들을 교회로 생각하는 관념을 버려야 할 것이다. 교회는 빌딩을 사용할 수 있다. 하지만 내 생각에는 너무도 흔히 교회가 건물에 의하여 사용 당하고 있는 것 같다. 사실 교회는 건물 없이 3세기 동안이나 매우 잘 지내 왔다. 교회는 예산과 프로그램과 조직을 사용할 수 있다. 그러나 교회가 그것들을 이용하기보다는 더 많이 그것들에게 이용을 당하고 있다. 그러므로 우리는 반드시 '교회란 한 백성들이다.'라고 하는 말에서 출발해야 한다. 교회는 이 세계에서 다른 누구나와 마찬가지로 자기들의 삶을 살아가는 사람들이다. 왜냐하면 교회는 이 세상의 일부요, 그래서 역시 신의 행동의 한 영역이기도 하기 때문이다. 교회는 신의 화해하시는 활동의 연극 무대의 일부이다.[115]

신학자 에밀 브루너(E. Brunner)도 그러한 교회 조직과 체제에 대해서는 비판적인 입장을 취하고 있다. "예수 공동체는 약속의 백성이 된다. 이 공동체의 역사는 구약에서 시작했으나, 오직 살아서 역사하시는 주님의 현존을 통하여 지금 완전한 현실로 존재한다. 이 공동체는 전적으로 '성령 안에 있는 하느님의 백성'(Volk-Gottes-im-Geist)이기 때문에, 제도로서 의미를 전혀 갖고 있지 않다. 에클레시아는 살아 있는 머리에 붙어 있는, 살아 움직이는 몸이다."[116] 브루너가 주장하는 것은, 교회란 제도가 아니라 신의 현재성과 현존성, 그리고 생생하게 살아 움직이는 성령의 몸이라는 것이다. 성령의 능력과 의지는 자유, 자율, 해방, 자발이다. 그러니 그 초월자의 능력과 의지에 반하는 신자 숫자의 확보·유지, 재원의 확충에 초점을 맞추는 것은 교회(ekklesia)의 본래 속성이 아니라는 말이다. 이것은 로빈 마이어스(R. R. Meyers)도 같은 견해이다. "교회는 영(the Spirit)의 운동이지, 그 자체를 영속화하려는 기관이 아니며, 사람들을 특정한 믿음체계에 헌신하도록 만들거나 인간의 계산법에 입각하여 우주적인 약속을 남발하는 기관도 아니다."[117]

분명한 것은 교회는 성령의 활동이지 어떤 기관이나 체제가 아니라는 것이다. 그런데 교회는 하느님의 역동성이 드러나는 활동보다 기관 확장과 체제 유지에만 급급하다. 다시 말하면 이것은 의례(제의) 권력, 성직자 엘리트 중심의 권력을 확고하게 다지겠다는 발상이다. 그런데 이 같은 현실은 교회만 그런 것이 아니었다. 교회보다 훨씬 앞선 시대의 힌두교에서도 제사를 집행하는 브라만 계층의 권력 독점과 그에 따른 신자들의 고충이 동일한 맥락에서 이루어지고 있었음을 알 수 있다. 그것을 정면으로 비판하고 나선 붓다는 가히 개혁적이며 혁명적인 스승이었다. 왜냐하면, "그는 신에게 바치는 제사를 최고 가치로 여기고 그 행위의 결과로 좋은 세상에 윤회하는 것을 궁극으로 삼는 힌두교의 세계관을 완전히 부인하였다. 세상의 부조리, 불합리, 권력의 독점, 가난한 자들의 착취 등이 모두 사제 브라만이 지켜온 신과 그것에 대한 숭배 의례에서 나온 것이라 여겨 철저하게 반대하였다. 이보다 더 확고한 무신론자는 없다. 브라만이 행하는 희생제를 해서는 안 된다는 데는 바로 소를 바쳐서 스스로 가난해지는 우둔한 짓을 하지 말라는 의미가 담겨 있다. 그것은 인민이 농경 정착기에 가장 중요한 생산 도구인

소를 보호하고 축적하여 어떻게든 브라만에게 당하지 말고 잘살아야 한다는 경제 중심의 애민관에서 비롯된 것이다. 붓다가 '기세'(棄世)를 최고 가치인 열반의 전제 조건으로 삼은 것은 기존의 사회 체계, 즉 브라만을 정점으로 하는 카스트, 의례, 종교 체계에서는 인간 중심의 세상을 건설하는 것이 불가능하다고 여겼기 때문이다."[118]

붓다 자신도 성직자 체제, 권력, 지배, 착취 등에 대해서 반기를 들었다. 가장 중요한 것은 성직자(브라만)로 인해서 서민(농민)들의 삶의 근간이 무너지고 경제적으로 파탄에 이르기 때문이다. 교회의 헌금이라는 것도 결국 대부분 성직자의 인건비로 지출되는 마당에 현재 일부 교회의 발언은 작심하고 신자들의 주머니를 더 털어보겠다는 것이 아니고 무엇이겠는가. 물론 순수한 목적에서 신자들의 헌금은 많은 사람들과 나누는 분배 행위나 기부 행위, 나아가 노블리스 오블리주로 볼 수 있는 측면이 있다. 그러나 이것은 어디까지나 신자의 신심 행위에 입각한 자발적인 행위이어야지, 강제적·강압적 행위가 되어서는 안 된다. 더군다나 그것이 궁극적으로 교회 공동체의 체제, 제도, 위계, 권력을 유지하기 위한 폭압적·위협적 결과로 작용하면 더욱 곤란하다. 돈 없으면 신자도 될 수 없고, 구성원으로 일정한 신분을 갖기 어렵다는 멤버십 제도는 예수나 붓다의 원의와는 전혀 관계가 없다. "그것이 무슨 종교든 그것을 통해 권력을 잡고자 하는 사람은 항상 붓다를 앞세우고 예수를 들먹인다."[119] 이광수가 비판하는 것이 바로 그것이다. 소정의 목적을 달성하기 위해서 예수나 붓다를 들먹인다는 얘기인데, 이것은 또 다른 종교 이데올로기가 될 수밖에 없다. 더군다나 문제가 되는 것은 그렇게 말하는 논리, 혹은 교회법의 논리가 과연 성서적인가 하는 것이다. 거기에 기반을 두지 않는 어떤 법과 유권해석이라도 전혀 설득력을 갖지 못할 것이다. 이에 함석헌의 말을 거론해 본다면 다음과 같다.

> 우리는 뭘 내가 알았는데 이게 내가 과연 참 옳게 본 것이냐 아니냐를 알려
> 고 할 때는 첫째는 내 마음에 알아보는 거예요. 내가 내 마음에 내 생각을 비
> 판해서 내 생각에서 이게 어떻게 나왔는가 반성해봐야 되는 겁니다. 그 다음
> 은 이 자연조건에 비추어봐서 위대한 자연에 비추어봐서 내가 생각한 것이
> 옳게 느낀 거냐 아니냐 그것도 알아야 해요. 하지만 그것 말고 또 중요한 게
> 있어요. 그 담 게 뭔고 하니 내가 내 생각이 옳은지 잘못된 건지의 표준인 내
> 마음은 내가 반성해갈 수가 있고 자연에 맞는지는 자연조건에 비춰봐 알 수
> 있지만, 그래도 또 남아 있는 알 수 없는 문제는 어디 가서 대보지요? 그건 종
> 교 경전, 여기다 비춰보는 거 이거 꽉 하나 있는 겁니다.[120]

　다소 긴 내용이지만 요지는 내가 알고 있는 게 참인지 거짓인지를 알아보
려면 마음이나 자연에 비춰보면 되지만 초월적이고 성스러운 문제는 종교
경전에 바탕을 두어야 알 수가 있다는 말이다. 종교적 행위의 타당성, 합리
성, 기준, 발언의 근거는 종교 경전, 곧 그리스도교적인 의미에서 성서이어
야 한다. 이번에 공식적으로 교회법 개정을 들고 나온 일부 종단뿐만 아니
라 다른 종단들도 이 기회에 교회공동체의 신앙 기준, 행위와 언어의 준거
를 성서에다 두고 있는지 눈살펴야 할 것이다. 또한 교회 공동체의 발언과
방향성이 현시대의 종교를 갖지 않은 사람들에게도 보편타당한 것인지도
반성해야 할 것이다. 함석헌은, 종교는 평등에 있다고 말한다. 그러면서 하
느님은 어떤 사람도 차별하지 않는다는 것이다.

종교란 뭐고 하니 인간의 이 평등하지 않게 타고난 걸 그걸 '좋다' '나쁘다' '언짢다' 하는 걸 없애도록 가르치려는 거예요. 사람들이 잘못되는 게 뭐고 하니 타고난 것에다 고하(高下)를 붙여요. 잘 타고났다 못 타고 났다, 하나님에게선 잘잘못이 없어요. 이 천지만물을 내시는 하나님의 그 뜻으로 하면 소나무는 소나무로 난 거고 꽃다지는 꽃다지로 난 거지, 대소가 거기 비교가 안 된단 말이오. '곱다' '밉다'도 비유가 안돼요. 그 자체에서 보면 '좋다' '언짢다'가 없어요. 그러니까 그런 의미에서 보면 사람은 다 똑같은 값이다 평등이다 그 말이오. 하나님 내시는 마음씨에는 차별이 없어요.[121]

형편이 안 돼서 헌금을 못 내는 사람이든, 적게 내는 사람이든, 순수한 신심 행위의 발로로 내는 사람이든, 자기 신앙의 과시나 신분의 과시를 위해서 많이 내는 사람이든 하느님 보시기에 똑같다는 것이다. 인간이 교회법을 제정해서 차별하려 하지만 하느님은 개념과 언어를 넘어서는 분이시니 거기에 매여 자신의 백성을 판단하지 않으신다. 앞으로 교회 공동체가 평등공동체, 성령의 자유공동체가 되기 위해서는 민주적인 운영 방식이 필요하다. 신앙이면 뭐든 긍정적으로 판단하고 평가해야 한다고 생각하고 좋은 게 좋은 거라는 식으로 넘어가면 안 된다. 개별 신자들의 생각 하나하나가 소중하게 생각되고 서로 그 생각을 나누며 소통과 합의가 이루어지는 공동체가 되어야 한다. 성직자(브라만)에 의해서 독단적으로 운영되는 체제는 자칫 독재주의나 전체주의적 제안, 제시조차도 신앙이라는 명분이나 정당성으로 호도하게 된다면 더욱 큰 문제를 야기할 수 있기 때문이다. 다시 이광수의 주장을 덧붙이자면, "붓다의 세계관이 급진적인 것은 당시 최고의 이데올로기였던 제사주의를 반대했기 때문이다."[122] 붓다가 제사 반대만이 능사가 아니라 어떻게 하면 뜻을 같이 하는 사람들과 민주적 공동체, 민주적 협의체를 구성하여 운영할 것인가를 목표로 하고 고민한 것처럼,[123] 교회도 그런 공동체를 만들어 가야 하고, 그 근거를 성서와 예수에게서 찾아야 한다.

30년 전에 이미 상당할 정도의 역사비평학적 성서 해석학(이출전설, 모세오경에 대한 저작설, 고등비평, 편집비평 등) 혹은 성서에 대한 이해에 도달했던 함석헌은 성서란 "정신이 사는 생명의 양식"[124]이라는 점을 분명히 밝힌다. 이렇게 인간 정신의 속알맹이, 속알을 잘 표현해 줄 뿐만 아니라 속의 예수, 내면의 예수를 잘 기술하고 있는 요한복음에서 신앙의 참된 방향성, 교회의 참된 진리를 발견해 보면 어떨까? 요한복음이 말하는 속의 예수, 내면의 예수, 뜻의 예수에 초점을 맞춘다면,[125] 겉의 예수, 치장된 예수로 사람을 옭아매려고 하는 현재의 교회 체제에 대한 비판적 반성이 가능할 수도 있지 않을까?

철학자 존 로크(John Locke)는 "교회의 진정한 제일의 덕목은 관용"이라고 말했는데, 지금 교회는 가난한 자들에 대한 관용은 없는 듯하다. 간디(M. Gandhi)는 "나는 예수를 좋아하지만 예수교도들은 좋아하지 않는다. 그들은 예수와는 너무 다르다."고 하면서 비판한 목소리가 한국 교회를 울리고 있다. 오손 웰스(Orson Welles)는 "신이 지겨워할까봐 나는 기도를 하지 않는다."고 했는데, 오히려 지금 신자들은 그것을 빗대어 "나는 신이 부자가 될까봐(게을러질까봐) 헌금을 하지 않는다."고 말할지도 모르겠다.

2. 함석헌의 종교다원주의

오늘날 자신의 종교만 구원을 담지한 하나밖에 없는 종교(것)라고 믿는 것은, 사르트르의 말을 빌린다면, 자기를 기만하는 신념이나 다름이 없다.[126]

그것은 다수성 혹은 복수성(plurality)을 통하여 개별과 공동 존재성을 인정하는 시대를 부인하고 역행하는 것이다. 사회 공동체 안에서 복수성을 받아들이지 않는 행위는 특수한 신앙 공동체의 신앙과 신념만 우월할 뿐, 나머지 개별 신앙 행위는 낯선 이단 사설이라거나 자신의 공동체를 와해시키는 악의 화신이라고 간주하는 것이 된다. 이렇게 자신의 신념 체계는 완벽하다고 하는 기만은 자기 순결주의나 자기 순혈주의에서 기원한다.

하지만 하나의 진리, 하나의 신앙만이 옳다고 하는 것이 어떻게 설득력이 있으며 명증적일 수 있을까? 그것은 분명히 현재 그대로의 것을 인정하지 않고 과거의 비반성적인 체제와 행위를 본래성과 본성의 기준으로 삼으려고 하는 것이다. 그런 의미에서 종교다원주의는 신앙의 비무장지대, 종교의 중간상태(지역)를 확보하려고 한다. 극단적이고 근본주의적인 신앙 지대를 완충지대로 가져올 수 있으려면 동일성의 차원이 필요하다.

> 나는 지금 종교는 하나다 하는 생각이다. 이단이니 정통이니 하는 생각은 케케묵은 생각이다. 허공에 길이 어디 따로 있을까? 끝없이 나아감, 한없이 올라감이 곧 길이지. 상대적인 존재인 이상 어차피 어느 한길을 갈 터이요, 그것은 무한한 길의 한길밖에 아니 될 것이다. 나는 내 가는 길을 갈 뿐이지, 그 자체를 규정할 자격은 없다. 이단은 없다. 누구를 이단이라고 하는 맘이 바로 이단이람 유일의 이단일 것이다.[127]

종교는 하나라는 생각, 이단은 없다는 생각은 함석헌의 종교다원주의를 표방하는 중요한 입장이다. 물론 여기서 말하는 하나는 획일성과 전체주의를 말하고자 함이 아니다. 하나는 규정될 수 없는 보편성, 개별의 특수성을 존중하는 좀 더 적극적인 기준이다. 종교를 어떻게 정의하느냐에 따라서 그 기준의 내포와 외연이 확정되는 바, 함석헌의 관념은 임의적이고 자의적인 종래 지배 권력 종교의 기준과 틀을 벗어난 것임을 알 수 있다.

> 하지만 나는 생각하기를 기독교나 불교나 근본적인 면에서는 같다고 봐요. 어느 종교라도 고등종교는 근본에서 말하면 다를 리가 없다. 똑같은 지경을 체험했는데 그 사람의 개성이 다르든지, 그 민족의 문화관계 이런 걸 따라서 말이 다르게 발표됐을 뿐이지, 상관없다, 나는 그렇게 생각을 해요. 내 생각으로는 이 앞으로는 이제 그렇게 믿는 믿음이 아니고는 이걸 뚫고 나가기가 어려울 거다.[128]

종교의 근본은 동일하지만 맥락에 따라서는 달라질 수 있다는 함석헌의 주장은 각 종교란 시대의 언어와 형식을 취하고 있다는 말로 풀이할 수 있다. 동일한 것이 다르게 나타난다는 것은 각 종교의 존재 방식의 특수성을 말하는 것일 터, 결코 그 종교가 열등하거나 불완전하다는 것을 의미하지 않는다. 이것은 길희성도 동일하게 적시하고 있다.

> 종교는 각기 나름대로 진리의 빛을 발하고 있지만 역사적 · 문화적 조건의 제약을 받고 굴절된 형태로 반사할 뿐이다. 따라서 모든 종교는 진리, 실재 인식의 한계를 인정해야 하며 자기 종교의 진리를 절대화해서는 안 된다. 오히려 겸손하게 타종교와 대화하고, 상호 이해를 통해 시야를 넓히고 심화해 갈 필요가 있다.[129]

종교의 한계가 각 종교의 신 인식의 한계와 우열을 말하는 것은 아니다. 시대의 한계가 종교의 제한일 수 없듯이, 종교의 한계는 신 인식의 한계와 무관하다는 것이다. 어차피 종교가 하나라는 사실은 신의 충만과 메시지는 같다는 얘기이기 때문에, 종교의 한계는 신의 결여, 신의 현존의 부재나 신의 능력의 부재로 보아서는 안 된다. 오히려 길희성이 주장하는 논리처럼, "하느님은 종교가 필요없다. 하느님은 그리스도교 신자도 아니고 불교 신자도 아니다. 우리는 이것을 '종교 아닌 종교'의 세계라고 부를 수 있다. 하느님마저 떠난 '하느님 너머의 하느님'을 만나게 된다."[130] 종교 아닌 종교의 세계, 신 너머 신을 만날 수 있는 가능성은 누구에게나 열려 있다고 생각해야 한다. 시대적 · 문화적 조건과 맥락의 유한성이 있는 것은 말할 것도 없거니와, 종교체험의 범주와 개념은 인간의 판단과 인식을 '너머-서-있는-존재'를 다 파악할 수 없기 때문에 나의 신앙체험 진술, 신앙경험 진술은 겸손해야만 한다. 초월자를 만났다거나 소유했다고 하는 것이 신앙인의 자기 존재 방식을 나타내거나 결정하는 것을 의미하지 않는다면 종교적 자기 진술은 독단과 독선이 될 수 있다. 인간이 세계에 (대하여) 피투된 존재가 아니라 신에 의해서 파악된 존재라면 그의 존재 방식 또한 시대적 · 문화적 조건의 영향에 놓여 있다고 볼 수 있다. 다만 신체험의 근본적 동일성을 나타내는 것은 종교인 자기 신앙만이 대변해 줄 수 있다.

> 신앙이란, 그가 가톨릭이건 유니테어리언이건 혹은 침례파이건 간에, 일련의 종교적 명제에 대하여 일정한 기호를 붙이듯 기계적인 반응을 의미하지 않는다. 그것은 신이 가능하게 하시는 자유와 책임 안에서 인생을 살아가는 것을 의미한다.[131]

신앙은 과거, 현재, 미래에 대한 자유와 책임에 있다. 종교인의 존재 방식은 신 안에서, 신을 통하여, 신과 함께 있는 자유와 책임이다. 그렇지 않다면 종교의 보편적 개별성, 혹은 개별적 보편성으로서의 동일성을 확보할 수 없다. 그것은 그야말로 앞에서 말한 자기기만으로서의 신념에 불과한 것이 되고 말 것이다. 존재하는 듯이, 혹은 이미 있는 듯이 인간이 모든 사태(sache)에 대하여 자유와 책임의 삶, 존재 방식을 선택한다면 관념이나 심리학적, 기억의 소산으로서의 신으로 조작되지 않을 것이다. 그런 의미에서 함석헌의 종교다원주의란 길희성이나 폴 니터(Paul Knitter)가 말하는 실천적 종교다원주의자라고 볼 수 있다. 환경, 생명, 여성, 인권, 기아, 전쟁, 테러 등의 문제가 불거지고 있는 현실에서 종교의 역할이 증대되고 있다. 따라서 종교의 연대, 종교 간 대화는 이와 같은 지역적, 지구적 문제를 해결하기 위해 반드시 요청되는 중요한 사안이 아닐 수 없다.

우리를 다른 사람들, 곧 비크리스천, 비종교인, 비신자들로부터 구별시켜 주는 무엇인가를 발견하기 위하여 우리가 지나치게 우리 자신을 파헤치며 돌아갈 필요는 없다. 그것은 신의 관심사요, 우리의 할 일이 아니다. 우리가 해야 할 일은, 비록 사람들이 우리와 다른 사람들을 구별하지 않고 혼동시킨다 하더라도, 그 사람들과의 연대관계 속에서 살아가는 일이다. 그리고 예수 자신은 사람들이 자기의 신원을 분명히 알게 하려고 하기 보다는 그의 이웃들을 봉사하고 사랑하며 그들과 함께 연대의식을 가지고 살아가는 일에 더 관심을 가지셨다.[132]

각 종교의 정체성의 문제보다 더 시급한 것은 이웃에 대한 관심, 이웃사랑이라는 것을 분명히 인식할 필요가 있다. 이러한 때에 종교적 신념이 하나의 자기 기만의 형태가 되지 않으려면 종교의 자기 우월주의에서 벗어나서, 그것은 결국 종교의 확고한 자기 정체성에서 빚어지는 바, 종교 간 대화, 종교의 연대를 통한 진리의 명증성을 모두에게 확인시켜야(증명해 보여야만) 한다. '무엇을 믿고 있다'에 대한 신뢰성은 자기 자신의 부정, 곧 자기 종교의 유일성에 대한 확신의 부정에서 비롯된다.

타자와의 간극을 좁히려 하는 것은 폭력이다. 간극은 간극대로, 있는 그대로 존재하게 해야 한다. 불편, 차이, 짜증, 소리, 언어 등 다름은 다름으로서의 현존이기 때문에 타자는 영원히 나의 자아일 수 없다. 영원히 타자이다. 다름은 결코 같음이 될 수도 없다. 우리에게는 타자와의 간극, 타자의 행위, 타자의 상황, 타자의 선택이 놓여 있다. 거부할 것인가 아니면 받아들일 것인가, 우리는 실존적으로 매번 선택의 기로에 서게 된다. 종교도 마찬가지다. 종교는 종교에 있어 타자이다. 전체주의적 혹은 파시즘적 일치나 하나가 될 수 없다. 개별이면서 어떤 보편을 지향하는 것일 뿐이다. 타협, 합의, 협의하고 타자를 인정하면서 초월로 나아갈 뿐이다. 이것을 우리는 헤겔의 정반합을 향한 종교 간 대화, 혹은 종교적 발전으로 생각할 수도 있을 것이다.

3. 면도한 원숭이들의 논쟁

사람이 유신론적 사유를 하느냐 그렇지 않으면 무신론적 사유를 하느냐에 따라 그의 세계관, 인생관, 가치관, 우주관 등에는 매우 큰 차이가 있을 수 있다. 특히 사람들은 인간의 기원 문제와 관련하여 신이 인간을 창조하였느냐 그렇지 않으면 진화되었느냐 하는 것에 촉각을 곤두세우곤 한다. 인간의 정체성 문제에 대하여 신으로부터 기원하는가 그렇지 않은가를 두고 종교계와 비종교계가 첨예한 논쟁을 하고 있는 것을 보면 쉽게 결정을 내릴 수 있는 문제는 아닌 듯하다. 아마도 종교계가 진화론을 부정하는 이유는 인간의 신적 기원이 상실된 사물성, 사물적인 것으로 전락한다는 우려 때문일 것이다. 신학은 인간이 신적 속성, 즉 신의 모상(imago Dei)을 가지고 있다고 말한다. 종교적 입장에서 보면, 이는 인간이 사물적인 것이 아니라는 것을 뒷받침해 주는 논리임에 틀림이 없다. 그러나 진화(론의 자연선택)조차도 무한 존재의 활동 범주 안에 포함시킨다면 이해의 폭이 넓어지지 않을까?

필자는 이와 같은 논쟁과 관련하여 두 가지의 이야기를 해 볼까 한다. 네덜란드 군의관이던 외젠 뒤부아(Marie Eugène François Thomas Dubois, 1858-1940)는 1891-1892년에 인간의 선조(先祖)라고 할 수 있는 화석을 최초로 발견했다. 다윈(Charles Robert Darwin)이 죽은 지 10년이 되는 때였다. 머리덮개뼈는 뇌용량이 현대 인류의 3분의 2쯤인 900CC가량 되는 생물의 것이었다. 뒤부아는 그 생물을 피테칸트로푸스 에렉투스(pithecanthropus erectus)라고 불렀다. 똑바로 서서 걷는 유인원이라는 뜻이다. 나중에 다시 호모 에렉투스(homo erectus)라고 개명되었다. 그러나 어떤 사람들은 유인원의 것으로 분류를 하면서 흠집 내기에 바빴다. 그는 자신의 마지막 출판물에서 트리닐 두개골과 넙적다리뼈는 자이언트 긴팔원숭이의 것이라고 단언했다. 입장을 바꾼 것이다.

뒤부아는 성체의 뉴런 수를 헤아려 보면 최초의 세포가 몇 번이나 분열했는가를 알 수 있다고 믿었다. 사람은 33번, 유인원은 31번 분열한다고 했다. 뒤부아는 바로 32번 분열하는 잃어버린 연결고리를 찾아낸 것이다. 그는 1932년에 다음과 같이 자신의 입장을 수정하여 말했다. "피테칸트로푸스는 사람이 아니라 긴팔원숭이와 연관된 거대한 동물 속이었다. 그러나 그것은 극도로 커진 뇌를 볼 때 긴팔원숭이보다 우월했고, 직립하여 걸을 수 있다는 능력 면에서도 월등했다. 그것의 두부 발달 상태는 일반적인 유인원의 두 배였고 사람의 절반이었다. 나는 트리닐의 피테칸트로푸스가 진정 '잃어버린 고리'라고 여전히 믿는다. 아니, 전보다 더욱 굳게 믿는다."[133]

또 한 가지의 이야기는 다윈이 존경해마지 않았던 윌리엄 페일리(William Paley, 1743-1805)에 관한 것이다. 그는 생물의 훌륭한 설계에서 신의 지혜와 자비를 입증하려 했다. 그러한 그의 자연신학을 다윈은 경탄했지만 시계 장치와 같은 우주 논리를 거부했다. 다윈은 이른바 '헤카툼'(hecatomb), 그러니까 소를 100마리 도살하여 거창한 번제물을 바친다는 뜻으로, 자연선택은 헤카툼의 긴 연속임을 주장했다. 개체들의 변이에는 특정 방향의 선호도는 없다. 다만 결과적 편익을 위해서 대량의 살상을 저지르는 것과 같은 헤카툼만 있을 뿐이다. 동물의 제 생활양식의 뛰어난 적합성은 신의 자비로움의 상징이 아닌 헤카툼을 반복적으로 수행하는 자연선택에 따른 직간접적인 결과이다.

이러한 논리를 주장하는 스티븐 굴드(Stephen J. Gould)의 말을 인용해 보자. "다윈의 체계도… 위에서 내려오는 규제는 없다. 자신의 창조물을 감독하는 신성한 시계 제작자 따위는 없다. 개체들은 자연에서 사익에 해당하는 성공적 번식을 위해 투쟁한다. 다른 메커니즘은 작동하지 않는다. 더 '높거나' 고상한 메커니즘은 없다. 그런데도 그 결과는 적응과 균형이다. 그리고 그 대가는 꼬리에 꼬리를 문 헤카툼이다."[134] 더 나아가 "자연의 유일한 행동이란 물론 성공적 번식을 위한 생물들 간의 끝없는 투쟁, 그리고 실패한 자들에 대한 끝없는 헤카툼이다."[135]

앞에서 뒤부아의 발견은 명시적으로 인간의 선조가 긴팔원숭이라고 말하지 않았다. 다만 관련이 있다고 말했다는 데에 주목을 해야 한다. 그보다 앞서서 자연신학을 펼친 페일리의 주장은 다윈에 의해서 극복되었다. 유신론자들은 여전히 위에서 내려오는 보이지 않는 시계 제작자의 자비를 믿을 것이다. 그리고 그 제작자는 아주 오래전에 인간을 만들었을 것이라고 고백할 것이다. 그러나 어쩌랴. 그러한 의식을 가지도록 만든 것도 헤카툼의 연속이었다는 것을 알게 된다면 말이다. 창조론과 진화론 논쟁의 의의는 신이 있느냐 없느냐, 나아가 인간과 세계가 신에 의해서 만들어졌느냐 아니냐를 판별하는 데에 있지 않다. 인간은 그 과정 속에서 스스로 자신의 기원에 대해서 끊임없이 사유하고 지식을 축적하는 특별한 존재임을 깨닫는 데에 있다. 인간은 그렇게 살아갈 것이다. 다시 한 번 굴드의 생각을 들어 보자.

자연을 서정시처럼 묘사한 글들을 보면 생물 설계의 외형적 완벽함과 최적성을 칭송하곤 한다. 그러나 그런 견해를 취하는 것은 자연을 옴짝달싹 못하는 역설적 상황으로 밀어 넣는 격이다. 완벽함이 자연의 규범이었다면, 우리가 더욱 열광하며 칭송할 수는 있겠지만 한 가지 작은 문제가 생긴다. 모든 진화의 산물에게 완벽한 최적성이 부여되었다면 지금 이곳에 자연이 존재할 수 없었을 것이라는 문제다.[136]

4. 함석헌의 창조론과 진화론에 대한 입장

사실 종교와 과학, 특히 창조론과 진화론의 논쟁과 대립은 어제 오늘의 일이 아니다. 서로 양보할 수 없는 싸움인 양, 그 논리적 허점을 들추어 대기에 바빴고, 그 함의를 놓고 탁상 담화를 하는 것에는 너무나 미숙하였다. 일찌감치 함석헌은 인류가 진화되어 온 사실은 인정을 해야 한다고 보고 그렇다고 해서 성서의 하느님이 세계를 창조하셨다고 하는 것과 인류를 구원하신다는 신앙적인 차원과 배치된다는 생각을 안 한다고 말한다. 다만 차원이 다르다는 것을 인정하자는 것이다. 과학은 사실 세계(현실 세계)를, 종교는 의미 세계를 밝히는 차원과 역할에 있기 때문이다.[137] 그러면서 결국 인간의 발전은 내적인, 정신적인 진화(Pierre Teilhard de Chardin)이어야 한다고 주장한다.[138] 샤르댕에 따르면, '진화란 하느님을 향한 우주의 전개 과정이자, 거부할 수 없는 운동이다. 진화는 하느님의 창조 계획을 통해 목적을 가지고 움직여 나간다. 인간은 진화의 축이며 방향으로서 마지막 정신적 통일체인 하느님을 향해 정신적, 사회적으로 진화한다.'[139]

> 의식은 무기물에서부터 인간에 이르기까지 내재해 있다. 사물의 내부 혹은 영적 에너지라 불리는 의식은 유기체를 충동해서 복합성과 의식의 보다 높은 차원들에로 나아가게 한다. 동물들의 진화과정은 인간에 이르러 '결정적인 문턱'에 도달하게 되는데, 여기서 본능과 의식은 사유와 도덕적 판단, 선택의 자유와 영성의 차원에로 나아가게 된다. 진화는 역사상 처음으로 인간 안에서 스스로를 의식하게 된다.[140]

창조론이 과학이냐 아니냐는 중요하지 않다. 그것은 의미를 말하고 있기 때문이다. 진화론이 신의 창조에 위배되느냐 않느냐는 진화에 대한 무지몽매한 단순 매커니즘 속에 있기 때문에 나오는 말이다. 이러한 때에 종교는 창조론적 진화론, 혹은 진화론적 창조론을 말하면서 진화도 신의 창조 의지

속에서 이해하려고 하는 연구들이 진행되고 있다. 그 대표적인 학자들이 샤르댕과 판넨베르크(W. Pannenberg)라고 볼 수 있다. 이 둘은 우주적 진화의 과정은 신의 지속적인 창조의 과정이라는 사실을 인정하고 있으며 신의 창조는 단 한 번에 이루어진 것이 아니라 지금도 여전히 창조의 과정이라는 것을 받아들이고 있다.[141] 진화론에 대해서 반대하는 그리스도교의 입장에는 여전히 인간 중심주의적 사고가 짙게 깔려 있다. 진화의 정점에 이성이 발달한 인간이 있어야 하는데, 그 인간이 원숭이로부터 진화되었다는 것을 인정할 수 없다는 매우 소박한 사고방식[소박한 진화론]이 지배하고 있다.

그러나 최재천의 주장을 받아들인다면 진화론을 통해서 왜 인간이 겸허해져야 하는가를 신앙적으로 설명할 수 있게 된다. "진화는 결코 우리 인류를 탄생시키기 위해 만들어진 과정이 아니다. 자연선택은 근본적으로 지극히 단순하고 기계적인 과정이지만 이 엄청난 생명의 다양성을 탄생시킨, '자연이 선택한' 가장 강력한 매커니즘일 뿐이다."[142] 종교적 관점에서 이를 풀어서 말하면 진화란 신의 계획 하에 이루어진 산물이라고 말할 수도 있을 것이다. 창조론적 진화론에 입각한다면 인간의 탄생도 전체 진화의 우연적·선택적 결과라고 볼 수 있다(이 또한 신학적인 입장에서는 반대할 수도 있지만). 베르그손도 생명체의 창조는 스스로에 의해서 이루어질 뿐이지, 거기에 신의 개입이 포함되어 있지 않다고 주장한다. 생명 자체가 스스로 성장하고 비약할 뿐이기 때문이다. 물론 이 지면에서 '생명이란 무엇인가'에 대한 또 다른 논의가 확장될 수 있겠으나, 그 논의는 차치하더라도 생명이라는 일반적인 현상은 자발적인 것임이 분명하다.[143]

진화론은 인간의 도덕성조차도 진화의 산물로 본다. 심지어 이성도 진화의 산물이다. 이른바 진화론적 이성주의라 할 수 있는데, "이성은 진화의 산물로서 출현했다. 그것은 단편적인 경험을 종합할 수 있는 능력이자, 감정이입과 동일시를 통해 남과 하나될 수 있는 능력이며, 나를 객관화시키는 보편화의 능력이다. 이성의 출현에 의해 우리는 우리 자신을 넘어설 수 있다. 우리는 내가 속한 집단은 넘어 다른 생명계에까지 보편적인 윤리를 확대할 수 있다." 여기서 오해를 하지 말아야 할 것은 그렇다고 해서 신이 모든 것을 설계해 놓은 숙명의 신을 말하는 설계 논증이 아니라는 점이다.[144]

위에서 살펴본 바와 같이 함석헌의 창조론은 진화론적 이성주의 안에 있다. 이성의 진보, 정신의 발전을 긍정하면서 동시에 창조론과 진화론을 서로 배치되는 학설로 주장하는 것이 아니라 그 둘을 서로 다른 차원의 성격으로 규정짓는다. 창조론에 대한 진화론의 배제, 진화론과 창조론이 대치되는 것이 아니라 각각이 갖고 있는 고유한 영역을 인정하고 받아들이면 될 것이다. 의미의 차원과 사실(현실)의 차원을 통합하려는 시도는 좋으나 사실에서 반드시 의미가 발생한다고 볼 수 없듯이, 반대로 의미가 사실을 증명하는 것이 아님을 상호 인정한다면 진화론과 창조론이 논쟁만 일삼을 일도 아니라고 생각한다. 함석헌이 말하듯이 어쩌면 종교와 과학이 논하고자 하는 세계는 다른 영역일 수도 있다. 그렇기 때문에 서로 대화를 통한 화해를, 공존과 상생을 모색해야 할 것이다.

진화론과 창조론은 참과 거짓(sui et falsi)을 구별하는 기준이 아니다. 신앙이론적 구호의 문제도 아니다. 진화론이니 창조론이니 하는 이론들이 부족하거나 부재하여 과학과 종교가 충돌을 하는 것이 아니다. 이론보다 더 문제가 되는 것은 이론의 실천이다. 진화-과학, 창조-종교의 도식이 갖는 실천적 행위가 이성의 진보에 어떻게 기여하는가가 중요한 관건이 될 것이다. 함석헌이 이분 도식의 상호 인정 하에 인간 이성·정신의 발전을 거론했다는 것은 결국 이론보다 실증적으로 이성의 진보를 가져올 당사자가 누구인가를 묻고 있는 것은 아닐까? 이론이 삶으로서 존재한다면 그 이성이 진화의 산물이든 아니면 창조의 산물이든 관계없이 말이다. 어느 쪽도 한갓 인간의 이데올로기에 빠지지 않기 위해서라도, 어느 쪽도 인간 자신의 경험의 한계라는 것, 세계에서 일어나는 사건에 대한 다양한 해석의 하나라는 것을 인정해야만 할 것이다.

종교평화지수 제정의 기초 작업을 위한 철학적 성찰

1. 막스 베버의 종교사회학과 갈등 실재론에 대한 이해

평화란 무엇인가를 정의한다는 것은 평화에 대한 논의를 적극적으로 전개하겠다는 학문적 의지도 포함되지만, 지금 바로 여기가 평화가 실현된 상태가 아니라는 것을 반증하는 것이다. 그렇다면 그 현상을 규명하기에 앞서 평화란 무엇인가라는 물음에 대한 답변을 구해야 할 터인데, 그것도 일치된 견해를 이끌어 낼 수가 없다. 다른 개념과는 달리 평화는 하나의 이론적 가설이라든가 학설의 논리성을 규명하는 것이 아니라, 실천적이고 실질적인 의미를 담고 있기 때문이다. 더군다나 종교에 있어서 평화란 무엇인가에 대한 개념과 정의는 다른 학문적 논의와는 매우 다를 뿐만 아니라 더 어려운 일이 아닐 수 없다. 종교라는 개념 자체에 대한 구구한 입장들에 따라서 평화라는 개념도 다양할 수밖에 없기 때문이다. 여기에서는 종교라는 개념에 대한 논의는 차치하고, 일반적이고 상식적인 관점에서의 종교 현상과의 관계 속에서의 평화라는 것이 무엇을 말하는 것인지를 살펴보고자 한다.

먼저 종교의 평화 혹은 종교적 평화란 무엇인가라는 질문을 다시 물어야 할 것이다. 예컨대 '무엇을 종교의 평화라고 하는가?'로 말이다. 그런데 이 물음 또한 답을 구하기가 용이하지가 않다. 어떠한 현실과 상태의 실현을 두고 평화라고 하는가라고 할 때 그것이 무엇을 말하는지 한마디로 정의하기가 어렵다. 따라서 필자는 오히려 '무엇이 종교의 평화가 아닌가?' 하고 뒤집은 부정적인 물음을 통해서 평화의 상태에 접근하는 것이 종교평화지수를 제정[145]하는 데 도움이 될 것이라고 생각한다. 다시 말해서 평화를 모호한 개념으로부터 출발하는 것이 아니라 '갈등의 부재' 혹은 '갈등의 부재 상태'라는 점에 주목함으로써, 평화의 개념을 좀 더 명료화시키는 것이 낫다는 것이다.

종교사회학적 측면에서 볼 때 사회 공동체의 갈등이란 순기능과 역기능을 모두 가지고 있다. 사회 공동체 내부를 위해서는 경계를 보호하고 공동체를 순화하여 정결을 유지하는 기능이 있지만, 외부에 대해서는 자신의 종교에 대한 정당성과 절대성만을 내세우는 종교적 배타주의를 띠게 되는 역기능을 하게 된다.[146] 짐멜(G. Simmel)이 말하였듯이, 갈등은 사회화의 한 형식인 것은 사실이나, 갈등의 역기능이 사회에 확산되면 사회적 부담을 안게 되고 그로 인한 타자와의 갈등 문제는 심각하게 불거질 수밖에 없다. MB정부가 들어서면서 부각되고 있는 종교의 권력화 현상도 그러한 사회적·종교적 갈등의 한 사례라고 볼 수 있다.[147]

물론 종교가 사회적 갈등을 일으키고 있는 것만은 아니다. 지방자치제가 실시된 이후 지역과 종교와의 통합적 활동 사례도 접할 수 있는데, 지역의 고유 종교 문화를 활성화하는 동시에 종교와 사회 관계를 통해서 여러 측면으로 사회 운동이 전개되고 있다. 종교가 복지, 시민사회운동, 지역 통합과 같은 통합 기제의 순기능적 역할을 하고 있다는 것이다.[148] 그러나 여기에서도 종교가 지역 갈등의 원인과 매개체가 되는 경우가 있다. 사회통합이라는 명목으로 종교적 행사를 개최하였지만, 정작 그것이 특정 종교에게 힘을 실어주거나, 권력 편중 현상, 이익 상충 등으로 인해서 지역의 갈등과 종교 갈등이 맞물리는 현상을 목격할 수 있다. 이러한 종교 간의 갈등 혹은 종교로 인한 사회적 갈등을 볼 때, "신앙은 신앙과 관계된 인간의 모든 행위들"[149]이라는 막스 베버의 말을 떠올리게 된다. 이는 종교가 이제는 종교 자체의 문제만이 아니라 정치, 경제, (지역)사회, 문화 등과의 연관성 속에서 이해되어야 하며, 그로 인한 사회적 파급효과까지도 예측해야 한다는 것을 의미한다.

종교를 인간의 문화적 현상이나 문화의 범주로 인식하면서 연구한 것은 비교적 최근의 일이다. 종교를 갖고 있고, 종교 생활을 한다는 것은 문화적 삶을 사는 또 다른 양식이라는 점에서 종교적 인간도 역시 문화 인간이라고 볼 수 있으며, 문화적 측면에서 인간이라는 존재의 모든 행위는 경험과학의 연구 대상일 뿐만 아니라, 문화과학의 영역에 속한다. 이와 같은 논점을 가진 학자가 바로 막스 베버인데, 그에 따르면 사회과학이란 문화적 현상, 문화적 실재, 문화적 연관성에서 출발한다. 따라서 막스 베버의 시선을 따라가면 종교의 문제는 사회과학의 문제이자 문화과학의 문제라고 말할 수 있을 것이다.[150]

모든 문화과학의 선험적 전제조건은, 우리가 하나의 특정한 문화 또는 문화 그 자체를 가치 있는 것을 판단한다는 것이 아니라, 우리가 세계에 대해 의식적으로 자신의 입장을 정립하고 또 이 세계에 의미를 부여할 수 있는 능력과 의지를 지닌 문화인간이라는 사실이다.[151]

사회학 혹은 사회과학의 기초 개념은 인간 행위의 총체적인 의미를 매개해 주는 문화적 현상에 대한 학문이라는 것이다. 종교도 어떤 의미에서는 인간들의 삶에 의미를 매개해 주는 사회화의 한 형식이다.[152] 그런데 인간의 문화적 삶, 문화인간으로서의 삶을 지속하고 그 의미를 매개해 주는 종교라는 문화의 형식 혹은 삶의 형식이 사회 안에서 평화로운 방식이 아닌 갈등과 폭력의 양상으로 드러난다는 것이 문제이다. 우리나라에서 나타나고 있는 종교 갈등의 실재론적 양상은 사회적으로 종교는 더 이상 의미-없음이라는 평가를 받고 있고, 더 나아가서 그것은 사회적인 부담과 스트레스, 정신적 병리 현상까지도 초래하고 있음은 주지의 사실이다. 이와 같이 종교가 사회적 문제로 부각되고 종교의 비본래성으로 말미암아 시민들에게 외면당하는 것은, 종교의 사회적 행위가 타인을 고려하지 않고 타인을 지향하지 않는 독선적인 행위로 전락했기 때문이다.

사회적 행위는 타인의 과거 행동, 현재 행동, 또는 기대되는 행동에 지향될 수 있다. '타인'은 개별적인 사람, 아는 사람이나 불특정 다수, 그리고 전혀 모르는 사람일 수 있다. 온갖 종류의 행위가─외적인 행위도─여기에서 고수되고 있는 단어의 의미에서의 '사회적' 행위는 아니다. 외적 행위는 그것이 즉물적 객체의 행태에 대한 기대에만 지향될 경우에만 사회적 행위이다. 예컨대 종교적 행동은 그것이 명상, 혼자서의 기도 등에 머무르는 경우에는 사회적 행위가 아니다. 경제 행위(개개인의)는 그것이 제3자의 행동을 함께 고려할 경우에야 비로소, 그리고 오직 그러한 한에서만 사회적 행위이다. 인간과의 온갖 종류의 접촉이 모두 사회적인 성격의 것은 아니고, 타인의 행동에 의미 있게 지향된 자신의 행동만이 사회적인 성격의 것이다.[153]

막스 베버가 적절하게 예를 들고 있는 것처럼, 아무리 종교의 좋은 행위라고 하더라도 종교의 사회적 의미가 결여된, 자신만을 지향하는 나홀로 기도는 의미가 없다. 따라서 타인 혹은 타자를 지향하는 종교적 행위는 무엇보다도 타자 이해(understanding, Verstehen)에 참여하는 것인데, 이를 위해서는 상상적 동일시 즉 감정이입을 통해서 이해를 획득해야 한다고 말한다. 왜냐하면 모든 인간의 행위는 필연적으로 사회학적이며 동시에 사회적 행위이기 때문이다.[154]

그러므로 사회과학적 방법론에 따른 종교평화지수 제정은 개별자의 행위, 이익집단, 공동체와의 연관성 속에서 파악해야 하며, 종교의 사건, 종교의 사태가 언제 일어나는가 그리고 결과적으로 어떻게 드러나는가에 대한 관찰 가능한 행위를 산출해야 할 것이다.[155] 그렇게 함으로써 종교평화지수는 타자(이웃 종교 혹은 시민의 종교인식)를 이해하기 위한 중요한 척도로서 기능해야 한다.

2. 종교 간 갈등(종교적 스트레스)의 지수화 작업

"지구촌에서 발생하고 있는 끊임없는 분쟁과 갈등 과정에서 중요한 역할을 하는 것이 바로 종교이다."[156] 지금 우리가 살고 있는 세계에서 벌어지는 바로 그 갈등의 핵심에 종교가 있음을 단적으로 지적하고 비판해 주는 말이 아닐 수 없다. 모름지기 갈등이란 하나 혹은 둘 이상의 개인이나 집단이 상호 이익과 목표를 위해서 경쟁을 하거나 대립하는 상태를 일컫는다.[157] 그런데 종교의 갈등 현상은 그리 단순하지가 않다. 종교(적 행위)가 독립변수로서 윤리, 경제, 정치, 예술, 성적인 행위 등에 영향을 미치는지, 아니면 반대로 종교가 종속변수로서 사회적 행위로부터 영향을 받는지에 대해서조차도 분명하게 판단할 수 없기 때문이다. 더군다나 종교의 세속화가 종교 자체의 내외부의 환경 변화로 인해서 일어난 일이지만, 정치·경제·사회 구조도 종교의 신념이 전혀 내재되어 있지 않다고 말할 수 없다.[158]

따라서 "근대 산업사회에서 사회 갈등은 계급 및 계층을 중심으로 형성되었으며, 정치 영역에서는 시민과 국가 간의 갈등이 주요 양상을 이루었다. 그러나 현대 사회에서의 사회 갈등은 계급, 계층 외에 성, 연령, 세대, 종교, 인종, 민족 등을 둘러싼 정체성 갈등의 구획이 복합적이고 중층적으로 상호 연관 되어 있다."[159] 또한 "사회 갈등은 늘 순수한 형태로 드러내기보다는 사회 집단의 이해관계를 반영하며, 생산, 조장, 왜곡, 재구성된다."[160] 이처럼 종교의 갈등에도 다차원적 성격, 중층적 특성을 무시할 수 없는데, 동일한 공동체 안에서의 개인과 개인, 집단과 집단이 서로 반목하거나 싸움을 하는 경우가 있고, 서로 다른 이질적인 공동체가 이해관계나 이익을 놓고 첨예하게 대립하는 모습을 볼 수가 있다.

그러나 여기에서 다루고자 하는 것은 종교 내부의 갈등보다는 대부분 종교 간의 갈등과 그 현상에 중점을 둔 사건이나 그에 따른 목록화에 국한된 것이다. 종교 내부의 갈등이 종교 간의 갈등과 전혀 관련이 없다고는 할 수 없으나 종교평화지수 제정 작업의 성격상 종교 간의 갈등과 현상이 일어날 수 있는 현실과 가능성을 제시하고자 함이다. 그러나 유형별 가중치 설정을 어떻게 할 것인가 하는 것은 여전히 과제로 남는 것 같다. 평화지수를 나타내기 위해서 먼저 필요한 것은, 극단적 갈등의 상태를 나타내는 사건 범주(이를테면, 종교전쟁)에서 갈등의 완화 혹은 갈등의 해소를 나타내는 사건 범주(평화의 상태라고 가정하는 종교적 동조, 동의, 인정 등)까지를 열거하는 것이다. 그리고 각각의 사건들을 유형별로 나누고, 그 사건들을 다시 세부적으로 설명함으로써 해당 항목을 좀 더 구체적으로 검토하여 그 유형별 지수를 1에서 10까지로 표기하는 것이다. 여기서 지수 1의 상태는 종교 간의 갈등이 가장 많이 증폭되어 있는 상태(모든 형태의 전쟁이나 폭력)를 말한다면, 지수 10은 종교 간의 갈등이 전혀 없는 것은 아니지만, 평화의 단계 혹은 갈등의 해소 단계에 있다는 것(정서적, 감정적, 이성적 조화나 동감까지도 포함하는)을 나타낸다고 볼 수 있다.

선불리 단정할 수 없으나 그 결과에 따라서는 종교의 갈등이 종교의 평화를 위해서 혹은 사회적 통합과 사회 발달의 동인으로 변용될 수 있는 가능성도 있다. 그러기 위해서는 평화를 위한 갈등 해소가 아니라 '평화를 위한 갈등 변형'(conflict transformation)으로 나아가야 할 것이다. 물론 이것을 위해서는 필연적으로 평화교육이 선행되어야 할 터인데, 가능한 한 그 교육 전체를 기획 · 총괄 · 지휘할 수 있는 가칭 '갈등변형프로그램연구소' 설립도 고려해야 한다. 이것은 분쟁 당사자 모두의 상호 불만과 요구, 그리고 문제점들을 인식하기 위한 첫 단계가 될 것이다.

갈등과 폭력은 개인과 개인 혹은 개인과 집단, 집단과 집단 사이의 문제만이 아니라 사회 전체의 구조적 문제에서 기인하는 경우가 왕왕 있기 때문에 그 사회 구조적 측면의 분석과 비판, 소통, 합의, 고민, 관심 등이 있어야만 한다. 그뿐만 아니라 종교 간 갈등에서 평화를 위한 갈등 변형으로 나아가려면 적어도 각 종교 단체는 비판적 워크숍과 갈등 변형 워크숍을 통해서 의사소통을 하는 대화 영성을 중요한 기반으로 해야 한다. 이 대화 영성을 통해서 변형 가능한 방식은 크게 다섯 가지로 나눌 수 있는데, 첫째, 행위자의 변형, 둘째, 이슈의 변형, 셋째, 법의 변형, 넷째, 구조 혹은 맥락의 변형, 다섯째, 개인과 집단의 변형 등이 그것이다.[161] 이와 같은 해외 모델을 연구 · 도입하여 우리나라에도 종교평화를 위한 갈등변형프로그램 및 대화 영성을 위한 워크숍이 정착되는 기회를 가져보는 것도 좋을 것이다.

3. 갈등에서 평화로 – 종교평화지수 제정에 대한 철학적 함의

종교평화지수 제정은 종교의 평화라는 현상과 상태의 지속을 위해서 수치화하는 사회과학적 환원 작업이다. 환원은 물론 특수한 현상이나 사건, 다양한 형태의 사례를 일반화하고 보편화함으로써 어떤 대상에 대해서 좀 더 효과적이고 가시적인 설명을 가능하게 해 준다. 이것은 오히어(A. O'Hear)의 말이 잘 대변해 준다. "혼란스러운 다양한 현상은 어떤 인과적이거나 또는 통계적인 규칙성의 사례로 간주됨으로써 어떤 종류의 질서를 가지게 된다."[162] 지수 제정은 현상과 현상, 사건과 사건 사이의 차이를 감소시키고 무시할 수도 있다. 이렇게 해서 사건을 일반화하고 새로운 지식이나 결과를 도출해 낼 수 있는 것은 사실이다. 그럼에도 칼 포퍼(K. Popper)는 이러한 단순화 · 수학화로써 반드시 성공적인 환원이 이루어진다고 보지 않는다. 설령 수치화하는 작업을 통해서 좀 더 명료한 현상을 진단하는 것을 목표로 한다고 하더라도, 인문학적 · 현상학적 기술을 통한 느슨한 환원이 되어야만 할 것이다.[163] 종교평화지수 제정에서 반드시 이러한 점을 고려해야 한다.

종교평화지수 제정의 가장 중요한 철학적 의미는 타자에 대한 새로운 인식을 가져다 주어야 한다는 데 있다. 근대사회의 철학적 지평은 '나'라는 자아 혹은 개인에서 출발하였다면, 이제 사회는 자기 자신이 아닌 '타자'를 통한 자아의 이성 비판이 이루어지지 않으면 안 되는 상황에 놓여 있다. 그래서 칸트는 개인의 자유조차도 타자의 자유와 공존해야 한다는 것을 강조한다. 심지어 타자를 위해서 자신의 자유를 억제할 수 있어야 한다.[164] "칸트에게서는 진리를 독점하는 제3의 존재는 더 이상 존재하지 않는다. 그렇다면 어느 한쪽의 타당성 주장을 인정하고 다른 쪽의 자유는 억압하는 셈이 되고 만다."[165]

칸트의 이러한 선험적·비판문법적 관점을 종교평화와 관련하여 지평을 확장해 보면, 자신의 종교적 자유를 위해서는 의사소통적 종교 이성의 해방을 가져와야 할 것이고, 자신의 경험을 절대화(강요)하는 일이 없어야 할 것이다. 또한 자신의 종교적 정체성과 자신의 이성을 법정에 세울 수 있는 용기가 있어야 한다. 종교평화지수 제정의 목적은 바로 과학적 이성을 통해서 종교의 평화, 종교의 갈등 현상들을 사심 없이 시민의 보편 이성의 법정에 세운다는 데에 있다.[166] 칸트의 『순수이성비판』에서 상식처럼 여겨지는 인식론에 의하면, 인간의 인식(지식)이라는 문제는 단지 대상에 대한 경험만으로 이루어지는 것이 아니라, 그 경험의 감각 질료가 무엇인지를 선천적인 감성의 형식과 함께 오성의 범주에 따라서 판단될 때 비로소 인식(erkenntnis)이 발생한다. 따라서 종교평화지수 제정의 의의는 각 종교들이 갖는 경험의 한계를 밝혀내고 그 경험을 좀 더 이성적인 접근을 통해서 과학화·수치화하여 올바른 종교적 이성에 도달하도록 해야 할 것이다.

칸트의 평화 철학에 의하면, "법의 준수는 합의된 소통의 표현"이자, "입법 자체는 평화 수립의 근원적 행위이다." 그렇다면 종교평화지수 제정은 설령 보편적 이성에 의해서 합의된 구속력 있는 법은 아닐지라도 그것은 공동체적 감각의 이념을 드러내는 수단이다. 칸트는 『판단력비판』에서 미적 견해의 표명은 사적 조건이 아니라 보편적 인간 이성에 견주어 본 것이어야 함을 주장한다.[167] 다시 말해서 칸트는 법이든, 미(美)이든 간에 개인의 이성에 그치는 것이 아니라 인류 전체의 보편적 이성에 입각한 공동체의 감각에 부합해야 한다는 것을 놓치지 않고 있다. 이른바 '공통감'(sensus communis, Gemeinsinn)은 인간의 공통감각을 말하는 것인데, 이것은 누구에게나 아름다움을 공통적으로 느끼고 공유하는 선천적인 감성(감각)이 있다는 것이다. 미의 소통 방식이나 법의 소통 방식에는 사적 영역이 존재하지 않는다. 한갓된 미라 할지라도, 또한 코에 걸면 코걸이, 귀에 걸면 귀걸이라 하는 법조차도 보편적인 이성을 피해 가지는 못한다.

마찬가지로 종교평화지수는 특정 종교를 편향되게 겨냥하여 비판하고자 하는 것이 아니라, 어느 종교(혹은 시민)가 보아도 보편타당한 항목, 규칙, 결과이어야 할 것이다. 시민들의 보편적 이성이 공통적으로 받아들일 수 있고, 수용할 수 있는 것이어야 한다. 왜냐하면 "사회란 상호소통의 공간"으로서 "어떤 사람이 다른 사람 앞에서 스스로를 설명하면서 드러내는 것을 거쳐 비로소 공공의 구역이 된다. 그처럼 하나의 공통의지로 나아가기 위해 출발점을 구성하는 것은 의도적으로 다른 사람과 관계를 맺어 의지를 전달하는 것"[168]이기 때문이다. 그런 의미에서 종교평화지수는 사회의 보편적인 공통의지를 이웃 종교에게 전달할 뿐만 아니라 여타 시민 · 사회에 밝히는 중요한 매개가 될 것이다. 그뿐만 아니라 사회적 영역 안에서 종교평화지수가 가리키는 지표가 많은 사람들에게 새로운 소통과 발전의 매체가 되어, 그 지수에 의해서 종교와 사회의 합의나 공감을 이끌어내는 새로운 소통 방식의 표현이 되어야 할 것이다.

종교의 갈등 해소, 혹은 적극적인 의미에서 종교의 평화를 위해서는 종교 자체의 정화나 각성이 필요한 것은 당연하다. 그러나 자체의 정화 의지나 자발적 평화 의지가 결여되었다면, 제3의 권력(?)이 그로 인한 사회적 피해나 사회적 갈등의 요인에 개입하여 중재·해결할 수밖에 없다. 그것을 위하여 종교평화지수 제정 작업은 1차적 의미를 갖지만, 그것을 제정하고 난 후에 어떠한 기관에서 지속적으로 감시하고 자각시키는, 이른바 지수화 작업을 공신력있게 추진할 것인가를 고민해야 할 것이다. 더불어 건전하고 건강한 '종교평화시민사회연대'와 같은 기구를 구성하고 정기적인 포럼을 개최하면서 종교시민사회 거버넌스를 정착시켜 활발하게 활동하도록 하는 것도 중요하다.

울리히 벡(U. Beck)이 미래 사회를 염려하면서 인간의 성찰을 강조하고 있듯이[169] "평화는 사고에서부터 시작된다."[170] 이 말을 우리가 의도하는 종교평화지수 제정을 위한 표현으로 바꾼다면, '평화는 지수에서 시작된다'고 할 수 있을 것이다. 지수화의 목적은 분명하게 나타나고 있는 종교의 폭력·갈등 등의 상황과 적대적 감정을 변화시키고, 화해의 종교문화로 바꾸고자 하는 것이다.[171] 그런 의미에서 비록 평화가 종교는 될 수 없겠으나, 적어도 평화는 종교적인 것(the religious)이 되도록 해야 한다.

마지막으로, 이미 〈세계평화지수〉 사정 작업을 실시했던 선례를 보면, 그들은 적극적인 평화나 소극적인 평화를 계량화·수치화하는 데는 성공을 하여 산술적인 통합을 이루어내었다고 한다. 문제는 산술적인 통합에 비하여 이론적인 통합, 의미의 심층적 통합이나 성찰을 간과할 수 있다는 지적에 귀를 기울여야 할 것이다.[172] 자칫 사회과학적 분석이나 수치의 단순 생략이 주는 정확성이나 시각적 효과에만 급급해서 수치와 수치, 혹은 문항과 문항 사이를 읽어 내는 복잡하고 심층적인 관계와 의미를 파악하지 못한다면, 구조적이고 본질적인 더 큰 문제를 놓칠 수도 있기 때문이다. 따라서 종교평화지수 제정을 위해서 공신력 있는 기관, 혹은 좀 더 다양한 전문가 집단이 구성될 필요가 있다. 여기에는 평화학자, 평화교육학자, 평화훈련가, 갈등해결전문가, 종교학자(각 종교전문가 포함), 신학자, 철학자, 사회학자, 통계학자 등 다수가 포함되어야 할 것이며, 가능하다면 각 종교기관, 각 교단의 신학자와 평화실무전문가, 군소교단(소수종교에 대한 배려) 등의 안배가 적절하게 이루어져서 좀 더 엄밀한 조사·분석·해석이 이루어져야 할 것이다.

4. 함석헌의 종교문화 비판과 종교평화

현존재(Dasein)의 죄의식은 인간 공동체의 사회적 의식과 행위에서 비롯된 것이거나 종교적 의식과 규범에서 비롯된 것일 수 있다. 여기서 죄를 인간의 삶에서 도덕적·윤리적 범주에서 다루는 행위의 일탈과 위반으로 볼 것이냐 아니면 인간의 선천적 의식과 본래적 도덕감에 대한 위법으로 볼 것이냐에 따라 논의의 양상이 달라질 수 있을 것이다. 그런데 함석헌에 따르면 죄란 윤리적이라기보다 좀 더 근원적인 인간 실존의 균열 상태에서 발생한다.

> 죄는 다른 것 아니요 갈라짐이다. 부모와 자식이 갈라짐, 집과 집이 갈라짐, 계급과 계급, 민족과 민족, 나라와 나라가 갈라짐, 몸과 마음의 갈라짐, 사람과 하나님의 갈라짐이다. 갈라지면 어지럽고, 어지러우면 죽는다. 거기서 건지는 것은 다시 하나됨을 얻게 하는 것이다.[173]

'갈라짐'의 존재론적 명암에는 해방과 분리가 엄연히 존재하지만, 그리스도교에서 갈라짐의 상태는 초월적 존재와의 분리이자, 이웃과의 분리, 자연과의 분리이다. 갈라짐의 궁극적인 결과는 결국 죽음의 나락으로 떨어진다. 가른다는 것은 생명적인 것의 타자 혹은 절대 타자와의 능동적, 자발적 오만에서 비롯되는 인위적인 구획 지음이다. 나의 자리와 타자의 자리가 완전히 일치될 수는 없으나 최소한 조화로운 자리가 되어야 교차되는 지점과 타협점이 마련될 수가 있다. 다시 말해서 가르기 이전의 상태로 회복될 수 있는 여지가 생기는 것이다. 그럼으로써 초월적 존재와 하나가 되고, 이웃 및 자연과의 하나됨이라는 근본적인 회복이 이루어지는 것이다.

따라서 갈라짐은 원래 상태로서의 하나가 되는 일치의 집을 짓기를 갈망한다. 그래서 갈라짐은 하나가 되고자 하는 마음-짓기와 다르지 않다. 서로의 마음이 차이가 난다는 것을 인정하고 마음과 마음이 만나서 논의를 하는 것은 갈라짐 이전의 모습으로 마음의 온전한 구조를 지음으로써 조화를 모색하는 것이기 때문이다. 다시 말해서 갈라짐은 죄로서 죄의 상태가 분열이라는 극단적인 결과를 초래하여 원래의 관계 지음이 해체되고 마는 것을 의미하지만, 그것은 자신의 마음을 헤아려보는 마음-짓기로 돌아서는 가능성의 단초이다. 죄는 철저하게 아니라고 부인하면서 돌아서는 실존의 유한성이지만 동시에 초월적 존재에서 자연에 이르기까지 마음으로 대화하고 설득하는 화해-세움, 즉 화해-지음이라는 일치의 구축, 일치의 만듦으로 나아가게 한다.[174]

또한 갈라짐은 새로운-관계-지음이라는 필연적인 요청을 동반한다. 새로운 종교 교육(Ausbildung), 새로운 시민 교양(Bildung)을 통하여 종교와 종교, 종교와 세계가 평화를 추구하고, 인간과 정치, 인간과 경제, 인간과 사회, 인간과 문화, 인간과 환경 등의 새로운 평화 질서를 세우는 것이 갈림이 아닌 건짐으로의 실재 변화가 이루어지는 것이다.

우리는 그것이 곧 인류의 건짐, 구원의 행위가 된다는 것을 알아야 한다. 구원은 하나를 지향한다. 모든 종교, 모든 사람을 하나로 통합하는 것이 아니라 다원성을 인정하는 보편적 일치를 일컫는다. 다원성을 무시한 일치라고 하는 것은 생각할 수조차 없다. 개별적인 자유, 의지, 행위, 종교, 영역이라는 것을 긍정하면서 인간을 품을 수 있는 보편성이 있어야 비로소 공동체의 와해를 막을 수 있다. 최소한 '하나'라는 보편적 인식, 보편적 구원이 담보되지 않으면 공동체는 죽음이라는 책임질 수 없는 상황을 맞이할 수밖에 없다. 갈라짐의 마지막 부정적 상황이 죽음이라면, 그 해결책은 인류가 하나가 되는 길 이외는 다른 방도가 없다. 종교는 맨 먼저 인류에게 갈라짐이 곧 죽음이라는 것을 깨우쳐 주었다. 그렇다면 종교가 앞장서서 하나가 되는 모습을 보여주어야 하고, 그것을 통해서 인류, 국가, 사회, 정치, 자연 등이 하나가 될 수 있는 현실을 모색해야 한다.

짐짓 가르고 나서 나와 너, 그것을 분리하는 버릇을 고치는 것은 어렵다. 습관을 길들인다면 먼저 짓고 세우고 싸매고 잇는 것부터 배워야 하는 것이 당연한 이치일 것이다. 유사 이래로 인간이라는 존재는 늘 선후가 바뀐 삶을 살아왔던 것 같다. 이제부터라도 갈라짐이라는 원초적인 죄를 짓지 말고, 흩어지고 분리된 것을 다시 하나로 지어 올리는 역사를 만들어 가야 할 것이다. 종교의 어원인 라틴어 religare(다시-묶는다)가 보여주듯이 짓고 연결하는 일은 다시, 계속해서 일어나야 하는 것이다. 그로 인해 초월적 존재의 구원은 멈출 줄 모르게 되는 것이 아닐까.

바울이 「로마서」에 써서 보낸 새 종교는 한마디로 하면 "마음을 다하고 뜻을 다하고 성품을 다해" 하나님을 아버지로 사랑하고 "또 이웃 사랑하기를 네 몸과 같이 하라"는 것이다. 곧 모든 것을 하나님 안에 하나로 통일하자는 강한 윤리적 종교이다.[175]

　모든 종교 혹은 모든 사람이 신의 실재 안에서 하나로 통(通)한다. 동시에 또 다른 차원의 하나로 통(統)한다는 것 혹은 본줄기로서 하나가 된다는 것은 사랑한다는 것이다. 사랑만이 마치 하나인 듯이 살 수가 있고, 하나인 것처럼 공존할 수가 있다. 실상은 모두가 개별자이지만 그 개별자를 하나로 이을 수 있는 것은 신의 존재 안에서 신의 사랑으로 물들어 있는 것이다. 그것이 종교 가능의 조건이자 인간 가능의 조건이다. 존재자의 가능 조건은 최소한 윤리적 종교에 부합하는 사랑-안에-있음이다. 윤리적 종교는 신과 인간의 관계적 행위, 인간과 인간의 관계적 태도나 습관(mores)으로 일관하는 통일성을 부여한다. 이것이 없다면 종교의 생명력은 자신의 존립 기반 자체를 상실하고 말 것이다.
　나아가 평화와 통일은 관계의 문제인데, 이것은 사랑의 현존 없이는 불가능하다. 하나가 되자, 즉 사회적 평화, 정치적 평화, 종교적 평화, 국제적 평화, 이념적 평화, 남북한의 평화를 이룩하자는 것은 결국 사랑 안에서, 사랑을 통하여라는 전제가 있어야 한다. 신의 궁극이 사랑인 것처럼, 인간의 본성 또한 사랑이라면 사랑은 서로 다른 존재를 존중하고 포용할 줄 안다. 그러기 위한 실제적인 행동은 생각을 나누는 소통이 요구된다. "생각은 소통하는 데 있습니다. 내 생각만 고집을 해서는 발달이 없습니다."[176] 사랑은 자기가 아니라 타자를 더 생각하고 배려하기 때문에, 그 사랑의 힘을 통하여 서로 다른 생각을 나누고 이해하고자 한다면 마음과 마음이 통하여 막히지 않은 속트임[소통]이 일어난다. 그런데 여기에도 막힘[불통]이 있기 마련이다. 그것은 내 생각만을 고집하는 것인데, 그 경우에 하나로 통할 수 있는 방법은 없다. 그래서 함석헌은 다음과 같이 말한다.

> 종교에 있어서 신이 사람을 건지기보다는 사람에 의하여 신이 타락하는 일이 더 많다. 종파, 교파, 교회 하는 것은 사실 그 옛날 원시시대의 부족신이 모양을 변하며 나타난 것에 지나지 않는 경우가 많다. 끼리끼리의 감정이 주장이 된다.[177]

> 모든 종교는 하나다 하는 사상이 기독교에서도 불교에서도 인도교에서도 나오는 것은 참 재미있는 일이요, 이야말로 앞으로 하나인 세계의 종교아닐까?[178]

막힘은 분열의 원인이 된다. 나아가 불통은 너와 나로 갈라서게 한다. 상호간의 막힘은 신을 욕되게 한다. 신을 욕보이는 종교는 이미 신과의 막힘뿐만 아니라 서로의 막힘으로 인해 불통의 극단적 현상을 초래한다. 바로 종단, 교파는 그러한 초월자와의 불통, 상호주관적 불통을 해소하지 못하고 하나가 여럿으로 된 것에 대한 결과이다. 불통은 갈등이 증폭되어 불화하게 되고 반목을 가져온다. 그 모든 원인은 신 안에서의 사랑을 핵심으로 하는 윤리적 종교가 되지 못해서이다. "모든 종교는 하나다."라는 말은 너와 나의 차이를 모두 없애고 같은 계통, 같은 무리가 되어 같은 철학·신앙·사유·행위 등으로 전체주의화하자는 말이 아니다. 오히려 "모든 종교는 하나다."라는 말은 "모든 종교는 사랑이다."라는 말로 이해해야 한다. 하나가 된다는 것은 서로 사랑한다는 말이고, 사랑하게 될 때 하나가 될 수 있기 때문이다. 생각의 넓이나 깊이, 생각-함의 사유 방식과 행위는 서로 다를지라도 사랑 안에 녹아들면 그 지평을 공유할 있게 된다.

생각은 자신의 삶의 지평에 따라서 달라질 수 있지만 사랑은 어떠한 지평이라도 넘어서서 자신을 나타내기 때문에 다른 생각, 입장, 주의, 주장을 넉넉하게 품을 수 있다. 따라서 종교는 사랑 안에서 윤리적 이성을 가지고 대화하고 소통할 수 있어야 한다. 그렇게 될 때 모두가 하나가 되는 새로운 종교를 탄생시킬 수 있을 것이고 새로운 세계로의 변화가 일어날 수 있을 것이다.

어떤 그리스도인이 자신의 신앙고백이 진리라고 믿는 동안에는 다른 신앙을 고백하는 자에게 다른 식으로 대할 수 없다는 것은 의심할 여지가 없다. 따라서 경쟁하는 두 종파가 불신앙에 대항하여 서로 연합을 도모한다면, 그들은 그것으로써 이미 불신앙과 죽음이 자신의 심장부에까지 파고들어 왔음을 선언하는 셈이 된다.[179]

사르트르의 관점에서 본
함석헌의 종교적 에크리튀르와 아나키즘

현재의 자기 존재에서 결여되어 있는 존재를 자기의 미래 존재, 또는 존재 가능성으로 투사하면서 동시에 자기 세계를 정립하게 되고, 투사된 자기의 존재 가능성을 실현하려고 할 때, 즉 현재의 자기 존재를 극복하고 미래의 가능적 존재와의 합일을 시도할 때, 현재의 자기 세계를 재조직(reorganize)하지 않으면 안 된다. 그리고 이러한 세계 개조는 인간의 경우에 관한 한 언제나 신체를 매개로 해서만 실현될 수 있다. 이것이 구체적인 의미에서 행동이다.[180]

1. 종교 비판가로서의 함석헌

사르트르는 "모든 철학은 실천적이다. 처음에 지극히 관조적으로 보이는 철학조차도 그렇다. 철학의 방법은 사회적이고 정치적인 무기이다."[181]라고 말했다. 이처럼 종교를 비판함, 즉 종교비판철학은 단순한 부정적 인식을 넘어서, 종교 현상 및 종교 문제를 이성적이고 합리적으로 접근하면서 올바른 신앙 인식과 실천을 모색하는 것이라 볼 수 있다. 그런데 함석헌에게 있어 비판이란 단지 이론적 비판이나 현상적 비판이 아니라 충분히 앙가주망

(engagement)이라 말할 수 있는 성격을 지니고 있다. 또한 사르트르가 "인간은 우선 주체적으로 자기의 삶을 살아가는 하나의 기투(企投, projet)인 것입니다. 이 기투 이전에는 아무것도 없습니다. 인간은 자신의 삶 속에서 자기 자신에게 앙가제하며 자신의 모습을 그려냅니다."[182]라고 말한 것처럼, 미래를 향해 자기 자신을 던지면서 동시에 자기 자신과 현실의 문제에 대해서 앙가주망을 한다는 측면에서 볼 때 함석헌의 비판 자체는 이미 어떤 개혁과 실천으로 나아가게 한다. "진리는 귀 있는 자만이 받는 양식이다."[183]라는 그의 말이 암시하듯이 성서적 진리가 신앙의 기분을 불러일으키는 것이 아니라 그것을 공감하는 독자들, 혹은 청자들, 그리고 철저하게 사회 · 종교 비판과 연관된 해석학적 반성을 시도하고 있는 것을 알 수 있다.

악 중에 가장 두려운 악은 스스로 악임을 의식치 못하는 악이다. 사회의 암흑면에 숨어서 눈을 숨겨가며 하는 위선은 아직도 용서할 점이 있으나, 위선을 하며 위선으로 생각하지 않고 정당한 것으로 알고 자타가 인허하여가는 세대는 멸망의 길에 들어간 것이다. 이렇게 생각할 때 우리는 조선을 위하여 오직 한 사람이라도 있어서 그 불의를 통리하고 질책해 주었으면 한다. 이제 삼천리 안에는 허위뿐 아닌가. 이 백성은 거짓말하는 백성이 되어버리고 말지 않았나. 아첨하는 백성이 되어버리고 말지 않았나. 귀를 돌려 사회로부터 들려오는 소리는 왈 운동, 왈 획책, 왈 수단, 왈 사교 등등이 아닌가. 관리는 나라의 것을 투식하고 백성은 사회의 것을 도적하고 실업가는 투기가요 교육자는 어르는 엿장수요 종교가는 속이는 마술사가 아닌가. 어디 진실을 위하여 희생되었다는 일개의 소식을 들은 적이 있나.[184]

위에 있는 함석헌의 비판은 오늘날의 사회, 종교, 인간의 문제들을 잘 짚어주고 있다. 그는 「시편」 12편을 해석하면서 인간의 위선, 허위, 도적질, 투기, 마술적 속임 등을 지적한다. 특히 종교가 처한 현실적 난관은 어쩌면 인간의 순수한 본질을 추론하고 그것을 위해서 어떻게 성스러움을 체현할 것인가를 고민하기보다는 오히려 세속화라는 자기모순에 빠져서 헤어 나오지 못하는 데 있다. 그 대표적인 현상이 바로 '속임'이다. 진리를 가장하여 진리 그 자체를 왜곡하고 자의적인 해석에 따라서 신자를 거짓의 세계로 인도하여 자본화되어 가고 있는 것은 분명히 '속임', 즉 신자의 속사람, 종교의 내면세계를 속임으로써 가능한 일이다. 그렇다면 함석헌은 속사람의 본래성을 무엇으로 보는가. 그의 말을 따라가 보자.

> 하나님은 우리의 집이다. 만대에 변함없는 우리 집이다. 영원하고 전능한 하나님이 인생의 안거처(安居處)라는 생각은 놀랄 만한 사상이다. 맘이 겸허한 자는 초당에 사는 것이요, 맘이 부화교만한 자는 화려한 집을 짓는 것이다. 그리고 보면 집은 사람의 겉이 아니요 속이다. 인생이 그 속을 끄집어내어 집으로 쓰고 산다. 하나님을 집으로 삼는 자는 사실은 하나님을 속에 모시고 그 성전 노릇을 하는 자다.[185]

종교가 인간의 속을 속이고 있다는 것은 속의 본질인 신을 속이고 있는 것이다. 인간의 속은 신이 거처하는 집이기 때문에, 신을 더럽히는 것과 다르지 않다. 여기에서 우리는 다시 한 번 신앙의 본질을 묻지 않을 수가 없다. 그것은 "단순히 종교형식을 변하는 일이 아니요, 사상전환을 하는 것만이 아니요, 도덕행위를 개선하는 것만이 아니다. 실로 사는 세계를 바꾸는 일이다. 한 세계에서 다른 세계로 옮겨가는 일이다. 적어도 그 새 세계의 백성이 되겠다 약속하는 일이다. 신앙의 반면은 고난이다. 고난인 이유는 그것이 장차 오는 세계로 옮겨가기 위해 이 세계를 지나가는 것으로 단정하고 거기 대하여 싸움을 개시하는 일이기 때문이다."[186] 세계 변혁과 새로운 세계로의 전환을 가능하게 하는 것이 신앙의 본질이고 예수를 주로 고백하는 것이라면 이 또한 신앙이 관념이 아닌 생활세계의 구체화된 탈바꿈, 안주하려는 지금의 안일함에서 벗어나는 생성적 자기 분투임에 틀림이 없다. 그러므로 "자기 투사(자기 기투, projet/projection)는 항상 동시에 자기 실현을 수반하며 세계 정립은 항상 동시에 세계 개조를 동반한다."[187]

　신앙은 속이는 주체와 속임을 당하는 대상과의 끊임없는 전투와 다르지 않다. 속을 속임으로써 초월자의 거처가 오염된다는 것은 결국 새로운 세계를 가능하게 하는 신앙의 잠재적 능력의 상실을 의미한다. 이를 극복하기 위해서는 다시 신앙을 생각-함이라는 근본의 자리를 항상 살피는 것이 중요하다. "그래서 그를 깊이 생각하라고 한다. 깊이 생각하라는 것은 심적 노력을 명하는 말이다. 복음은 들을 것이나, 듣는 것만으로 신앙은 일어나지 않는다. 인생은 심적 노력을 요한다. 식물(食物)을 씹듯이 진리는 씹지 않으면 안 된다. 고로 예수를 깊이 생각할 필요가 있다. 깊이 생각할수록 그리스도는 점점 더 우리 영혼을 정복하시게 된다."[188] 책임이 있는 종교인, 혹은 그리스도인이 된다는 것은 그만큼 그리스도를 생각-함으로써 그리스도 안으로 자기 자신을 기투하는 것을 말한다. 그것은 신앙을 통해 자기 자신에 대해서 비판적이면서 동시에 자기 자신에 대해서 책임을 지는 것이다. 다시 사르트르의 말을 인용하면, "우리가 인간은 자기 자신에 대해서 책임이 있다고 말할 때… 이 말은 인간은 모든 인간에 대해서 책임이 있다는 것을 뜻합니다. 인간은 선고받았습니다. 왜냐하면 인간은 그 자신이 스스로를 창조한 것이 아니기 때문입니다. 하지만 다른 한편으로 인간은 자유롭습니다. 왜냐하면 그 자신이 세계 속에 던져진 이상, 인간은 자신이 하는 모든 것에 대해서 책임이 있기 때문입니다."[189] 비판이 비판다울 수 있으려면 현상에 대해서 정확한 이성적·신앙적 잣대를 가지고 가르고 판단하는 것도 중요하지만, 그에 대해 분명한 자기비판과 함께 그리스도 안으로의 기투를 통한 자유로운 실존적 행위가 동반되지 않으면 안 된다. 그래서 철학도, 신앙도, 종교도 머물지 않고 새로운 세계를 그리며 나아가는 운동의 성격을 띨 수밖에 없다. "철학은 사회적 운동 속에서 태어났기 때문에, 그 자체가 운동이며 또한 미래에 대해 작용한다."[190]는 말은 이를 뜻한다.

2. 참여적 종교 작가로서의 함석헌

함석헌은 종교적 현상을 꿰뚫고 있었을 뿐만 아니라 종교적 렌즈를 통해서 세계를 깊이 인식한 사상가요, 강연자요, 작가라고 말할 수 있을 것이다. 특히 그를 작가, 종교적 작가라고 할 때, 그는 종교 문제를 비롯하여 사회·정치 등 여러 방면에 적극적으로 개입한 참여 작가임에 틀림이 없다. 글을 읽어 보면 그의 문체나 어투는 독자의 에토스와 파토스를 뒤흔드는 힘이 있다. 독자의 이성과 감정을 통해서 행동을 해야 할 것 같은 설득력이 있는 개념과 말의 느낌은 아마도 그가 삶의 세계와 현장을 벗어나지 않고 '바로 그곳'에서 일어나는 문제를 직시하고 본질적으로 사태를 파악하는 능력이 있었기 때문이다. 다시 말해서 그의 글을 대하는 독자는 '바로 그곳'이라는 시대성과 보편적 사유를 느끼고 공감하게 된다. 함석헌은 자신의 언어를 통해서 그 시대의 문제 속으로 독자를 인도하고 있는 것이다.

그런 맥락에서 철학자이자 참여 문학가라 할 수 있는 사르트르와도 잘 통한다. "작가라면 독자를 인도할 수 있다. 작가는 오막살이 한 채를 묘사함으로써 독자로 하여금 거기에서 사회적 부정의 상징을 보게 하고 독자의 분노를 자아낼 수 있을 것이다."[191] "작가란 '발언을 하는 사람'(parleur)이다. 그는 지시하고 설명하고 명령하고 거절하고 질문하고 탄원하고 모욕하고 설득하고 암시한다."[192] 작가의 발언은 행동이며 동시에 독자와 함께 어쩌면 독자에 앞서서 언어적 행위를 사건의 앞에다 던지는 것이다. 발화 행위가 곧 언어의 이상적 행위를 배태하고 있는 셈이다. 따라서 "언어를 사용할 때는 무엇인가 내가 수행하고 있는" 것이며, 고로 글을 쓴다는 것은 참여(engagement)하는 것이다.[193] 함석헌의 에크리튀르(écriture, write)는 사건을 관조만 하거나 사건 밖에 서 있는 것이 아니라 자신의 언어로 사건 속으로 들어간다. 함석헌의 말이다.

이 세상을 투시하면 하여 볼수록 느껴지는 것은 이것이 하나님에게 버림을 당한 문명이 아닌가 함이다. 하나님을 버린 것으로써 진보라고 생각하는 문명이 하나님에게 버림을 당한 문명이 아니고 무엇인가. 변론으로 책략으로 운동으로 해결하려고 혈안이 되어서 광분하는 이 문명이 하나님에게 버림을 당한 문명이 아니고 무엇인가. 우리 영혼은 극도로 위축되었다. 피곤해 있다. 죽음에 잠자려 한다. 이대로 있다면 영원의 사멸밖에 없다. 그때에 유일의 길이 있다. 광명과 생명, 힘의 근원인 하나님 당신이 그의 성안(聖眼)으로 우리를 보심이다. 그리하여 자비와 격려와 생기를 우리 위에 내려 부음이다. 다윗이 음침한 굴 속에서도 오히려 멀리 저쪽에 광명의 천지를 보았을 것과 같이, 우리도 새로 받는 영적 안광에 의하여 지평선의 저 건너편에 희미하게 보이는 광명의 땅을 안다. 진실로 이기는 것은 신앙이다.[194]

종교적 작가로서, 성서 해석학자(실제로 그는 비평학에 대해서도 조예가 깊었다)로서 함석헌은 「시편」 13편을 해석하면서 인간이 지금 영혼의 피로 상태에 있다는 것을 간파하였다. 그러면서 그는 자신의 언어를 통해서 새로운 길을 모색하는데, 그것은 성서의 초월자, 신의 깨우침, 신을 망각한 우매한 인간의 존재를 외면하지 않는 신의 눈으로 다시 인간을 일으켜 세울 수 있다는 희망이다. 또한 함석헌은 자신이 처한 현실을 눈감지 않고 어두운 시대적 상황을 마치 다윗의 신앙과 비교하면서 신앙적 기도가 새로운 세계를 열어 갈 수 있음을 가르친다. 사르트르가 "작가는 길잡이", "정신적 지도자"[195]라고 하였는데, 바로 그런 면에서 함석헌은 자신의 성서적·신앙적 개념을 통해서 독자를 계도하는 지도자이다.

이스라엘은 생각하기를 천하만고에 모세의 우(右)에 나갈 인물은 없다고 하였다. 그런 고로 하나님의 사람이다. 국가의 영예는 국가를 독점하려는 애국자에게 취(取)케 하라. 민족의 앙모는 민족을 전매하려는 지도자에게 가지게 하라. 세상의 추대(推戴)와 우중(愚衆)의 아첨은 사회를 속이고 민중을 강압하는 사상가·정치가에게 맘대로 탐케 하라. 그리고 그 아우성소리 속에 티끌처럼 높이 떴다가 티끌처럼 사라지게 하라. 우리는 모세와 함께, 또 그를 존경할 줄 알았던 옛날 이스라엘인과 함께 하나님의 사람으로서 무상(無上)의 영광인 줄 알고, 그것을 얻기 위하여 저로 더불어 애타는 기도에 힘쓰리라.[196]

앞에서 말한 것처럼 참된 글은 선동이 아니라 설득에 있다. 무엇보다도 성서의 진리를 열어 밝히는 사람은 진리의 세계를 언어와 개념을 통해서 보여 줄 수 있어야 하는데, 그런 의미에서 성서의 해석자 혹은 성서의 진리를 자신의 언어로 성찰하는 사람은 종래의 세계를 넘어서 새로운 이상 세계를 그려야 한다. 작가는 현재를 비판하고 미래의 희망을 제시한다. 현재를 가리키지만 현재를 가리키는 것은 미래를 가리키기 위한 자신의 잠정적인 시선에 지나지 않는다. 작가는 더 멀리 본다. "작가란 세계와 특히 인간을 다른 사람들에게 드러나 보이기를 선택한 사람"[197]이기 때문이다. 작가는 장차 도래할 세계를 어렵사리 표현해 낸다. 긴장과 기대, 그리고 두려움 속에서 새로운 세계를 기다린다. 씨올은 그것을 어떻게 읽어야 할지 알지 못한다. 그래서 작가는 우리에게 그 세계를 읽을 수 있는 혜안을 열어준다.

장차 온다는 것은 시간적으로 미래라는 뜻만이 아니다. 현존하는 질서에 대한 새로운 질서라는 말이다. 그는 반드시 후에 오는 것이 아니요 도리어 깊은 의미로 하면, 이 질서의 세계보다 먼저 있는 질서의 세계라 할 수 있다. 예수는 이 세계를 인간의 역사 안에 이루기 위해 오셨다. 이는 자연물과 같이 시간에 속하는 세계가 아니요 정신에, 양심에 속하는 세계다. 고로 하나님이 인간을 빼어 만물의 왕자로 세우시는 것은 그 영성 때문이요 그 도덕적인 것 때문이다. 그리고 이것은 무엇을 의미하느냐 하면, 하나님은 이 세계를 영적으로 도덕적으로 완성하신다는 말이다. 여기가 문제의 핵심이다. 장차 오는 세계는 영적으로 도덕적으로 완성된 세계다.[198]

새로운 세계는 새로운 창조를 일컫는다. 그것은 이 세계가 아니라 전혀 다른 새로운 질서의 세계, 양심과 도덕이 실현된 세계다. 그 세계를 행간을 통해서 아니면 세계를 인식하면서 읽어낼 수 있도록 만들어 주는 것은 작가의 역량에 달려 있다. 함석헌은 자신의 글과 강연, 에크리튀르를 통해서 형이상학적 세계만이 아니라 실천적으로 구체화되는 세계를 지시한다. 그러기에 함석헌의 글을 통해서 우리가 얻는 것은 새로운 정신의 창조, 새로운 정신세계가 창조되고, 새로운 세계의 상상력이 만들어짐으로써, 초월적 존재가 궁극적으로 만들려고 하는 새로운 세계 속으로 몰입하고 참여하도록 준비시킨다. 사르트르가 "창조는 오직 읽기를 통해서만 완성"[199]된다고 말한 것을 그런 차원으로 알아들을 수 있을 것이다. 작가의 의식적 활동은 거기에서 그치지 않는다. 그의 참여적 글쓰기는 현실 사회 문제가 종교적으로 어떤 연관성을 갖는지를 살피고 우리로 하여금 반성·성찰하게 한다.

참 안식은 하나님의 안식이다. 인간의 연구 노력으로 인간끼리 만든 것이 아니요 하나님이 계신 곳에 있는 안식이다. 사람은 아무런 일을 해도 자기를 안식의 사람으로 만들 수 없다. 현대문명에 가장 결핍된 것은 안식이다. 어디를 가든지 불안과 초조와 의혹이다. 세계 전쟁이 일어나서가 아니다. 이것이 있어서 전쟁이 일어난 것이다. 고통과 싸우면서 일하다가 일터에 거꾸러지는 것이 인류의 이상이다. 노동문제는 지극히 깊은 문제다. 노동문제의 변형된 것이 경제문제요, 식민지문제요, 외교문제요, 전쟁이다. 노동문제를 해결하는 자가 세계 인류문제를 해결하는 자다. 그리고 그것은 안식의 이상을 가진 자만이 할 수 있는 일이다.[200]

틀림없이 "작품은 반성적 의식의 계기"[201]이다. 하나의 글을 읽는 순간, 이성과 신앙은 반성이 일어난다. 함석헌의 글의 매력은 독자로 하여금 단어와 문장, 행간을 대할 때 추동하는 정신적 에너지의 발산이라 할 수 있다. 아래의 글을 보라.

> 눈을 들어 세계를 응시하라. 일장의 난무가 아닌가. 식자는 현대를 가리켜 "문명의 일대 위기"라고 한다. "이 추한 문명" "문명의 몰락" "문명의 구조"(救助) "문명의 가는 곳" 이런 말들이 존경할 만한 사람들의 입에서 자주 나온다. 이제 이 시대는 로마 제국의 붕괴 시대에 비함을 받는다. 타락, 혼란, 난맥, 이완의 시대다. 그 가운데 모든 가슴은 점점 절박해오는 일대 세계혁명을 예감하고 있다. 고로 이제 저들에 대하여 가장 필요한 일은 어디로 향하여 확실한 제일보를 내딛을 것인가 하는 것이다.[202]

"작가가 도처에서 만나는 것은 오직 자신의 앎, 자신의 의지, 자신의 기도이며, 요컨대 자기 자신이다."[203] 시대와 자기 자신의 실존을 기술한다는 것은 언어를 통한 사태의 본질 직관이나 본질의 심연과 만나는 것이고, 결국 자기 본래성과 조우하는 작가의 자기 관찰과 자기 기술이다. 그뿐만 아니라 작가는 현실 속에 자신의 의식을 투영함으로써 현실에 의미를 부여하고, 현실에서 이상으로 나아가고자 하는 부단한 붓놀림으로 일정한 세계를 가리킨다. 그것을 존재의 발견이자 의미 부여자라고 말할 수 있는 바, 작가의 의식 세계는 현실이 갖고 있는 문제의 세계를 저항하면서 이상화하거나 초월하려는 이미지를 드러낸다. 작가 자신이 현대 문명을 진단, 비판적으로 보면서 가고자 하는 삶의 목적을 개념화하거나 표현하는 것이 바로 그 이유이다. 작가는 이 세계를 비본질적인 것으로 묘사함으로써 그 세계가 인간에게

낯설다는 것을 강조한다. 그로 인해 독자는 작가의 시선과 반대 방향을 보고 있다는 것을 느끼게 되고 자신의 세계 경험이 비본질적이라고 판단하게 된다. 그러므로 작가의 세계 경험은 낯선 비본질적 존재로부터 본질적인 존재로 회귀하려는 의지를 작품에 담아냄으로써 독자로 하여금 본질적 세계 경험을 가능하도록 해 준다.[204]

변광배는 이것을 "글쓰기를 통한 구원"이라고 말하면서 독자의 읽기 행위 역시 새롭고도 독창적인 창조 행위로서 그의 행위가 작가에 의해서 인도된 행위, 작가의 뒤를 따라감, "인도된 창조"(creation dirigee)라고 규정한다.[205] 작가의 글의 흐름, 개념, 사고의 추론과 논리, 비판적 밑그림 등으로 말미암아 독자는 자신의 삶의 세계, 종교 세계를 초탈하고 무관심할 수 없다. 왜냐하면 작가는 독자에게 본질 세계, 이상 세계로 향할 것을 명령하고 비본질적 세계를 폭로하여 삶의 세계, 종교 세계를 변혁하라고 참여 의지를 생성 · 독려하기 때문이다.[206] "철학은 창조적 비극의 추억을 감동시키기 위하여 참여문학에 해소해야 한다. 연극, 소설, 영화는 잠들어 있는 자유를 다시 깨어나게 한다."[207] 우리가 로비네(Andre Robinet)의 말을 편견 없이 받아들인다면, 함석헌은 자유를 위한 참여문학가로서 종교적 참여의 에크리튀르를 선도한 인물이라고 평가해도 손색이 없을 것이다.

3. 무교회(주의)적 담론에 대한 종교적 아나키즘의 해석학

함석헌은 종교적 제도와 체계화된 종교를 멀리하고 신앙(인)의 자유를 위한, 오로지 신 앞에서 단독자로서의 신앙을 갈구하였기에 무교회(주의)로 나아갈 수 있었다. 그것은 종래의 종교관 혹은 교회관이나 신앙관에서 벗어나

좀 더 새로운 이상적인 종교 공동체를 꿈꾸었다고 볼 수 있다. 그는 「시편」 44편 22절을 해석하는 대목에서 다음과 같이 말한다. "'주를 인하여'다. 고난의 원인은 주에게 있다. 내가 고난을 당함은 나를 인하여서가 아니고 주를 인하여서다. 내 죗값으로도 아니요 나를 시련하기 위하여서도 아니다. 주 자신에 그것이 필요하므로, 즐거움으로 그렇게 하고 싶으므로 하시는 것이다. 그것이 무리라도 별수 없고, 포악이라도 별수가 없다. 만유이 주 저 자신이 내게 고난을 주고 싶으므로 주신다는 것이다. 단념이라면 단념이요, 실혼(失魂)이라면 실혼이다. 노예의 신앙이라고 매도하는 이가 있는가. 과연 노예의 신앙이다. 여호와 하나님의 종교가 노예의 종교임을 지금 와서야 안다면 너무 늦은 깨달음이다. 그러나 이상한 것은, 노예의 신앙을 가지고 부복할 때 아들의 영이 우리 맘에 충만하여짐이다. 자유와 희망과 확신을 얻는다."[208]

기존의 그리스도교에서는 그리스도교 자신을 "노예의 종교"라고 표현하지 않는다. 이런 개념 자체가 정통적 그리스도교 신앙 개념의 해체라고 말할 수 있는데, 그럼으로써 그는 신앙의 자유, 체제적 교리와 신앙과는 다른 해석을 내놓는 과감한 자유 신앙을 선언한다. 하지만 그것이 자기 자신만의 신앙적 자유로움, 신앙적 해방을 위함이었을까? 사르트르의 말을 들어보자.

나는 자유는 각각의 구체적인 환경을 거쳐 가면서 오로지 자유 자신을 원하는 일 말고는 다른 목표를 가질 수 없다고 선언합니다. 인간은 그가 홀로 남겨진 상태에서 그 자신이 가치를 제기한다는 사실을 깨닫기만 하면, 그 순간부터 인간은 단 한 가지만을 원할 수밖에 없게 됩니다. 그가 유일하게 원할 수 있는 한 가지, 그것은 모든 가치의 바탕으로서의 자유입니다. 이 말은 단지 자기를 기만하지 않는 인간의 행위는 그 모습 그대로의 자유에 대한 추구를 자기 행위의 궁극적인 의미로 삼는다는 것을 뜻합니다. 그리고 이처럼 자유를 원하면서, 우리는 우리가 원하는 자유가 타인들의 자유에 전적으로 의존한다는 사실, 아울러 타인들의 자유 또한 우리의 자유에 의존한다는 사실을 발견하게 됩니다. 확실히 인간에 대한 정의로서의 자유는 타인에게 의존하지 않습니다. 그러나 앙가주망이 발생하는 그 순간부터 나는 나의 자유를 원하는 동시에 타인들의 자유를 원하지 않을 수 없으며, 또한 타인들의 자유를 목적으로 취할 경우에만 나의 자유를 목적으로 취할 수 있습니다.[209]

자유로운 신앙, 거칠 것이 없는 신앙은 모든 씨올 자신을 위한 탈 구축적 해방의 신앙이다. 이것을 이른바 종교적 아나키즘(religious anarchism)이라고 말할 수 있는 것은 자신의 자유뿐만 아니라 타인의 자유까지도 담보될 수 있는 상태의 자유로운 신앙, 과거의 형태와 속박 체제와는 완전히 다른 자유로운 공동체적 신앙을 추구하기 때문이다. 물론 여기서 말하는 공동체는 또 다른 구속 가능성의 조건이 있는 공동체를 말하는 것이 아니다. 적어도 자기 자신과 타인의 이성과 신앙을 기만하지 않을 수 있도록 만드는 자유로운 합의와 의사소통, 그리고 신앙의 존중이 이루어지는 자율 공동체를 일컫는 것이다. 이것이 바로 함석헌이 말하는 "노예의 종교"라는 말이 부정적으로 들리지 않는 이유이다. 자율적 신앙 공동체는 어느 누구에게도 부복하거나 굴종하는 것이 아니라 오직 초월적 존재에게만 고개를 숙이는 평등 공동체일 수밖에 없다. 현실에서 겪는 신앙의 고통과 고난의 경험이 인간과 인간의 관계에서 빚어지는, 혹은 교회 공동체의 수직적 체계 내에서 벌어지는 삶의 질곡이 아니라 초월자와의 관계성에서 고백적 성격으로 드러나는 개인의 자유로운 신앙 결단은 모두가 초월자 앞에서는 노예가 된다는 신앙적 평등성을 강조한 것이다.

사실 함석헌이 말하는 무교회적 신앙이란 "그리스도"라고 하는 존재 이외의 어떤 것도 강조해서는 안 되는 것이다. 예배나 집회 등에 대해서 어떤 이름을 부여해도 상관이 없다고는 하나 이름을 붙인다는 것은 고착화된 형식주의나 제도, 체제로 나아갈 수 있는 가능성이 있기 때문에 이 또한 경계를 해야 할 것이다. 아마도 그가 "주의"(ism)를 사용하지 않은 것도 그것을 염려해서 일 것이다. "신앙의 이상주의 그것은 무엇이냐, 무교회 이외의 아무것도 아니다."[210]

사르트르에 의하면, 인간은 가능성의 존재이다.[211] 자신의 의식을 통해서 자유롭게 결단할 수 있는 존재, 그는 확정된 존재가 아니라 늘 열려 있는 존재이며 하나의 가능성으로 남아 있는 존재이다. 교리나 체계, 제도에 의해서 묶여 있는 종교 안에 있는 종교적 인간은 이미 확정된 존재이자, 고정된 존재로서 불가능성의 존재라고 말할 수 있다. 고착화된 종교인은 자기 자신이 자유로울 수 있는 가능성은 위험이라 생각할 뿐만 아니라 불가능한 가능적 존재로 돌아설 수 있는 용기조차도 가지고 있지 않다. 하지만 종교적 아나키즘을 표방하고 신 이외에 자신을 속박하는 일체의 모든 것으로부터 탈피하고자 하는 존재는 그야말로 타율이 아닌 자율의 결단과 행동이 일어날 가능성의 존재임이 분명하다.

나아가 "자유는 의식 존재의 속성이 아니라 바로 의식의 존재 그 자체이며, 의식 존재의 본질이다."[212] 신앙의 본질과 자유, 그리고 인간 자신의 자유를 갈망하고 참된 신앙을 지속적으로 되묻는 현존재의 신앙 공동체인 무교회를 또 하나의 종교 변주곡으로 받아들일 수는 없는 것인가? 신앙 의식을 가진 현존재의 자기 의식을 투영하고 전체의 종교와 어울림 속에서 빚어진 자기 반성의 산물로서 볼 수는 없는 것인가? 체제적·제도적 종교는 '무교회적'이라는 형용사적 표현이 갖고 있는 종교의 무성(無性), 불인정, 몰인정, 거부라고 몰아붙이지만 정작 무교회야말로 가장 그리스도(교)에 가까운 신앙 의식을 가진 공동체라고 봐야 할 것이다. 함석헌이 '무교회주의'라는 이념적 성격의 이름 붙임을 허락하지 않은 것은 그리스도라는 신앙 인물, 가장 완벽한 인간의 원형인 그리스도 이외에는 어떠한 인위적인 것도 배제하겠다는 명백한 신앙적 선언으로 보면 어떨까? 설령 그에 대한 두려움과 트라우마가 교회 공동체를 끊임없이 거북하게 만든다고 하더라도 그들의 행동존재론이 교회가 순수한 신앙 의식과 교회 본질을 지켜나가는 변증법적인 긴장감을 주는 역할을 한다면 또 다른 신앙 의식과 건강한 신앙적 상상력을 수용해도 좋지 않을까. 그리스도교의 신앙 지평의 무한한 열림과 자기완결성을 위해서라도 말이다.

종교 간 고통에 대한 해석학적 성찰과 유동적 종교

1. 유동적(liquid) 종교를 위한 함석헌의 사유 방식

우리나라는 다양한 종교들이 공존하는 현실임에도 불구하고 각각의 종교들은 그에 대한 깊은 인식을 별로 안 하는 것 같다. 다시 말해서 현재의 종교 간의 공존이 얼마나 다행스러운 일이며 긍정적인 것인가를 간과하고 있는 것이다. 여기에다가 조금 더 들어가서 각 종교의 내적인 삶과 교리로 연결하여 생각하면 표면상으로는 서로를 인정하고 있는 것 같아도 실상은 매우 배타적인 것을 볼 수 있다. 각 종교의 전통과 관습, 그리고 교리와 신앙적인 삶의 양식을 존중하면서 겸허하게 자기 종교를 객관화하기보다 종교 그 자체에 갇혀서 타자의 종교를 바로 보지 못하는 것이다. 전통과 전통의 대결, 다른 신앙 언어와의 차이로 인한 편견 등을 접하면 각 종교가 갖추어야 할 종교의 개성화(individualization)가 이루어져 있지 않은 것 같은 인상을 받는다. 적어도 성숙한 종교라면 이웃 종교와 대면할 때 고체적(solid) 상태를 유지하여 갈등과 폭력, 그리고 고통을 양산하기 보다는 유동적(liquid)[213] 상태를 유지하며 서로 점액질적 관계를 형성하는 것이 올바르다 할 것이다.

하지만 정작 종교 현실은 그렇지 못하다. 언제 폭발할지 모를 종교적 폭력과 테러, 그리고 살해의 위기에 직면한 것이 우리나라의 모습이라고 보면 과장된 이야기는 아닐 것이다. 앞에서 말한 것처럼 전통이나 신앙, 그리고 언어와 전례의 차이가 있을지라도 종교가 본연의 목적과 역할에 충실할 수 있다면, 그것들은 차후의 논의 과제로 해도 될 것이다. 왜냐하면 지금은 우리나라를 비롯하여 전 세계가 안고 있는 정치, 경제, 인종, 환경, 원자력 등의 문제에 해방적 관점을 가지고 협력해야 하기 때문이다. 종교는 다양한 지구 문제에 대해서 서로 연대하고 협력하는 실천을 해야 하고, 해방적 이론을 공유해야만 한다. 비록 각 종교가 서로 다르다 할지라도, 그래서 서로 유일하지만, 지구의 상황에 직면해서는 서로 함께(with)할 수 있어야만 한다.[214]

신앙의 근원적 토대, 근원적 신학, 혹은 근원적 철학은 '초월자의 일하심' 이다. 초월자의 일하심의 현실로 인해서 교회가 정체되지 않고 살아 있는 유기체적 존재와 생명체적 존재가 될 수 있는 것이다. 함석헌이 말하듯이, "예수의 하느님은 영원히 일하는 하느님이요, 예수의 인생도 영원히 일하는 인생이다."[215] 그리스도교의 인간학적 차원에서 인간의 활동과 삶의 신앙, 그리고 철학적 근간은 하느님의 자기 활동성과 예수의 자기 행위에 있다. 종교의 신앙적 지평은 생성하는 힘에 의해 자신의 부패를 방지하고 운동하고 또 운동함으로써 순수성을 위한 탈출구를 마련한다. 교회 안에서, 나아가 삶과 자연, 우주 안에서 일하시는 초월자, 그리고 뜻이신 예수로 인해서 구원이 현재한다.

궁극적으로 구원의 현재성은 '뽑힌 자들'(에클레크토이스)이 되는 것이다. 뽑힘, 즉 선택은 부분을 생각하지 않는다. 그리고 뜻에 초점을 맞춘다. 뜻은 자기 비판이면서, 자기의 본래성의 확인이다. 뜻은 밑바탕에 흐르는 정신이

자 붙들어야 하는 척도이다. "한 번 뽑히고 날 때 나의 의미는 전체에 있게 된다. 저는 맛에 살지 않고 뜻에 살게 된다. 자기는 유한하면서 무한에 참예하게 된다. 비로소 윤리적이 되고 정신적이 된다. 이상에 살고 자기 초월을 하게 된다."[216] 뜻을 자기 과업과 운명으로 받아들이는 사람은 무한을 생각하고 윤리와 정신을 존재 의미의 근거로 보며 자기 초월을 가능케 하는 진리로 산다. 따라서 뜻의 발견은 행위의 자발성을 위한 필연적인 전제조건이다. 종교의 토대는 뜻, 곧 바탈(바탕, 근본 본성)을 발견하여 그 뜻을 통하고 교감하며 나누는 데 있다.

함석헌에게 바탈은 고정된 실체가 아니라 변화·생성하는 마음, 사유의 본체이다. 이른바 유동적 종교, 유동적 철학의 바탕이 되는 것으로, 그는 인간을 '나그네'라고 규정하면서 그것의 성격을 다시 한 번 확정한다. 나그네야말로 종교적 삶에서 추호도 의심할 수 없는 인간 실존의 규정이요, 한계라고 말할 수 있다. 나그네·순례자로서 유동하는 존재는 자신의 행위 규범의 바탈을 찾아서 보편적 인간의 상호작용의 원칙으로 삼는다. 보편적 인간에게 유동하는 바탈은 고유하면서도 생성·변화하기 때문에 소유적 실체가 아닌 공통된 실체요 통일된 실천을 가능케 하는 근거다. 따라서 그것은 대상화할 수 없는 인간의 표현성이면서 동시에 종교적 인간(homo religiosus)의 주체적 정신이다.

하지만 바탈은 타자를 소외시키지 않으면서 타자의 바탈로 흘러 들어가는 운동성을 지니고 있어서 현재적 미메시스적 구원을 이룬다. 나그네의 바탈은 과거로 흘러 들어갈 잠재성과 미래로 기투할 잠재성을 동시에 지니고 있지만 그 실체의 성격상 타자와 함께 점액질적 구원을 무한한 형식으로 취한다. 그래서 함석헌은 "저를 헤매는 존재로 보는 순간 돌아가 뵘 길(巡禮)이 시작되고 그 길은 마침내 아버지 품에 이르고야 만다. 그러므로 인생은 언제나 자기를 나그네요 헤매는 자로 규정해서만 제 본 바탈을 찾아 구원을 얻을 수 있다. 하늘은 바다를 버리고 오른 구름만이 볼 수 있다."[217]고 단언한다. 그뿐만 아니라 "삶이란 참말 거친 바다에 한바탕 배질이다."[218] 여기에서 인간 실존의 유동성과 아방가르드를 엿보게 된다. 종교가 삶을 해석하고 의미를 부여해 주는 한, 인생이란 바탈의 자기 실현을 위한 길에서는 위험과 위기가 있음을 직시하게 해야 한다. 유동하는 삶, 유동으로 인한 바탈의 불확정성은 곧 자기 실존의 한계를 인식하면서 형이상학을 염두에 두고 자기 주체 정신의 유동성과 화해한다. 이것은 더 나아가서 타자의 바탈 또한 형이상학적 지반 위에 있을 수밖에 없다는 동정과 미메시스를 인정하면서 타자의 종교적 모범과 자신을 동일시한다.

이와 더불어 유동하는 인간, 유동하는 종교는 유동적인 인생의 아포리아 (aporia)에 대해 단지 종교 제국주의적으로 접근하는 것을 경계한다. 그 이유는 간단하다. "인생이란 그 어디서 왔으며 어디로 가는지를 모르는 것이다. 아는 것은 이 물결의 세상뿐이다. 늘 동요하는, 아우성치는, 다 보아도 속을 알 수 없는 이 바다뿐이다. 이는 불안한, 언제 빠져죽을지 모르는 이 세상뿐이다. '생'은 그 본질상 불안이요 위기다. 이 생이란 배탄 존재다."[219] 인생의 아포리아는 자신의 의식을 도구화할 수 없도록 하고, 타자의 의식을 지배하는 것을 포기한다. 그러면서 주체는 스스로 자연과 화해하고, 타자와 조화를 이루려는 경향성으로 바뀐다. 그런 의미에서 생의 유동성에 따른 불안과 위기는 타자의 이성과 종교로 편입되어 가고 종교적 자기 활동을 통해 이 사태 속에서 마비된 상호 주관성을 회복한다. 상호 주관성을 통한 유동성의 회복의 합리적 원인은 생에 대한 자기 의식과 자기 이해의 한계에서 비롯된다. 그 자신의 종교 감각조차도 거기에서 깨어나게 마련이다. "인간이 지껄이는 입술을 다물게 되는 시간에 하느님은 입을 여시게 된다."[220]에서 말하는 인간의 발언 불가능성과 포기 가능성은 초월자의 발언의 현실성이 된다. 이러한 의식의 변화는 신앙이 형성되어 가는 과정으로서 자신의 신앙 본질이 고착화(solid)되어 있다는 생각에서 벗어나서 액성으로서 삶을 생산하는 존재가 단순히 유동적 존재의 유한한 종교가 아니라 신이라는 것을 파악하기 때문이 아니겠는가. 유동하는 인간은 자기 스스로 생산을 할 수 없다. 오직 유동하는 주체인 초월자의 언표에 의해서만이 삶을 형성할 수 있다. 그러므로 인간은 그저 실존의 현실성을 초월자에게만 둘 수 있을 뿐이다.

하지만 "신앙이 들어갔다 하여 익일로 맘이 맑은 물 같아지는 것은 아니요 몸이 천사 같아지는 것도 아니다. 역시 어제나 변함없는 그 부족한 성격이요 그 고통의 사회생활이다. 그렇지만 안심하라는 것이다. 의미가 달라졌기 때문이요 주인이 변했기 때문이다."[221] 신앙이란 것도 유동(적)이다. 그것의 관계 맺음의 방식이 어떠하냐에 따라 의미가 달라질 뿐이다. 실존은 의미로 산다. 그것도 유동하는 의미로 살아간다. 사태에 대해서 위험과 위기, 불안과 좌절이 다가오더라도 유동이 존재의 염려를 희망으로 바꾸고, 없음을 있음으로 인식하도록 만든다. 신앙이 완성이나 완벽이 될 수 없다. 인간이 유동하는 종교를 통해 종교 이전의 유동하지 않는 존재를 만나고 삶의 사태, 즉 고통의 현실을 이해하게 될 때 인간 실존은 변하게 된다. 따라서 실존적 삶의 의미를 찾을 수 있는 모티프를 종교가 제시해줄 수 있는가, 그리고 종교와 종교 사이의 상호 유동성을 통해서 진실성을 확보할 수 있는가는 나그네로의 바탈의 유동성을 실천적 물음의 본질 자리임을 알리고 상호소통과 유동으로서의 한계를 직시한다면 자기 반성적 종교에 신의 있음을 볼 수 있을 것이다.

대중은 유동하는 인간, 유동하는 종교라 할지라도, 그래서 그 속에 오류가 있다 하더라도, 실존의 근거가 되는 바탈이 고체화되거나 초월의 표상이 되는 종교가 고체가 되는 것을 원하지 않는다. 하지만 지금의 종교는 리퀴드, 즉 유동의 가능성과 현실성을 인정하지 않는 게 문제다. 자기 합리화가 강하고 언표적 진리로 배타성을 띠는 종교는 자기 자신과 타자 모두를 막다른 골목으로 몰고 감으로써 탈출구를 찾지 못하고 헤맨다. 종교의 유동하는 철학과 신앙은 유연성을 전제로 한다. 그리고 상호 침투와 상호 스밈을 존재 본연의 성격으로 받아들인다. 유동성의 종교는 새로운 (정신적) 건축의 잠재성을 가지고 있다. 초월에로의 건축은 또 하나의 과제일 수 있지만, 신의 있음이라는 형이상학의 토대가 될 것이다. 종교와 인생의 한가운데서 새로운 세계가 건설되기 위해서라도 말이다.

2. 종교 간 고통의 해석학적 의미와 종교의 아스퍼거 증후군

종교가 자신의 본질을 왜곡, 상실하고 전쟁, 테러, 살인, 폭력 등 부정적 행위를 일삼아 왔다는 것을 부정하기는 어렵다. 그렇다고 종교가 내세우는 평화, 사랑, 자비, 인 등의 긍정적 가치를 실현시키지 않은 것은 아니다. 하지만 종교의 역기능적인 측면의 갈등과 폭력으로 인해서 인간과 종교는 고통으로 치닫는 역사를 경험하여 왔다. 지금도 종교와 종교 간의 갈등과 폭력, 심지어 전쟁이 난무하는 현상을 목도하면서 서로에게 상처와 고통을 안겨주고 있다는 사실을 묵과해서는 안 될 것이다. 존 헤이글(J. Heagle)이 말한 것처럼, 모두가 "고통을 당한다는 것은 육체적, 정신적, 혹은 감정적이고 영적인 아픔, 상처, 상실을 경험하는 것이다."[222] 이러한 종교적 고통의 현상을 단순히 신앙적으로 승화하기 위한 장치나 성숙의 기회로 삼는 것 또한 문제라고 생각한다. 종교 간의 갈등으로 인해서 겪게 되는 고통을 계기로 오히려 자신의 신앙을 실험대 위에다 올려놓고 검증하려는 것은 크나큰 착각이라는 점을 분명히 할 필요가 있다. 고통이라는 것을 "뭔가 잘못된 것이라거나 불의의 사건, 혹은 일종의 범죄로 여기는 감수성, 즉 고통을 고쳐야 할 무엇, 거부해야 할 무엇, 사람을 무력하게 만드는 무엇으로" 여기는 것도 문제이지만, 종교적인 관점이 그렇듯이 "고통을 희생에, 희생을 정신적 고양에 결부"시켜서 생각할 수만은 없을 것이다.[223]

종교적 불화로 말미암아 생기는 갈등과 전쟁은 분명 비윤리적이며 반인간적 행위임에 틀림이 없다. 그것에는 정당한 전쟁이라는 명분을 갖다 들이댄다고 하더라도 인간의 살해, 타자 살해(altericide)[224]에 대한 어떠한 종교적 해명도 유명무실하게 되는 것이다. 마치 타자에게 고통을 주다 못해 타자 살해로 나아가는 것이 초월자가 인간의 죽음을 즐기는 것뿐만 아니라 자신의 종교적 신념과 신앙을 증명하기라도 하듯이 할 수 없다는 말이다. "윤리문제를 더욱 심각하게 만드는 것은 너무나 많은 사람들이 자신들의 쾌락을 증가시키거나 자신들의 고통을 감소키기 위해서 비도덕적 행위를 하고, 결과적으로 다른 사람에게 고통을 가한다는 뜻이다. 모든 윤리적 갈등은 결국 나의 행복 증진이나 고통 감소가 다른 사람의 행복 감소나 고통 증진과 직접 혹은 간접적으로 연결되기 때문에 일어나는 것이다. 다른 사람의 비도덕적 행위가 나에게 고통을 주는 것처럼 나의 비도덕적 행위도 다른 사람에게 고통을 줄 것이다."[225] 자신의 종교가 중요하고 유일한 것처럼 타자의 종교 역시 동일하게 중요하고 유일하다는 인식을 가질 때 부지불식간에 저지르는 타자의 종교에 대한 비윤리적인 행위를 저지르지 않게 된다. 또한 자신의 종교적 쾌락을 증대시키기 위해서 타자의 종교적 쾌락을 앗아 가는 것 역시 고통을 안겨 주는 것이요, 온당치 못한 종교적 행위라는 것을 잘 알아야 한다.

손봉호 교수가 거듭 말하듯이, "쾌락은 사람이 능동적으로 선택할 수 있는 것이지만, 고통은 당하는 것이다. 쾌락은 적극적으로 추구하나 고통은 수동적일 수밖에 없다."[226] 고통을 겪고 싶은 사람이 누가 있겠는가. 인간은 본능적으로 쾌락은 즐기고 싶고 고통은 피하고 싶어 한다. 종교적 차원에서도 마찬가지다. 종교적 기쁨과 쾌락은 향유하고 싶은 능동적 감각이지만 고통은 완전히 수동적인 것으로 그야말로 '당한다'는 인식과 지각, 그리고 감각이 강할 수밖에 없다. 다시 말해서 종교적 고통은 설령 그것이 신앙적 성숙과 일련의 자기 신앙의 실험을 위한 수단으로 여긴다고 하더라도 적극적이거나 능동적이지 않고 과정적·결과적 성격으로서의 수동적 판단이나 인식이기 때문에 원하지 않는 사태로 볼 수밖에 없다. 그래서 고통이란 생활세계에서 공동체성을 띠기가 어렵다는 것이다. 히브리 민족의 특수한 신앙고백이 아무리 공동체적인 성격, 즉 "자기의 아픔을 가지고서 하느님의 아픔에 봉사하라."[227]는 명령을 띠고 있다고는 하나, 그 역시 개별적 주체성의 독특한 고백을 대변할 뿐이지 인간 공동체 일반의 특성을 나타낸다고 볼 수는 없다. 따라서 "고통에 있어서는 공동주체성이란 없고, 고통에 관한 한 생활세계는 원칙적으로 존재하지 않는다. 기쁨의 공동체는 있을 수 있으나 고통의 공동체는 원칙적으로 불가능하다. 고통은 외로이 당한다."[228]

나의 종교로 인해 타자의 종교가 고통을 받음으로써 고통의 공동체가 된다면, 자신의 종교는 적어도 스스로 신앙을 합리화하는 비윤리적인 종교임에 틀림이 없다. 타자의 살해를 즐거워하는 가학적 종교(sadistic religion)와 조금도 다르지 않기 때문이다. 이와 같은 인간의 악함에 대해 수전 손택(Susan Sontag)은 다음과 같이 지적한다. "우리가 타인과 공유하는 이 세상에 인간의 사악함이 빚어낸 고통이 얼마나 많은지를 인정하고, 그런 자각을 넓혀나가는 것도 아직까지는 그 자체로 훌륭한 일인 듯하다. 이 세상에 온갖 악행이 존재하고 있다는 데 매번 놀라는 사람, 인간이 얼마나 섬뜩한 방식으로 타인에게 잔인한 해코지를 손수 저지를 수 있는지 보여주는 증거를 볼 때마다 끊임없이 환멸을 느끼는 사람은 도덕적으로나 심리적으로 아직 성숙하지 못한 인물이다."[229]

그렇다면 이러한 현상이 일어나는 근본적인 원인은 어디에 있는가? 종교가 갖고 있는 보수성과 그로 인한 과격성에 있다. 보수적, 혹은 근본적인 신앙을 견지하는 종교 공동체일수록 자신의 신앙을 고수하는 배타성 때문에 타자의 살해를 아랑곳하지 않고 오히려 그것을 정당화한다. 그 수단이 폭력, 테러, 살해, 전쟁 등 어떠한 것이든 종교적 광기로 공동체의 정체성을 견고히 한다. "아마도 미국이 근본적으로 새롭게, 사실 그다지 새롭지도 않지만, 과격해진 가장 중요한 원인은 사람들이 흔히 미국이 지닌 보수적인 가치의 원인이라고 여기는 것, 즉 종교 때문일 것이다."[230] 우리나라의 종교적 과격성과 보수적인 가치가 어울리는 것 또한 미국과 크게 다르지 않다고 본다. 과격성이라는 것이 종교를 기반으로 하는 사고방식이 됨으로써 얼마나 편협하고 독선적일 수 있는지를 보여준다.[231]

이러한 종교적 고통을 방과(放過)하고 말 것인가? 종교는 서로 공감의 원칙에 따라 상대방의 종교가 의미 있는 존재라는 것을 인정할 수 있어야 한다(호모 엠파티쿠스). 그뿐만 아니라 타자의 종교는 나에게도 의미가 있는 존재라는 것을 받아들일 때 자신의 종교적 무지에서 탈출하고 종교적 본질과 실천을 재발견하는 기회로 삼을 수가 있을 것이다. 그래서 "인간을 결속시키는 것은 감정이입, 즉 공감이다. 인간은 감정이입을 통해 타인의 상황을 자신의 일처럼 느끼고, 원하고, 소망하고, 생각하며, 움직일 수 있다. 이와 같이 다른 사람에게 감정을 이입하는 공감이야말로 인간을 발전시키는 원동력이다."[232] 타자의 종교가 자신과 자신의 종교와 연결되어 있다는 감각과 감정, 타자의 종교는 보편적인 인간의 종교이며 동시에 자신의 종교 역시 보편적인 여러 종교 중에 하나라는 인식을 가질 때 이해와 공감이 싹틀 수 있을 것이다. 물론 타자의 종교를 존중하고 배려하며, 그것이 의미 있다는 것을 배우는 것이 일순간에 이루어질 수 있는 것은 아니다. 그렇기 때문에 더더욱 타자의 종교에 대해서 경직된(solid) 자세, 경계 태세를 갖추는 공격적 자세를 포기할 수 있어야 한다.

이보다 더 중요한 것은 타자의 종교에 대한 권리를 인정하고 고통이 말걸어오는 것을 외면하지 않는 것이다. "고통 받는 인간은 나 바깥에 엄연히 서서 나에게 도전하는 것이다. 그러므로 고통 앞에서 우리는 냉정하게 객관적 혹은 이론적이 될 수 없고 오히려 윤리적이 될 수밖에 없다. 다른 사람의 고통은 어떤 권리를 가지고 나에게 요구하면서 나의 의무를 일깨우고 나의 행동을 촉구하는 것이다."[233] 타자는 나에게 의무의 대상이자 돌봄의 대상이다. 타자의 종교는 자신의 권리를 인정하라고 외치고 독단과 독선, 그리고 경쟁과 몰이해를 통해서 고통을 남발하지 말라고 말한다. 종교의 이념보다 더 중요한 것은 타자의 종교를 자신의 종교와 분리시키지 말고 현실적이고도 이상적인 전망, 신의 빛 아래에서 사랑의 명령을 수행해 줄 것을 요청한다는 점이다. 그 무엇보다도 "고통당하는 사람은 구체적인 인간으로, 고

아와 과부의 얼굴로 우리 앞에 나타난다. 그 얼굴은 우리에게 호소하고 항의하고 심판하고 심지어 저주하는 얼굴이다. 그러므로 다른 사람의 고통을 우리는 거리를 두고 관조할 수 없다. 거리를 두고 관조하는 것은 레비나스의 지적대로 다른 사람을 나의 의식 속에 의미로 환원시켜 나에게 종속시키는 것이다."[234]

종교로 인한 상호 고통은 피해야 한다. 피한다고 하는 것은 적극적인 의미에서 상호 주관적인 얼굴을 제대로 파악하고 확인하는 것을 뜻한다. 갈등, 폭력, 테러, 살해, 전쟁 등의 부정적 수단을 통해서 타자를 소유하려고 한다고 해서 소유가 된다기보다 도리어 화해와 일치의 의사 형성 가능성을 완전히 잃어버리는 것이다. 지구적 실천의 동반자를 무한히 유보하고 적으로 대하는 태도는 타자의 종교가 영원한 약자의 얼굴로 다가올 때 강제적·강압적 수단으로 외면하면서 평화적 관계를 아예 체념하는 것이다. 따라서 고통에서 주이상스(Jouissance)로의 비약과 함께 원치 않는 고통의 영원한 제거를 위해서는 타자의 고통을 외면하지 않는 배려, 타자의 고통은 곧 나의 쾌락으로 인해서 발생한 것이라는 인식이 필요하고, 타자의 고통은 곧 나의 고통과 연결되어 있다는 인식이 절대적으로 요구된다.[235]

3. 현대 종교에서의 신 죽음의 현상

하버마스(J. Habermas)는 종교의 사회적 통합력이 이성의 계몽 과정에서 이성의 능력과 이성의 비판정신에 의해서 그 기능이 마비되었다고 주장한다.[236] 인간은 이성의 자기 비판 능력을 발견하게 됨으로써 초월자라는 매개자에 의해서 사회가 존재한다고 말할 수가 없게 되었다. 이성의 미몽으로부터 깨어나게 하고 해방하는 일련의 이성의 기획은 오늘날 종교로부터 더 이상 구속되지 않는 인간 자신의 주체성과 독립성을 확보할 수 있었다. 더군다나 '신은 죽었다'라는 선언은 신 관념과 제도, 신학에 의해서 지탱되던 근대를 뒤흔들고 이성을 가진 인간 자신이 스스로 삶을 조형하게 되었음을 의미하는 것이다. 하이데거는 비단 신 죽음의 선언이 형이상학의 종언을 의미하는 것이 아니라 인간 실존의 전체 영역을 지배하던 의미 체계의 상실이라는 것을 적시한다.

> 기독교의 신은 존재자와 인간의 본분에 대한 그의 지배력을 상실했다는 것이다. 여기서 기독교의 신이란 동시에 '초감성적인 것' 일반과 이에 대한 여러 해석들, 즉 존재자 전체 위에 내걸려지면서 존재자 전체에게 목적과 질서, 요컨대 의미를 부여하는 이상과 규범, 원칙과 규칙, 목표와 가치를 대표하는 명칭이다. 니힐리즘이란 기독교적인 신의 죽음이 서서히 그러나 지속적으로 백일하에 드러나게 되는 존재자 자체의 역사이다.[237]

오늘날 이와 같은 신 죽음의 선언이 다시 한 번 표면으로 떠오르는 것은 종교의 자기 진정성(self-authenticity)을 상실하고 성직자 자기 발언의 무책임성과 무도덕성, 그리고 희망과 행복의 절대성이 상품화되면서, 형식상으로 화해된 인간의 정신이 비판 능력으로 작용하면서 현실 종교로부터 해방되고 있기 때문이다. 게다가 잘못 유포된 구원의 배타성과 폭력, 그리고 교리적 억압으로 편협한 종교적 실천과 맹목을 생산하고 있다는 것은 불가피하게 종교에 대한 급진적 계몽주의를 양산하게 된 것이다. 따라서 이러한 계몽 과정이 계속되는 한 종교 안팎에서의 신 죽음의 선언은 니체의 근대적 외침으로 끝나는 것이 아니라 하나의 시대의식으로, 어쩌면 주체적 자유를 갈망하는 인간의 개혁적 모티프가 될 수도 있다.

신 죽음의 현상 혹은 신 죽음의 선언이 현대에 들어와서 본격적인 담론이 된 것은 아니다. 앞에서 말한 것처럼 니체의 근대 이후에 그리스도교적인 모든 규범, 가치, 판단 등이 자리를 잃어버리고 그곳에 인간 이성에 의한 삶의 가능성이 열리게 되었던 것이다. 하지만 오늘의 양상은 사뭇 다른 관점에서 바라보아야 한다. 근대적 이성 중심의 사유를 넘어서 이제는 대중들이 아예 종교 혹은 종교성에 대해 회의를 품고 대놓고 무시하고 있기 때문이다. 물론 새로운 대안으로 종교 감각에 대한 생각과 관심이 동시 다발적으로 증대되는 것은 사실이다. 그러나 그것의 물꼬가 지나친 페티시즘으로 이어지거나 사적 관심으로 흐르는 모호성을 띠고 있다는 측면에서 종교학이 난색을 표명한다. 가장 중요한 논의는 대중들이 종교 획일성 혹은 종교 단일성, 나아가 종교가 자신의 종교만을 유일하게 존재한다고 여기거나 구원의 독보적인 지위를 점한다고 생각하는 입장을 받아들이지 않는 성숙성을 갖게 되었다는 데에 있다. 어쩌면 그런 점에서 종교는 새로운 니힐리즘 국면을 맞이하였다고 말할 수 있을지 모른다. 이에 대한 하이데거의 생각을 더 들어 본다면 다음과 같다.

니힐리즘은 단지 기독교적인 신이 부인되고 기독교가 투쟁의 대상이 되고 통상적인 무신론이 설파되는 곳에서 비로소 지배하는 것이 아니다. 니체가 기독교에 대해서 말할 때의 기독교란 복음과 바울의 서간이 편찬되기 얼마 전에 한때 모범적으로 수행되었던 것과 같은 '기독교적 삶'을 의미하는 것이 아니라, 서구인과 그의 비본래적인 '문화'가 형성되는 데에 있어서 교회의 역할과 그것의 영향력을 염두에 두고 있으며 기독교란 역사적 · 세계적 그리고 정치적 현상으로서 이해되고 있는 것이다.[238]

이러한 하이데거의 논의의 중심에는 바로 현대 사회의 종교의 종언, 즉 신의 죽음이라는 종말 현상을 의미하는 것이라고 본다. 풍부한 종교문화를 향유하던 근현대의 한국 사회는 지금 종교 내외부의 갈등과 폭력으로 인해서 서로 고통의 묵시를 체험하고 있다는 것을 인식해야 한다. 건전한 종교문화를 통해 사회에 순기능적 역할을 담당하고 정신적인 소비를 가능케 하는 장을 마련하는 선도적인 모습을 보이지 않는다면, 종교문화 자체가 그나마 문화적 성격으로서의 가능성마저 잃고 말 것이다. 대중들로 하여금 정신 문화를 통해서 향유하도록 만드는 종교가 되지 못한다면 디오니소스적 축제와 카타르시스적 구원의 햇빛은 고사하고 아폴론적 이념의 세계를 형성하도록 만드는 일조차도 불투명하게 될 것이 뻔하다.

형이상학의 종언은 결국 신의 죽음과 밀접한 연관이 있다. 형이상학적 가치가 설 자리가 없어진 것은 사회가 다변화되고 정보의 습득이 빨라지고 많아짐에 따라, 대중들의 이성적 판단이 초월이나 형이상학적 이념이 아닌 가상 혹은 초과실재(hyperreality)로 향할 수밖에 없기 때문이기도 하다. 그렇다고 하더라도 형이상학은 비판적 통찰과 의식의 초월을 지향하고 정신적 삶을 통해 현실과 대결하도록 하는 것임을 부인할 수가 없다. 그런 점에서 형이상학의 종언은 인간의 탈정신화, 탈영성화와 다르지 않다.

하이데거에 의하면, 형이상학의 종말과 신의 죽음 사건(Ereignis)은 밀접한 연관성을 가진다.[239] 종교가 종교로서의 역할을 다 하지 못하는 것, 심지어 종교 간의 갈등과 폭력, 그로 인한 고통은 또 다른 형이상학의 종말을 선언하는 행위이며 동시에 종교 안에 신의 살아-있음의 흔적을 말살하는 행위라는 것을 명심해야 한다. 니체가 붓다와 예수를 인류의 정신적 교사나 정신적 영웅이라고 칭송하면서 종교적 삶에 있어 중요하게 생각한 것은 지성적 통합과 현실에 대한 존중이다. 종교가 영성적이어야 한다는 점은 말할 것도 없거니와 지성적 통합을 이루어야 한다는 것 또한 지나칠 수 없는 것이다. 마찬가지로 현실감이 없는 종교, 현실을 등한히 하는 종교는 현대 사회에서 환대받기가 어렵다. 유독 그런 점에서, 니체가 비판하고 있듯이, 그리스도교는 자신과 타자에 대해서 잔인할 정도로 증오한다(교만, 자유, 용기, 정신의 자유 등).[240]

그러한 종교적 태도나 행위는 결국 타자에게 고통을 주는 결과를 초래한다. 종교와 종교 사이의 갈등이 가져 오는 물리적·심리적 상처와 고통은 자신에게는 물론이거니와 그것을 바라보는 대중들에게도 부정적 이미지를 부각시킬 수 있다. 신의 죽음 현상은 바로 이러한 사건들을 통하여 나타나고, 그것을 목도하는 대중들은 실제로 형이상학의 종언과 맞물린 신의 죽음 선언을 반길 수 있다. 타종교의 고통이 종교적 갈등과 폭력에서 기인한다는 사실은 그 사회, 특히 특정 종교들 사이에 있는 선험적 구조 내에서 발생하는 의사소통의 문제 때문이다. 종교가 지향하는 유토피아는 인류 전체의 상호이해와 평화에 있음에도 불구하고, 공교롭게도 그와 같은 혁명적 이상의 추구가 폭력과 살인, 그리고 고통으로 나타난다. 이와 같은 현상이 지속되면 될수록 종교로 인한 의식의 해방이나 정신의 승화는 불가능할 것이고, 형이상학으로의 복귀, 그리고 그로 인한 새로운 현실에 대한 존중과 종교적 조화는 더욱 어려울 것이다.

4. 탈형이상학의 형이상학과 종교 평화를 위한 편애의 현상학

저명한 독일 사회학자 울리히 벡(U. Beck)과 엘리자베트 벡-게른스하임 (Elisabeth Beck-Gernsheim)은 "세계종교가 서로의 내부로 침투하고 대립하는 상태에서 일종의 다-유일신 착종 현상이 생겨난다. 그리하여 각 집단마다 서로 보편적이라고 주장하는 집단별 신앙의 다수가 우리 한가운데에서 직접 대면한다. 이 과정은 많은 갈등을 수반하는데, 경우에 따라서는 폭력까지도 수반한다."[241]고 말했다. 종교 간에 폭력과 고통이 내면화되어 있는 상황에서 과연 종교 간의 평화가 가능하기는 한 것일까? 결국 종교 간의 평화란 탈형이상학의 형이상학의 부활이라는 난제에 부딪히고 있는 것인지도 모른다. 그렇다고 해서 과거 중세의 형이상학적 위계질서나 지배구조를 답습하고 부활시키자는 것이 아니라, 앞에서 말한 것처럼 신-있음이라는 관계적 성찰의 내용과 윤리적 숙고로서의 종교의 진정성을 일컫는 것이다. 게다가 종교 간의 상호 공통된 출발점은 그리스도인이나 다른 사람들이 어떻게 함께 공통된 인간성을 위협하는 사태에 대항하여 투쟁할 것인가하는 해방과 실천에 관심을 기울이는 것이다. 그렇게 하면서 종교는 세계를 파괴할 가능성을 제거하고 세계를 변혁하는 데에 기여한다.[242]

그럼 왜 다시 형이상학으로의 전환을 꾀하는 것인가? 그것은 종교의 본질이라 할 수 있는 평화와 사랑, 그리고 조화의 형이상학적 가치들이 종교와 종교 사이에서도 구현되어야 한다는 당위성 때문이다. 또한 그와 같은 형이상학적 가치들이 종교 간에 삶의 양식, 의사소통의 형식과 질료로 나타날 수 있다면, 거듭 이야기하는 신-있음이라는 존재론적 선언도 공언(空言)이나 허언(虛言)이 아닌 설득력이 있는 보편성으로 밝혀질 수가 있다. 그러므로 진정으로 "종교평화학"[243]이 가능할 수 있기 위해서는 타자는 적도, 낯선 이 방인도 아니라는[244] 이성의 요청에 부응해야 한다.

타자가 역사적으로 결함이 있는 것 같더라도, 그것 역시 우리 자신과 동 일한 역사적 함의가 있다는 것을 인정하고 세계사적 정신의 전승을 공유하 고 있음을 잊지 말아야 한다. 자신의 시각으로 타자의 종교를 재단하고 소 외시키려 한다면, 그들은 사회 공동체의 안전망으로부터 무방비로 배척됨 으로써 극단의 폭력 기제로 자신의 존재를 확인시키고 싶어하게 된다. 자신 의 종교적 가치나 명법(命法)으로 타자의 종교를 외면하고 그 고유의 전통을 파괴하는 것 또한 종교적 우월함에 빠져 타자에게 폭력을 행사하고 객체화 시키는 것이다. 그와는 반대로 가령 자신의 종교를 붕괴시키고 신앙의 힘을 상실하게 만드는 일이 있더라도 폭력을 폭력으로 맞서서는 안 될 것이다. 우리의 보편적 이성은 종교 평화를 통해서 세계의 보편 정신 혹은 보편적 영성이 사물화되는 위험을 방지하고자 한다는 확신을 가져야 한다.

비폭력 행위의 목표는 반대자들을 몰락시키거나 진압하는 것이 아니라, 자 신들의 회심이 목표이다. 시민의 권리를 쟁취하기 위한 투쟁에 사용되는 비 폭력적 방법들은, 비록 그러한 방법들이 별로 유효성이 발휘되지 않더라도, 유린당한 사람들의 존엄성을 높이도록 사용돼야 한다. 그러나 비폭력의 진정 한 능력은 그들이 반대자의 존엄성을 보호하는 모습을 통해 더 크게 나타나 야 한다. 비폭력은 박해자의 양심에 호소한다. 비폭력은 박해자의 과거와 현 재의 죄성을 토대로 박해자를 대하기를 거절한다.[245]

위와 같이 신학자 존 요더(John H. Yoder)가 말하는 종교 평화와 그것을 위한 비폭력의 핵심은 인간 내면의 신앙적·도덕적 보존, 즉 신앙의 내면화의 표출과 타자의 존중에 있다는 것이 분명하게 드러나고 있다. 종교의 주관적·공동체적 내면화와 타자의 존엄성은 점성적 유동성을 위한 중요한 매개체이다. 그것은 적대 관계를 극복하는 종교적 반성과 실천의 형식이요, 신의 있음이라는 신앙 생산의 잠재력이자, 신의 있음의 지표이기도 하다.

유동적 종교, 혹은 유동적 철학은 획일화 부정과 차별의 부정을 위한 잠재성을 담보한다. 마치 액체란 분자와 분자 사이의 상호작용 및 인력의 거리가 고체보다는 강하고 기체보다는 약한 물질을 의미하듯이, 유동적 종교는 종교와 종교의 거리가 먼 듯하면서 가깝고 가까운 듯하면서 먼 상태를 유지하는 것을 의미한다. 따라서 유동적 종교는 어떤 것(상태, 현상)으로 될 수 있는 가능성을 가진 것으로, 이를테면 하나의 종교 혹은 하나의 종교성이 다른 종교 혹은 종교성으로 변할 수 있는 현실성을 가지고 있다고 볼 수 있다. 이것은 종교의 갈등과 고통을 해소하고 평화를 위해서 나의 종교(성)를 타종교화하고, 타종교(성)를 나의 종교화할 수 있는 용기를 말한다. 유동적 종교 혹은 유동적 철학은 종교의 보이지 않는 중립지대, 종교의 완충지대를 마련하고자 하는 것이다. 이는 서로를 억압하거나 소유하지 않고 자신의 종교적 지평에서 자기 이해의 지식을 끊임없이 의심하면서 타자에 대한 이해의 폭을 넓혀 나가는 방법이다. 또한 자신의 종교를 객관화하고 타종교를 계몽하겠다는 권력의지를 차단하여 스스로 고체화(solid), 고착화됨은 물론 타종교를 고체화하는 폭력을 방지하는 것이다.

현대의 종교적 이성은 타종교를 억압하고 구속하는 도구적 이성이자 고체화된 이성이다. 이것은 본래 이성이 자기 이성을 법정에 세워 비판하고 성찰하는 자기비판적 성격을 망각한 것이나 다름이 없다. 자신의 종교를 합리화하고 반계몽주의적 이성비판으로 일관하게 된다면 이성의 자기 성찰과 함께 타자 인식 또한 요원할 것이다. 역사 이래로 이성의 자기 초월을 향한 열망은 지속적으로 형이상학을 놓지 않으려는 의지로 이어져 왔다. 따라서 우리는 유동적 종교를 통해서 형이상학에 대한 새로운 관심과 시도, 그리고 삶으로 이어질 수 있도록 해야 할 것이다. 그러기 위해서는 '종교적 편애'라는 새로운 논의가 필요하다. 편애라는 말을 부정적인 어감으로 인식할 필요는 없다. 편애는 생물학적 · 부족주의적 개념을 넘어서 상호 유대를 가지고 서로 돌봐 주는 관계라면 혈연이 아니어도 도덕적 감정으로까지 확대된다. 이를테면 앞에서 말한 공감을 비롯하여 사랑으로까지 말이다. 따라서 편애는 특정 집단이나 특정 개인을 다른 공동체와 개인보다 더 편든다는 감정보다는 상호 돌봄이라는 원칙 하에 타자를 우선시할 수 있는 타자 편애의 현상학을 일컫는다. 이것은 특정한 혈연이나 족벌, 부족을 넘어서 인간이 타자와 얼마든지 감정을 공유할 수 있다는 가능성을 열어 놓는다.[246]

아우구스티누스는 "하느님을 소유한 사람은 행복하다."(Deum igitur, inquam, qui habet, beatus est)[247]고 말하면서 더 나아가 "하느님을 이미 발견한 사람은 모두 자비를 베푸는 하느님을 갖고 있고 행복하다."[248]고 덧붙인다. 그가 말하는 '신을 소유한다'는 자체는 일반적인 욕망이거나, 어떤 가변적이고 사물적인 것을 말하는 것이 아니라 영원한 존재를 향유(frui)한다는 것을 의미한다. 그런데 영원한 존재인 신의 속성은 자비, 곧 사랑이다. 그와 같은 사랑은 독식이 아니라 유대, 연대, 공유이다. 신의 현존이 공유와 공동 구원성을 띠고 있다면 신의 소유로 인한 영원한 지복은 특정 종교만의 것이 되어서는 안 된다. 행복과 사랑은 모든 이들을 위한 객관이고 신의 무한한 생산과 평등한 의지의 결과이어야 한다.

그래서 "우리 삶의 목표가 행복이 아니라 좋은 삶이어야… 즉 행복에서 벗어나 좋은 삶으로 방향을 재설정해야 한다. 개인의 행복만을 추구하는 것이 아니라 이웃과 사회의 행복까지를 생각하는 삶을 의미한다."[249] 행복이 개인적인 차원이 아니라 사회적인 차원이라고 주장하는 탁석산의 논변을 종교 간의 대화에 대입해 보면 개별적인 종교의 행복, 혹은 개인의 종교관에 입각한 신앙의 행복도 중요하지만 전체 사회 차원에서 생각하는 종교 간의 행복을 추구해야 화해, 평화, 사랑, 이해가 가능할 것이다. 철학자 스티븐 아스마(Stephen T. Asma)는 인간이 정말로 행복할 수 있는 조건은 재산, 명예, 쾌락이 아니라 사회적 유대라고 말한다.[250] 이미 예수(애제자 요한)나 붓다(아난다)도 편애를 하였다는 주장을 하는 그는, 편애는 결국 사랑하는 사람에게는 욕심과 사심 없이, 보답을 생각하지 않고 베푸는 너그러움과 관대함을 가지고 있으며, 진짜 탐욕스러운 인간이라면 자신의 이익과 악덕에 탐닉하느라고 사회적 유대나 환대를 끊어버릴 것이라고 한다.[251]

마이클 왈쩌(M. Walzer), 찰스 테일러(C. Taylor), 알래스데어 맥킨타이어(A. MacIntyre), 마이클 샌델(M. Sandel)과 같은 공동체주의 철학자들은 특정한 종교 공동체, 혹은 언어적 · 의례적 · 이데올로기적 공동체가 되면 어떤 특정한 공동체가 발생한다고 주장한다. 그러나 그보다 더 중요한 것은 "정서적 공동체"이다. 다시 말해서 "정서적 유대가 문화적 · 역사적 · 언어적 전통에 앞선다." "만약 가톨릭교도나 유대인이 됐는데도 정서적 공동체가 없다면 분명 계속해서 그런 공동체를 찾을 것이다. 가톨릭교도나 유대인이 되는 것은 정서적인 목적을 위한 수단일 뿐, 그 자체가 목적은 아니기 때문이다."[252] 종교와 종교 사이에 정서적 유대감을 갖는 공동체적 성격은 어떤 특정한 종교인이 되는 것보다 선험적이다. 사랑, 평화, 조화, 공감 등의 정서적 유대는 서로를 돌보아야 한다는 감정과 욕구로 분출된다. 그래서 서로 수단이나 도구의 파괴적 관계가 될 수 있다는 강제와 강압의 의지에서 서로가 신의 필연적 현존이라는 공동체 의식과 공동 실존을 느끼게 된다.

더불어 이와 같은 지각은 모든 종교 세계와 생활세계에 침투한 신의 현존과 구원을 보는 데에로 나아간다. 그것은 "하느님 자신이 종교다원주의자이다. 하느님은 모든 종교를 초월하는 분이다. 그는 다양한 방식으로 인간과 관계를 맺고 사랑하고 구원한다."[253]는 논리에서도 읽어낼 수가 있다. 신은 모든 종교의 정서적 유대감의 공통 분모로서 개별자와 보편자의 통일을 유도한다. 구원의 보편성과 신의 사랑의 보편성은 종교의 배타성으로 인한 혼란을 점성적 관계로 회복할 뿐만 아니라 총체적 주객의 관계를 재편한다. 그러기 위해서는 다른 종교 전통 '안에' 들어갈 용기가 있어야 한다.[254] "그리스도교 신학자는 상상력을 갖고 다른 종교들의 신앙에 참여해야 한다."[255] 정서적 유대감을 지닌 공동체 구성원은 서로의 종교 전통 안에서 다른 정신을 경험하는 것을 두려워하지 말아야 한다. 타종교로의 이행은 좀 더 풍요로운 영성을 가능하게 하면서 세계 종교적 전통을 재생하고(reproduktive) 새로운 창조적 영성으로 도약하는 진리와 선을 생산한다(produktive). 그로 인해 공유된 시공간에서 의사소통적 정서적 유대감은 공동의 생활세계뿐만 아니라 종교 세계를 변화시키고 새롭게 구성하게 될 것이다.

종교인의 고통은 신앙이 어떻게 개인적 · 집단적으로 내면화되며, 신앙적 승화의 합리적 장치가 되는가를 보여주는 중요한 신앙적 · 종교적 정서이다. 설령 종교 간에서 벌어지는 고통이라 할지라도 대부분 종교인은 그것을 신앙화하고 신정론적으로 변증화하여 객관화시킨다. 종교와 종교 사이에서 발생되는 갈등, 폭력, 상처, 살해 등으로 인한 고통은 분자적 충돌의 결과이다. 수많은 분자적 요소들 혹은 분자적 인간, 혹은 분자적 종교가 고체적 상태에서 맞부딪치는 현상들이 종교 간의 고통을 낳는다. 더불어 기체적 상태에서는 아예 종교 간의 분자적 충돌이 산화, 와해될 수 있겠지만 종교 간 연대와 화해의 가능성은 줄어든다. 그러나 유동적 종교는 점성적(viscous) 관계를 유지하면서 담론의 유연성을 확보할 수 있다. 점성적 유동성은 거리와 간격이 밀착되어 있는 듯하지만 언제든 자신의 경계를 구성하고 새로운 형질과 현실성으로 전환이 가능한 상태이기 때문이다. 수용성과 제3의 물질로의 초월 가능성은 종교 간의 고통이 완충될 수 있으며 형이상학적 고립을 넘어서 스스로 종교 권력화를 반성함으로써 자기 지배와 폭력을 극복함과 동시에 타자 지배와 폭력의 위험을 중립화할 수 있다.

이 글에서 신의 있음이라는 형이상학적 징후를 거론하는 이유는 단순히 신적 토대주의를 마련하겠다는 것이 아니라, 신의 있음의 흔적조차도 발견하지 못하는 종교 내, 혹은 종교 간 사태에 감각 가능한 기억과 윤곽을 제시하고자 하는 데 있다. 이미 대중의 비판거리가 되어 버린 종교 현실을 불식시키기 위해서는 신의 있음은 정서적 유대를 통한 화해 · 평화 · 대화를 통해 가능하다는 것을 알아야 한다. 다시 말해서 이는 종교와 종교 사이가 소통 가능한 구조가 되어 상보적 관계를 이루는 것을 말한다. 정서적 소통 공동체, 감정적 공감 공동체는 점성적 친밀감의 형성을 기본으로 한다. 또한 이는 대화적 관계를 통한 진리에 대한 자기개방을 추구한다. "대화는 진리를 발견하기 위한 통로"[256]임에도 불구하고 "대화적 관계의 말살은 독백의 형태로 자신의 내면으로 향한 주제들을 서로에게 대상으로, 그것도 오직 객체로서만 만든다."[257] 종교와 종교 사이의 이성적 논의가 성숙한 종교 담론이 되기 위해서는 대화를 통한 진리 해명이 되어야 한다. 산적해 있는 종교

문제와 신의 부재 현상에 대해 종교는 고통이라는 개인적, 실존적 수사(修辭)에 직면해 있다. 종교 간 폭력, 갈등, 살해 등으로 인한 고통의 수사는 종교 자체의 반성과 폭로로 이어지고, 이는 진리 계시, 진리 현존을 보여주는 종교를 요청한다. 종교 간의 고통이 커지면 커질수록 종교의 맹목은 벗겨질 것이고 새로운 통찰은 거리의 소멸이 아닌 거리와 간격의 자율성을 통해 서로 존중함으로써 신의 있음이라는 형이상학을 다시 확보하게 될 것이다.

끝으로 종교적 편애와 편견은 다르다는 것을 상기시키고 싶다. 편애를 통한 환대는 고통 받는 이를 없애고 고통 자체(원치 않는 물리적, 심리적 고통)를 제거하기 위해서 고통 받는 이(약자)를 편들어 주는 것을 뜻한다. 편애의 해석학을 통해, 고통이라는 것을 해소하고 서로 종교적 행복을 추구하는 현존재는 상호 배려와 돌봄의 정서적 공감 공동체를 형성한다. 그런 의미에서 고통의 언어는 타종교에 대한 책임적 언어이다. 고통이라는 언어가 해석학을 통하여 그 의미가 해명되고 지금 여기에서의 공통적 종교 이해가 되어야 하는 것은 그것의 사회적·공동체적 관계 때문이다. 종교 간의 고통의 언어는 하나의 종교 언어나 철학적 언어이기도 하지만, 오늘날의 신앙 언어이기도 하다. 게다가 고통이라는 신앙의 언어는 개인적 차원의 것을 넘어서 사회적 차원, 관계적 차원, 즉 이웃을 향한 언어이다.[258] 향후 종교는 고통의 언어가 발생하는 장 안에서 종교 간의 갈등, 폭력, 테러, 전쟁, 살해, 고통 등을 없애려고 하지 않는다면 인간은 종교적 혹은 "도덕적 괴물"[259]이 되어 버리고 말 것이다. 그러므로 종교는 종교 사이에서 일어나는 고통을 어떻게 해석하고 해결할 것인가를 깊이 고민해야 한다. 종교 간의 고통의 해석학은 곧 새로운 반성과 대안으로 작용하게 될 것이고 이는 함석헌이 말한 '참'을 살아내는 종교가 진정한 종교가 되는 길임을 인식하게 될 것이기 때문이다.

함석헌에게 중요한 것은 어느 종교가 '참'을 유일하게 독점하는가가 아니라, 어떤 종교가 '참'을 제대로 반영해 내고 있는가가 문제였다. 함석헌은 참된 종교의 '이름'에는 관심이 없었다. 그는 기독교, 불교, 유교, 도교, 힌두교 등의 기존의 이름은 임시방편의 이름에 불과하다고 보았다. 이러한 임시방편성은 인간의 유한한 이성이 무한한 영원자를 파악하려고 하는 데서 오는 불가피한 한계라는 것이다. 그에게 중요한 것은 참된 종교의 이름이 아니라 그 구조였다. '참'이라는 영원자를 향한 수직적 상승 운동을 통해 자신을 변혁시키고 그것을 타자의 고통에 연대하는 자발적 사랑을 통해 현실의 역사에서 모두가 자유·평등한 정치적 공동체를 형성해 가는 수평운동으로 확대시키는 구조를 가지고 역사 현실 속에서 일하는 것이 중요했다.[260]

이와 같이 '참'은 곧 참된 종교의 표지이고 유동적 종교가 지녀야 할 궁극적인 목표로서, 그것은 타자의 고통, 즉 종교 간의 갈등, 폭력, 살해, 전쟁 등을 극복하면서 고통의 종교·정치적 역학 관계마저 완전히 끊어 버리는 본질임을 자각해야 해야 할 것이다.

제2부

함석헌의
환경세계 인식과 실천

함석헌은 "나무는 땅이 하늘 향해 올리는 기도요 찬송이다. 하늘에서
내린 것에 제 마음을 넣어서 돌린 것이 숲이요 꽃이다. 머리 위의 저
푸른 하늘은 우리 정신의 숲이다."77라고 말한다. 매우 시적이고 감성
적 표현이지만, 요지는 만물이 신앙적 감수성과 직결된다는 말일 것이
다. 자연 하나하나를 놓고 보면 모두 기도와 찬미, 감사와 사랑으로 이
어진 것들이다. 그것들은 결국 우리의 영혼에 울림을 일으켜 주고 정
신의 깊이, 그리고 이성과 감성을 풍요롭게 해 주는 하느님의 걸작품
들이 아니던가.

왕양명과 함석헌의
둘러-있음의-세계 현재화와 존재인식

그러므로 한국의 가야 할 앞길을 묻는 말인 "어디냐?"는 인구밀도 · 생산
량 · 외교방침 · 정치체계에 있는 것이 아니라 사상에 있다. 이념에 있다. 정
신에 있다. 믿음에 있다.[1]

1. 둘러-있음의-세계를 생각하며
: 왕양명과 함석헌의 철학적 만남[交會]

왕양명(王陽明, 1472~1528)은 한때 "후세에 심학(心學)이 밝혀지지 않아 사람
들은 그 뜻을 잃어버렸다."[2]라고 한탄했던 적이 있다. 또 함석헌(咸錫憲, 1901-
1989)은 "속의 것이 나오면 새 것이다. 새 것을 믿으면 스스로 새로운 삶이 된
다. 내가 새롬이 되면 새 숨이 저절로 쉬어진다. 새 숨은 새 샘이요, 뜻 곧 명
령이다. 새롭는 뜻이 참 자유하는 새요, 참 뜻은 곧 행동이다."라고 했다. 후
대는 이러한 두 철학자들의 뜻과 실천을 새롭게 간파할 수 있어야 할 텐데,
그렇다면 어금지금한 그들이 함께 만나서 서로 이야기를 나눈다는 것은 어
떤 의미가 있는 것일까? 아마도 그것은 공간과 시간을 초월한 사상, 즉 생각
과 생각을 맞대고 결국 오늘의 문제를 함께 논의한다는 것 이상의 의의가

있다 할 것이다.[3] 두 사람 모두 철학적 · 사상적인 융합–황보윤식 선생님은 함석헌을 융합철학자로 보고 있는데 이에 필자도 동의한다. 융합철학에 대한 글은 〈함석헌평화포럼〉 블로그 참조–이라는 자신들만의 독특한 세계를 구축하였다는 점을 감안한다면, 불교를 논하든 유교를 논하든 일정한 사상적 공통감(sensus communis)을 찾을 수 있을 것이다. 그들의 학문적 경험과 인식이 다양한 스펙트럼을 가지고 있기 때문에, 이로써 서로 대화한다면 어떠한 합의점에 도달할 수 있을 것이라 생각된다. 또한 두 사상가는 주류에 편승해서 학문 세계를 한곳으로 모은 사람들이 아니라 변방의 사상적 전사(戰士)를 마다하지 않고 역사 · 정치의 아픔을 겪으면서 시대를 계몽하고자 했던 사람들이다.

시대적 고통과 현실에 대한 연민, 역사에 대한 비판적 의식은 이성과 학문을 더욱 예리하게 만든다. 그러한 상황 속에서 나온 언어와 현실 인식은 매우 강력한 깨달음을 뿜어내기도 한다. 왕양명이나 함석헌의 경우 자신이 처한 역사와 그를 통한 세계 인식이 낳은 사상은 단단한 뿌리를 가진 학문으로 탄생하였다는 것을 보면 잘 알 수가 있다. 특히 그들의 마음과 생각, 그리고 세계 인식에 대한 남다른 관점들이 주는 사유의 꼭지들은 오늘날 우리가 처한 현실과 문제를 진단하는 데 좋은 상상력을 제공해 준다. 그들의 철학과 사상을 한껏 움켜잡을 수(begreifen/Begriff/conceptum) 있다면 좋겠지만 하나의 사유 그물에 다 담을 수 없다는 것은 분명하다. 따라서 여기서는 어쩌면 서양철학자 피히테(Johann Gottlieb Fichte, 1762~1814)나 쉘링(Friedrich Wilhelm Schelling, 1775~1854)과도 같은 자연철학적 관점[4]을 공유하는 그들의 철학과 사상을 통하여 오늘의 인간과 환경문제를 조명하는 단초를 찾아내는 것으로 족할 것이라 본다. 그러기 위해서 왕양명의 심즉리(心卽理)와 함석헌의 바탈 혹은 생각(정신)이라는 두 개념의 환경철학적 함의를 풀어 밝혀서 두 철학자의 알고리즘이 연관성이 있는지, 혹은 연관 가능성이 있는지, 그리고 그 함의와 한계는 무엇인지를 살펴볼 것이다.

2. 첫 번째 관심 : 왕양명의 인간학과 생태적 사유의 해석학적 단초

왕양명의 심즉리(心卽理)의 문법은 마음이 곧 이법이자 원리라는 것인데, 일반적으로 양명학에서는 "심(心) 없이 리가 없고 리(理) 없이 심이 없다."고 단언한다. 마음이 도덕 법칙이라면 그 도덕 법칙이 발현되고 활동하는 것이 곧 리이다.[5] 그런데 우주만물은 모두 마음의 감응 대상이기 때문에 "내 마음이 바로 우주이고, 우주가 바로 내 마음이다."라고 말한다.[6] 같은 맥락에서 왕양명은 "사람이란 천지 만물의 마음이요, 마음이란 천지 만물의 주재이다. 마음이 곧 하늘이기에 마음을 말하면 천지 만물이 모두 제기된다."고 주장한다.[7] 다시 "자기 마음속에 흐르고 있는 우주의 생명 본질[生意]이 일체의 자연 현상 가운데 관통하여 흐르고 있음을 느끼"[8]는 것으로 외연을 확장하여 말할 수 있다면 이는 마음을 자연(의 이치)에 두어야 한다는 것으로 풀이할 수도 있다. 마음이 어디 있는 게 아니라 자연, 즉 스스로 그러함의 세계에 있다는 것이다. "이처럼 양명은 마음을 천지의 생물지심(生物之心)으로 규정하여 심즉천(心卽天)이라는 명제를 제출함으로써 자아와 세계의 통일 근거를 자체 내에 확보할 수 있게 되었다. 말하자면 인간 주체(心)를 우주 본체(天)로 격상시킨 것이다."[9] 이에 대해서 김세정도 "왕양명은 천지만물과 인간은 본래 일체(一體) 또는 동체(同體)라고"[10] 보았다는 데에 동의한다. 그런 의미에서 "마음은 주객으로 이원화된 개개인의 마음이 아니라 일원화된, 즉 자연 생명 전체를 포괄하는 천지 만물의 마음이라 말할 수 있다."[11]

궁극적으로 심즉리가 마음이 머무는 것, 혹은 마음이 지향하는 것을 가리
킨다면 자연을 떠나서는 인간의 마음을 논할 수가 없다. "양명은 이(理)나 사
(事)가 내 마음에 의존해 있다고 하는 것이다. 효, 충과 같은 이에 대한 나의
앎이란 외적 사물에 의해 의존하거나 그로부터 획득된 것이 아니다. 다시
말해서 내 마음을 떠나 사물이나 그 이치가 그 스스로 성립할 수 없다는 것
이다. 양명은 이나 사가 내 마음을 떠나 독립적으로 성립할 수 없다고 하는
것이며, 마음 또한 이나 사 없는 공허한 존재가 아니라고 하는 것이다. 심
(心)을 떠나서 물(物)이 없다고 하는 것은 의미 구성 작용의 주체인 심이 없이
는 의미 구성체가 없다는 말이다."[12] 또한 "우리의 마음은 천지 만물의 주체
이다. 그러므로 마음 이외에 사물은 없다(心外無物), 마음 바깥에는 사건도 없
고, 이치도 없다(心外無事, 心外無理). 마음 밖에는 아무것도 없다."[13] 여기에서
마음과 물은 구분되지 않는다. 그렇기 때문에 왕양명의 철학은 심학, 즉 마
음철학이자 유심론(唯心論)이다.[14]

이와 관련하여 문성환은 "마음을 통해서 세계와 만난다. 마음이 곧 세계
다."라고 말하면서 "지금 내가 보는 세계만큼이 내 마음이다."라고 확언한
다.[15] 과연 그런가? 마음 또한 자연 속에 존재하고 있지 않은가? 마음 또한
자연의 마음이거늘 어찌 지금 마음으로 헤아리는 세계가 전체라고 인식할
수 있는가? 오히려 자연 세계의 관점에서 보면 모든 천지만물은 평등하다
(『도덕경』 제32장, 天地相合, 以降甘露, 民莫之令而自均).[16]

그러나 여기서 마음이 먼저인가 아니면 자연이 먼저인가를 논한다는 것
은 자칫 순환 논증의 오류를 범할 수 있는 바, 이 논리에 빠지지 않기 위해서
는 모름지기 자연이 있어야만 인간의 존재 기반의 가능성이 열리는 것으로

봐야 할 것이다. 만일 마음을 떠나게 될 때 자연도 덩달아 사라지는 것이라면 자연의 형이상학이나 자연의 실체를 확정한다는 것은 의미가 없다. 설령 개별적 인간의 마음이 사라진다 하더라도 자연이라는 실체는 여전히 또 다른 개별적 인간의 삶과 연관 짓는 존재로서 스스로-그러함의-세계로 남아 있을 것이기 때문이다. 그러한 까닭에 자연은 지속가능한 존재, 인간과 공존재적인 존재로서 인식해야 마땅하다. 그것이 담보되지 않는 한 마음이 머무는 곳, 머무는 자리와의 일치 및 동일성을 확보할 수 없을 것이다. 이러한 맥락에서 "인간 마음의 생명성은 전체로서의 자연 생명의 생명 본질에 근원한다."[17]는 김세정의 주장은 매우 타당해 보인다.

"해·달·별과 같은 항성, 동·식물과 같은 생물, 흙·돌과 같은 무생물, 바람과 비와 같은 자연 현상은 인간과 더불어 하나의 생명체를 구성하고 있다."[18] 이렇게 일기유통론(一氣流通論)은 인간이라는 존재가 우주에 홀로 있는 개체적 단독자가 아니라 유기적 존재 혹은 우주 생명체의 한 구성원이라는 사실을 알게 해 준다. 다시 말해서 이는 인간이 우주 혹은 천지 만물과 하나의 몸, 하나의 마음이라는 것이다.[19] 따라서 마음은 독자적으로 존재하는 것이 아니라 다른 존재와 더불어, 다른 존재에 의해서 존재하는 유기체적 마음이라 할 수 있다.[20] 다만 그의 다른 문헌에서 왕양명의 철학이 인간과 자연의 대립 관계를 나타내지 않는다고 올바로 지적하고 있으면서도 인간을 천지만물의 마음, 즉 유기체적인 우주 자연의 "중추적 존재"로 인식한다는 모순된 평가를 내린다. 이것은 인간의 마음이 곧 우주의 마음으로서 서로 상존하면서 인간 생명체의 본래적 근원성인 우주보다 인간이 앞선다는, 여전히 인간 중심주의에서 벗어나지 못하는 주장을 내놓는 것이다. 이러한 주장은 인간이 자연 만물의 정복자나 지배자라는 것을 뜻하는 것이 아니며,

인간이 자연을 자기 생명의 본질로 여기고 있다는 논리와는 다소 모순처럼 보인다.[21] 왕양명의 철학에서 "마음과 만물은 한몸"(心物同體)이라는 명제가 중요한 것은 사실이나, 이때의 심은 물보다 앞선 개념 내지는 "심(의식)의 일차성을 강조한 것"[22]이라고 할 때 여전히 인간 중심주의적인 환경 담론에서 벗어나지 못하는 것을 볼 수 있다.

여기서 필자는 자연 환경에 대한 인간 중심주의적 논의를 탈피하고 생태 중심주의로 나아가기 위한 어원적인 고찰이 필연적이라고 생각한다. 일반적으로 사용하는 환경이라는 말의 독일어 Umwelt를 달리 풀어 밝혀보면 '둘러-있음의-세계'가 된다. um을 어떻게 해석하느냐에 따라서 단순히 인간을 중심으로 한 주변적 세계를 (자연)환경이라고 말할 수 있겠지만, um을 '위하여'라는 뜻으로 받아들인다면 동양적인 의미의 '저절로-위하여-있음의-세계'로 좀 더 탈인간중심적인 자연관으로 열어 밝힐 수 있다. 다시 말해서 환경(Umwelt)은 자연의 어떠한 존재도 자기 자신을 존속시키기 위해서 존재하는 유기적 생명체의 연결망인 것이다. 자연 세계 곧 저절로-있음의-세계는 모든 존재가 존재해야 하는 마땅한 생명적 가치를 가진 공동체적 장이요, 공존적 장이다. 둘러-있음(um)은 단순히 인간을 중심으로 다른 생명적 존재들이 주변으로 둘러싸고 있다는 의미가 아니라 생명적 가치를 지닌 존재라면 어떠한 존재라도 자신을 포용하고 서로 도울 수 있는 가능 존재적 관계를 내포한다. 다시 말해서 "자연환경은 우리 인간의 삶의 수단으로만 존재하는 대상이 아니라, 개별적인 생명 스스로도 자연환경 전체 속에서 여느 존재와 똑같이 중심으로서 살아가야 할 마땅한 권리가 있다."[23] 따라서 둘러-있음의-세계는 폐쇄적 개념이 아니라 개방적 개념이다.

왕양명의 철학에 대하여 진래(陳來)가 정확하게 지적하고 변론하는 것처

럼, "결국은 산중관화(山中觀花, 산 속에 핀 꽃은 내가 보지 않았을 때도 존재하는가)의 문
제를 낳게 되었다. 이는 왕수인에게 피할 수 없는 일이었다. 그가 인간의 의
식으로부터 독립된 외계 사물의 객관 실재성에 관한 문제에 원만하게 대답
할 수 없었다고 한다면, 이것 역시 그의 본래 입장이 그 문제를 겨냥했던 것
이 아니라는 데 원인이 있다."[24] 하지만 인간의 생명의 근원처를 자연으로
인식한다면 인간의 마음과 생명은 자연을 기반으로 하고 모태로 한다는 귀
결이 자연스럽게 따라와야 한다. 또한 인간 중심주의나 자연의 수단성을 사
뭇 벗어나지 못한 인간을 위하여(爲人間), 심지어 자연과 더불어(與自然)에서
인간이 자연의 일부분이자, 자연 자체 내의 목적을 인정하는 자연에 의해서,
혹은 자연을 위하여(爲自然)라는 존재 인식의 전환이 이루어져야 할 것이다.

3. 두 번째 관심 : 함석헌의 세계관 철학에서 인간과 자연

바탈(性, 보편성, 바탕)을 간직한 인간은 먼저 생각하는 인간이다. 바탈은 이
성적으로 숙고하고 판단하는 인간의 본래성을 일컫는 것으로서 생각하고
행동하도록 만드는 본성이다. 함석헌이 강조하는 인간이라는 존재는 무엇
보다도 끊임없이 생각하는 인간이다. 생각이 자라야 올바른 행동이 가능하
기 때문이다. 그렇기 때문에 함석헌에게 있어 인간 바탈의 작용과 지향은
매우 중요하다. 이에 대해 박재순은 "생각이 실천에 앞선다."고 주장하였다.
나아가 "생각과 의식의 덩어리는 어머니 뱃속에서 몸이 만들어지기 전부터
있었다."고 하면서 "몸 이전에 정신이 있었"기 때문에 "하늘에 비추어 하는
생각은 몸보다 앞"설 뿐만 아니라 인간으로 하여금 우주만물의 주인이 되게
한다고 본다.[25] 그에게 있어 마음이란 실재적으로 모든 것보다 앞선다는 것

을 논증하는 것이다. 이것은 세계의 실재를 인정하고 전제하는 데서부터 출발하고 있다는 것을 알게 해 주는 것으로서 마음만이 아니라 생각이 뻗어나가야 하는 공간적 실재, 세계의 실재를 결코 부인한 것은 아니다. 다만 논리적으로 생각은 실천에 앞선다고 강변하고 있을 뿐이다. 그런 뜻에서 바탈은 생각과 행동(실천)이 흘러나오는 근원적인 내적 본성이다.

함석헌 자신의 글에서 이를 반영하는 바탈과 관련된 흔적들을 나열해 보면 다음과 같다. "정신은 물질 이상이지만 물질의 구속을 터쳐서만 정신이다."[26] "참은 정신이다. 우주에 가득 찬 정신이다."[27] "매듭짓는다는 것은 곧 생각 찍음이다. 생각은 곧 찍음(點)이다. 생각이 스스로를 찍을 때 말씀이 나온다."[28] "양심은 내 것이면서 내 것이 아니라 전체의 것이요, 인간 속에 있으면서 인간 이상의 것이 깃들이는 지성소다. 그 의미에서 이것이 정신의 알갱이다."[29] "생각하는 사람이라야 삽니다. 생각하는 백성이라야 역사를 지을 수 있습니다. 생각하는 마음이라야 죽은 가운데서 살아날 수 있습니다."[30] "네 속에도 내 속에도 들어 있는 바탕되는 이치를 생각함으로만 풀린다는 말입니다. 그 이치란 곧 정신입니다. 혹은 뜻입니다."[31] "생각 곧 우주를 꿰뚫는 정신이야말로 문화입니다."[32] "정말 강한 것은 정신입니다. 정신의 높은 봉에 설 때 마음은 저절로 커져서 옛날의 원수를 무조건 용서할 수 있게 됩니다. 내 정신은 날아갑니다. 아니, 날아갈 것까지 없습니다. 여기서 우리는 우주 방송국입니다. 정신은 틀림없이 반응하는 것입니다."[33] "사람은 감응(感應)하는 물건이다. 감응이란 곧 다른 것 아니요, 하나로 된 바탈(보편성, 통일성)이다. 사람이 전체와 내가 하나인 것을 느낄 때처럼, 전체가 이 나를 향해 부르는 것을 느낄 때처럼, 흥분하는 것은 없다. 흥분하면 영감이리 하지 않나? 보통 아닌 일이 나오고야 만다. 그러나 감응하는 것이기 때문에 실지 일이 있지 않고는 되지 않는다. 실감(實感)이라니, 실지가 있어야 정말 산 느낌이 있다. 상상으로는 혁명 기분은 아니 나온다."[34]

함석헌에게 바탈은 정신 혹은 생각과 매우 밀접한 상관성을 지닌다. 더욱이 바탈은 우주의 정신이기도 하다. 마음의 바탕, 인간의 본성을 이루는 바탈은 단순히 정신의 차원으로만 머무는 것이 아니라 우주와 소통하는, 정신의 외현으로서의 우주라고도 볼 수 있다. 그런 의미에서 "의식도 물질"[35]이며, "자연은 이미 정신이다."[36] 동시에 '자연은 인간 의식의 표현'[37]이다. 그것은 또한 인간의 보편성과 통일성이다.[38] 모든 인간이 지니고 있으며 그것을 통해서 세계를 인식하는 작용을 한다.

나아가 함석헌은 "민족의 씨가 나요, 나의 뿌리가 하늘이다. 그러기 때문에 참 종교는 반드시 민족의 혁신을 가져오고, 참 혁명은 반드시 종교의 혁신에까지 이르러야 할 것이다. 혁명의 명은 곧 하늘의 말씀이다. 하늘 말씀이 곧 숨ㆍ목숨ㆍ생명이다. 말씀을 새롭게 한다 함은 숨을 고쳐 쉼, 새로 마심이다. 혁명이라면 사람 죽이고 불 놓고 정권을 빼앗아 쥐는 것으로만 알지만 그것은 아주 껍데기 끄트머리만 보는 소리고, 그 참 뜻을 말하면 혁명이란 숨을 새로 쉬는 일, 즉 종교적 체험을 다시 하는 일이다. 공자의 말대로 하면 명(命)한 것은 성(性), 곧 바탈이다."[39]라고 말하고 있다. 인간은 하늘-숨을 쉬는 사람들이다. 나아가서 인간뿐만 아니라 우주 만물의 모든 생명체인 하늘-숨으로 살아간다. 하늘-숨은 모든 존재자들의 바탈, 즉 자신의 본성으로서 선천적으로 주어져 있는 것이다.[40] 그런데 "생명의 원리는 자(自)다. 자유ㆍ자제ㆍ자생ㆍ자멸ㆍ자진ㆍ자연. 그저 자연이다. 제대로 그런 것이다."[41] 둘러-있음의-세계는 저절로 그러함이다. 저절로 그러함, 스스로 그러함은 바탈도 있는 그대로의 본래 바탕, 본성이다. 그러므로 둘러-있음의-

세계와 바탈은 한 틀, 한 몸, 한 뿌리로 존재한다. 여기에서 앞에서 말한 보편성과 통일성, 즉 둘러-있음의-세계와 바탈은 하나이면서 한통속이라는 것을 증명해 준다.

이 한통속은 마음을 바탕으로 하여서 의식의 바깥 실재, 즉 둘러-있음의-세계로 나타난다. 함석헌은 이를 혁명과 저항으로 표현한다. "생명은 하나의 놀라운 혁명인 것, 어떤 의지, 혹은 잠재의식적인 것의 발로인 것을 부인할 수는 없을 것이다. 생명은 반발이다. 저항이다. 자유하자는 뜻의 나타남이다."[42] 하늘이 인간에게 부여한 것이 생명일진대 이 생명은 인간의 본성적인 것이며 동시에 우주의 본바탕이기도 하다. 따라서 생명의 현상은 단순히 의식의 차원으로만 머무는 것이 아니라 우주의 약동, 우주의 생명으로 나아갈 수밖에 없다. 함석헌은 "정신에는 까닭 없다. 하나님은 까닭 없이 있는 이다. 그러므로 나는 그저 있어서 있는 자라 한다. 정신은 까닭 없이 있어 모든 그의 까닭이 되는 것이다. 뜻이 만물을 있게 한다는 말이다."[43] 또 "한 개 한 개의 생명은 다 우주의 큰 생명의 나타난 것이다. 다 하나님의 말씀이다. 그것은 우리 몸의 한 부분이다. 작게 보니 너와 나지, 크게 보면 너와 나가 없다. 다 하나다."[44]

그뿐만이 아니다. "생각하면 서로 떨어진 것이 하나가 될 수 있고, 생각하면 실패한 것이 이익으로 변할 수 있다. 인도를 인도로 만든 것도 생각이요, 히브리를 히브리로 만든 것도 생각이다. 철학하지 않는 인종은 살 수 없다. 우리의 가장 근본적인 결점은 생각이 깊지 못한 것이다. 생각은 생명의 자발(自發)이다. 피어나는 것이다."[45] "생명의 가장 높은 운동은 돌아옴이다. 생각이란, 정신이란 창조주에게서 발사된 생명이 무한의 벽을 치고 세 나온 근본에 돌아오는 것이다."[46] "소위 정신이란 것, 생각이란 것은 생명의 반사 혹은 반성이다. 하나님의 마음의 방사선의 끄트머리가 다시 저 나온 근본으로 돌아가기 시작한 것이 마음이란 것, 생각이란 것이다."[47] "이 우주가 뭐냐? 자연이다. 스스로 그러함이다. 스스로 있는 이, 스스로 하는 이, 그것이 거룩한 이요 하나님이다."[48] 정신 살림이라는 것도 자연 (살림)이 없이 불가능하다. 자연 없이 예술과 철학이 있을 수 없다. "자연은 우리의 어머니이다."[49] 이렇듯 우주와 나(마음, 의식, 생각), 그리고 하나님은 하나다. 우주와 나는 같은 초월자의 바탈 혹은 뜻으로부터 발생한 동근원적 생명체이다.

(둘러)스스로-있음의-세계의 실재는 이미-있음이라는 기재성(旣在性)과 함께 생명적인 것의 근원이라는 것을 말해 준다. 생명적인 것의 근원으로서의 (둘러)스스로-있음의-세계는 초월자와도 동일시된다. 그러므로 (둘러)스스로-있음의-세계는 단순히 도구로서 존재하거나 상품으로 존재하는 비본래적인 세계가 아니다. 자연은 신이다. 흡사 범신론과 같은 언표임에도 불구하고 함석헌이 말하고자 하는 진의는 (둘러)스스로-있음의-세계와 인간의 정신은 신비한 일치가 있다는 역설일 것이다. 달리 말하면 모든 살림의 궁극적인 기원은 (둘러)스스로-있음의-세계에서 비롯된다는 것이며, 그것은 산 고동[生機]의 얼이라는 것을 통찰했음을 말해 주는 것이다. 만물의 바탈, 혹은 만물의 바탕으로서의 인간의 마음은 "본래부터 있는 것. 천명이요 성(性)이다."[50]라고 말한 대목도 같은 뜻으로 이해할 수 있을 것이다. 바탈은 타율이나 지배나 간섭이나 인위에 의해 있지 않고 저절로 있는 본성, 본바탕으로서 초월자와 같음을 자각했던 것이다.

"섞인 것이 있으면 제 본바탈을 잃는다. 바탈을 잃으면 죽은 것이다. 정신은 아무것도 섞인 것이 없이 맑아야 정신이다."[51] "꿈틀거려야 한다. 생명이 하나님이기 때문에, 정신이 하나님이기 때문에, 생각을 해야, 생각을 하거든 꿈틀거려야 한다. 하나님이 내 안에 계시기 때문에 내가 하는 대로 주신다."[52] "우리가 아는 하나님은 맘에 있다, 정신에 있다, 인격에 있다."[53] 이와 같은 함석헌의 말에서 알 수 있듯이 바탈과 정신, 그리고 하느님이라는 존재는 서로 상통한다. 정신의 기원을 초월자에게 두는 것, 그리고 정신은 순수해야 한다고 하는 것은 바탈 자체가 초월자, 즉 하늘로부터 부여받은 것임을 거듭 강조하는 것이다. 따라서 인간 바탈의 외적 형태의 사물성 혹은 둘러-있음의-세계는 곧 초월자의 자기 표현이나 다름이 없다.

그뿐만 아니라 우주와 정신을 논하는 다음의 사상은 마치 왕양명의 철학을 쏙 빼닮은 듯하여 놀랍기까지 하다.

사람은 종교적 존재라는 말은 정신이 주인이란 말이다. 정신은 영원하고 무한한 것이다. 우주의 밑바닥을 이루고 만물을 꿰뚫어 깔려 있고 그것을 이끌어가는 것이 정신이다. 우리가 잘 나가고 어진 사람을 보면 나라와 민족, 예와 이제의 차별 없이 감격해 기뻐 존경하는 마음이 나며 위대한 자연을 보아도 또 감격하는 생각이 나서 혹 노래를 하고 혹 손뼉을 치게 되는 것은 모든 존재가 다 한 정신의 바탈로 되어 있는 증거다. 감격하는 것은 나 자신 속에 잠자고 있던 그 우주적인 정신이 내 앞에 지금 나타난 그 대상으로 인하여 깨어나기 때문이다. 산을 보고 기뻐할 때는 나 자신 속에 높음을 본 것이요, 바다를 보고 시원해 할 때는 나 자신이 넓어진 것이며, 성인의 모습을 보고 눈물을 흘릴 때는 나 자신이 거룩해진 것이다. 이것이 종교다. 종교는 한나一·元·同一我·大我를 믿음이다. 만물이 다 한 바탈, 곧 생명으로 됐고, 만물이 곧 한 몸임을 믿는 것이 종교다. (밑줄 친 글씨는 필자 강조)[54]

드러난 바와 같이, 위 내용은 그 무엇보다도 왕양명의 심즉리와 매우 흡사한 생태사상을 잘 드러내 주고 있다. 정신이 만물을 이끌어 가고 정신이 모두 하나의 바탈에서 흘러나왔다는 것, 그리고 만물을 통해서 바탈을 읽을 수 있다는 것, 더 나아가서 바탈은 결국 생명이라는 사상은 왕양명의 유심론과 뜻이 잘 통하는 부분이라고 볼 수 있다.

4. 세 번째 관심
: 왕양명과 함석헌을 통한 반데카르트주의 자연 인식의 가능성

어리마리, 혹은 어리바리 정신이 또렷하지 못한 세계를 생명의 세계로 현재화한다는 것은 어쩌면 자연 세계 내에서 왕양명의 심의 현재화이자, 함석헌의 바탈의 현재화일 수도 있다. 그들은 겉과 속의 일치, 마음과 행위의 일치를 통해서 옹근 세계를 추구했던 철학자들이다. 그들의 주장처럼 생명을 보유한 인간뿐만 아니라 자연도 탈취당할 수 없다는 강한 신념을 갖게 할 수 있는 것은 마음의 기원이 우주요, 우주의 기원이 마음에서 비롯되었다는 것이 아닐까. 마음과 사물의 하나 됨, 마음 바탕과 행위의 알짬[알짝지근함]은 빈탕[虛空]의 생명 틀거지가 아니다.

분명히 "만물일체설은 마음의 완전한 실현"[55]이다. "이제 생각하는 것은 개인도 민족도 계급도 아니요 인간이다. 그보다도 생명이다. 생명이라기보다도 생각하는 우주다. 내가 생각함으로써 우주를 발견한 것이 아니라 생각하는 우주가 나를 낳은 것이다. 생각은 내 것이 아니요 전체의 것이다."[56] 인간의 마음은 마음 밖의 대상과 따로 떨어져 있어서 이분화 되어 있는 것이 아니라 우주와 일체가 되어 있는 우주적 마음이다. 따라서 인간의 마음은 자연의 생명을 온전하게 하는 데에 목적이 있다.[57] 이러한 유기체적 생명관이야말로 오늘날 환경위기의 시대에 요구되는 도덕성이라고 생각한다.

"생명의 주체는 정신이다."[58]라는 주목할 만한 명제처럼, 그러한 정신은 우주나 물질보다 앞서며 감통하는 주체인 것만은 거부할 수 없는 사실이다. 그러나 왕양명과 함석헌은 마음 혹은 정신이 우주와 나누어진 것이 아니라 마음의 작용이 우주로 나타난다는 것을 강조한다는 것을 알 수 있다. 그런 의미에서 오히려 그들이 주된 담론으로 삼은 마음이란 자연 안으로 투입, 감정이입되어 "동감(同感)의 윤리" 혹은 "동심(同心)의 윤리"[59]로 나아갈 수 있는 가능성을 밝히고 있는 것이라 본다. 이것은 함석헌이 말한 "우주의 윤리, 우주의 심정"[60]과도 뜻이 통하는 것이다. 자연에 대한 도덕성, 혹은 도덕적 의식, 도덕에의 의지를 갖도록 만드는 것은 생명의 본성(바탈)이다. 왜냐하면 생명은 우리에게 명령을 하기 때문이다. 자연, 즉 스스로-그러함의-세계를 보전하라는 명령은 반생명적 행위를 금지하고 자연에 대해서 적대적인 모든 요소들을 제거하라는 것이다.[61] 더불어 생명이 우리에게 요청하는 명령은 영원한 인간의 텍스트인 그 자연으로 돌아가라는 것으로서 이성적 인간(animal rationale)에서 자연적 인간(homo natura)으로 되어야 한다는 당위성을 강제한다.[62] 왕양명이 심외무물(心外無物)과 심물동체(心物同體)를 통해서 자타가 서로 분리되지 않고 일체의 관계에 있다[63]고 한 것도 공동존재적 존재의 당위성과 도덕성으로 나아갈 수 있는 길을 열어 놓은 것이다.

그러기 위해서 존재자로서 둘러-봄은 둘러-있음의-세계가 존재하도록 그 생명적 세계로 눈길을 주는 것이고 우리의 감각이 그리로 향하여-있음이다. 이렇게 자연 세계, 곧 둘러-있음의-세계를 생명으로서 바라보는 인식의 전환이 필요하다. 생명적 존재들의 공동체는 같은 지위, 같은 자격을 가진 구성원으로 둘러-보는 존재적 발상을 가져야 할 뿐만 아니라 인간과 같은 생명[삶숨]성[생명적 평등성]을 가진 자연으로 느끼고 생각하는 태도가 요청되는 것이다. 그것의 근원은 왕양명의 마음이자 양지요, 함석헌에게는 바탈이다. 마음이 곧 행위요, 본성의 발현이라면 바탈 또한 코기토(cogito)로 그치는 것이 아니라 행동으로 이어지는 행동적 사유의 원천이다. "생명은 지어냄[創造]이다. 맞춤[適應] 뒤에 대듦이 있듯이 대드는 바탈[性] 뒤에는 끊임없이 새 것을 지어내려는 줄기찬 힘이 움직이고 있다. 생명은 자람이요, 피어남이요, 낳음이요, 만듦이요, 지어냄이요, 이루잠이다."[64]라고 말하고 있듯이 바탈과 생명, 그리고 우주적 활동은 능동적이냐 수동적이냐 혹은 주체냐 대상이냐 혹은 원인이냐 결과냐 하는 도식을 벗어나서 의식이나 마음의 역동적인 발현이 둘러-있음의-세계로 나타나고 있다는 것을 알 수 있다. 다시 말해서 위에서 말한 것처럼 바탈과 행위, 바탈과 실천, 바탈과 혁명은 전혀 구분되지 않는다.

5. 다시 근원적인 물음과 해답으로
: 존재의 거리와 생명 평화적 공존을 위한 길

이제 자연 세계에 대한 인식은 도구적 존재성을 넘어서 배려적 존재성, 혹은 공동존재성(공존재성)으로 나아가야 한다. "사람은 자연의 아들이란 말이 있다. 우리는 햇빛 아래 공기를 마시고 바람을 쏘이며, 동식물을 먹고, 물을 마시고, 그것들로 옷을 만들고, 집을 짓고 산다. 그러나 우리가 자연물을 이용만 하고 그것을 기를 줄을 몰랐다면 자연을 참 알지는 못했을 것이다. 그리고 자연을 모른다면 하나님도 모를 것이다. 자연이 우리 생활의 자료도 되지만 우리 정신교육의 교과서도 된다."[65] 따라서 자연과 인간의 공동존재성을 위해서 다시 근원적인 관점으로 회귀해야 할 것이다. 함석헌이 말한 이른바 "평화적 공존"이다. 그는 크로포트킨(Pyotr Alekseevich Kropotkin, 1842~1921)의 『상호부조론』을 거론하면서 "가능하거나 말거나 평화만이 유일의 길이다. 같이 삶만이 삶이다. 공존만이 생존이다. 모든 생물의 역사가 증명한다. 평화는 자연적 현상이 아니고 인류의 자유 의지를 통해 오는 윤리적 행동이다. 생물은 결코 생존경쟁을 함으로써 진화하는 것은 아니다. 생물은 사실은 서로 도움으로써 살아가게 되는 점이 많다."[66]라고 말했다. 자연과 인간의 공존 혹은 공존재성을 위해서 둘러-있음의-세계를 둘러-봄의 배려는 삶의 바탈에서 묻어난다. 함석헌이 말하고 있는 삶의 바탈의 으뜸은 "사랑"이다. 인간이 둘러-있음의-세계에 대해서 사랑을 자신의 바탈로 삼고 그의 본성과 뜻, 그리고 정신의 발현으로서의 둘러-있음의-세계를 둘러-보고, 돌아-본다면 그것이 결국 다 같이 사는 길이요, 인간이 사는 길일 것이다.[67]

인간과 자연은 공간적 실재성을 공유한다. 현존재가 정신적 존재이기 때문에 공간 점유가 다른 생명체와는 다르다 할지라도 공간적 실재를 공유하는 함께-속하는-세계(세계의 공속성, 共屬性; Zusammengehörigkeiten)에 있음을 부인하기는 어려울 것이다.[68] 여기서 말하는 공간이라는 개념이 단순히 칸트적인 의미에서 현상계(Erscheinungswelt: phenomenal world)를 말하는 것이 아니라 의미의 세계, 즉 동물들, 식물들, 흙, 온도, 빛 등을 아우르는 포괄적이면서 구체적인 공간 세계를 일컫는다. 따라서 현상학적 환원을 통해서 환경에 대한 일반적인 편견을 배거해야 한다.[69] 그럴 때 진정으로 인간과 타자로서의 둘러-있음의-세계를 원본적으로(originare) 경험할 수 있을 것이다. 다시 말하면 자연이라는 공간적 실재는 인간과 자연이 함께-속해 있는-세계이기 때문에 종래의 자연을 대상화했던 관점을 지양하고 자연, 즉 의미 세계적 요소들도 모두가 하나의 주체적 자연(포괄적 주체)[70]으로서의 자리를 확보할 수 있도록 존재론적·인식론적 전회가 있어야 한다는 것이다.

왕양명과 함석헌으로부터 우리가 알 수 있는 것은 인간의 의식 밖의 세계가 인간 자신과 전혀 동떨어진 대상이 아니라 마음 혹은 생각(정신)과 일체가 되고 있다는 점이다. 따라서 그들에게 있어 둘러-있음의-세계는 인간 자신이 있는 자리가 곧 인간의 자리일 뿐만 아니라 둘러-있음의-세계로서 주체적 자연의 자리라는 사실이다. 여기에서 우리는 두 철학자의 반 데카르트적 사유를 발견할 수 있다.

그럼에도 불구하고 두 철학자의 사유 알맹이에서 의문을 갖게 되는 것은 둘러-있음의-세계와 마음 혹은 바탈 사이의 거리[隔]가 전혀 존재하지 않는가 하는 점이다. 왕양명에게 있어 마음의 완전한 실현이 만물일체로 나타났다는 점에서 보면 틈새가 없어 보인다. 마찬가지로 함석헌에게 있어 바탈은 곧 행위로 나타난다. 바탈이 외화되어서 나타난 것이 우주이고 혁명이며 사상적 실천이라는 점에서 볼 때 이분법적 사유가 해소되는 것 같다. 그러나 자연 세계와 인간 존재 사이의 '사이'[間]라는 존재적 공간이 확보되지 않으면 또 다른 자연에 대한 폭력으로 이어질 수 있음을 직시해야 한다. '사이'는 존재와 존재의 배려적 공간이다. 생각하더라도, 사유를 하더라도, 마음을 확장하여 자연 속에 투사를 하더라도 상호주관성 혹은 서로의 주체성을 인정해야만 각각 독립되면서 해치지 않고 공존이 가능할 수 있다. 서로의 속알까지도 낱낱이 알아 버리고 '그것이 곧 나 자신이다', '내가 곧 자연이다'라는 인식이 확장되면 그것을 인식하는 순간 또 다른 폭력과 지배가 가능해질 수가 있다. 따라서 만일 사이의 존재론적 공간이 가능하다면 서로 공감하고 어느 한편을 위한 공간이 아닌 공적 공간(公的 空間)이자 측정 불가한 공간으로서의 새로운 공간이 되어야 할 것이다.[71]

'살아-있음'이라는 생명적 인식을 담보할 수 없다면 존재자의 존재 인식은 무의미하다. 살아-있음은 살아 있는 모든 존재자들의 공통적 속성이다. 이는 살고자 하고 또 살아야 하는 존재자들의 의지를 어떤 존재도 말살할 자유를 가지고 있지 않다는 것을 의미한다. 더군다나 살아 있는 존재자들에 대해서 지배와 피지배의 관계를 확정지을 수 있는 존재도 없다. 다만 모든 존재자들은 생명의 의지를 실현하고자 하는 근본적인 욕구를 서로 도울 수 있는 존재임을 간과하지 말아야 한다. 그러므로 모든 존재의 살아-있음이라는 존재 상태와 조건, 존재 사실과 당위는 자연과 인간, 특히 인간의 탈자적 실존을 정확히 인식하면서 동시에 타자로서의 독립된 주체인 자연을 '너'(Du)로서 인식할 수 있는 것이다.

'너'로서의 윤리적 숙고는 마르틴 부버(Martin Buber, 1878~1965)의 윤리 · 신학적 성찰[72]에서 한 발 더 나아간 레비나스(E. Levinas, 1906~1995)의 '나-너'(Ich-Du)의 상호 거리-둠/상호 인정 윤리에 의해서 더욱 발전된다. 그의 철학적 윤리를 통하여 타자인 자연에 대해서 무한히 책임을 지는 환경철학적 태도는 결국 둘러-있음의-세계와의 윤리적 · 심리적 거리를 가능하게 만든다는 데 큰 의의가 있다고 할 것이다. 이때 이러한 환경존재론 혹은 자연존재론의 확립 가능성과 실마리는 왕양명과 함석헌의 마음철학, 바탈철학에서 잘 드러났다고 본다. 그렇다고 해서 마음이 곧 자연이라거나 생각(정신)이 곧 우주의식으로서, 바탈은 만물로 외현한다'는 식의 일원론이 되어야 한다는 것을 뜻하지 않는다. 마음과 자연, 생각과 만물이 서로 '별개'는 아니지만, 다만 바탈로서 둘러-있음의-세계 그 자체로서 존재하도록 하는 존재의 거리 (초월하면서 초월하지 않는, 내재하면서 내재하지 않는 감정의 거리, 관심의 거리, 뜻의 거리)[73]에 대한 통찰이 우선되어야 한다는 것이다. 따라서 현시점에서 우리가 굳이 하나를 선택해야 한다면 마음, 생각, 바탈은 결국 자연-세계-내-실체(존재)라는 사유에 무게 중심을 두어야 자연 존재의 무지반성(無地盤性)을 해소하지 않겠는가.

정신을 가져라. 뱃심을 가져라. 정신은 일어서는 것이요, 버티는 것이요, 번져나가는 것이요, 폭발하는 것이다. 겁내지 말고 정신을 가지기 위해 믿으라. 믿음의 성운의 소용돌이 중심에서 영의 불꽃이 일고, 그 불꽃을 정신이라 한다.[74]

자연에 대해 사유하지 않는[無思惟] 사람들과 환경사목의 공리

1. 신자 생활의 뼛속까지 환경적이어야 한다!

환경문제가 일반화되면서 나타난 매우 염려스러운 현상은, 이제는 아예 시민들이 환경에 대해서 무감각해졌다는 것이다. 예삿일로 일어나는 문제라 그러려니 하는 생각을 갖고 있는 듯하다. 그에 반해 한국 사회가 소득 수준이 높아짐에 따라서 먹거리에 대한 관심과 건강에 대한 관심은 매우 높아졌다. 분명히 환경문제와 먹거리, 그리고 건강과의 관계는 서로 떼려야 뗄 수 없는 것임에도 불구하고 사람들은 먹는 문제, 자신의 건강 그것도 장수와 죽음의 문제에 대해서는 지나칠 정도로 촉각을 곤두세운다. 그래서 마을마다 건강과 관련된 음식과 음식점으로 넘쳐나고 건강 유지 관리법을 알려주는 곳은 북새통을 이룬다. 하지만 반드시 알아두어야 할 것은 흙, 물, 햇빛, 바람[地水火風]이 근본적으로 문제가 생기면 먹거리 역시 먹을 만한 것이 생산될 수 없고 그에 따라 우리의 건강도 장담할 수 없다는 사실이다. 따라서 입에 들어가서 뒤로 나오는 먹고 사는 과정과 현상에 대한 관심, 그리고 내가 어떻게 치매를 걸리지 않고 오래 살다가 편안히 죽을 것인가보다 어떻게 자연 환경을 건강하게 유지시킬 것인가에 더 많은 관심을 기울여야 한다.

사제가 사목을 하다 보면 신자들과 먹거리 모임을 자주 가질 수밖에 없을 것이다. 먹으면 정이 싹튼다는 우리나라 정서상 먹는 자리는 사목에서도 중요할 수밖에 없다. 그러면서 동시에 그 자리가 환경 담론의 자리, 환경을 생각하는 자리가 되면 좋을 텐데 정작 우리는 그 자리를 생태적인 사유를 가지고 진지하게 고려하면서까지 결정하는 경우는 거의 없다. 혹여 누군가 환경을 생각해서 생태적인 먹거리 혹은 먹을 자리를 제시하면 눈총을 받기 일쑤다. 사목자 또한 그것을 강력하게 발언을 하기보다 신자들의 취향과 선택에 따라 움직이는 경우가 많다. 환경을 강조하면, 사람이 유난스럽다고 여긴다거나 자연과 생명을 위해서 불편함을 감수해야 한다는 생각과 먹는 즐거움을 반감시키고 싶지 않은 판단에서 그럴 것이다. 무심코 이런저런 신자들의 생각들을 너무 배려하다 보면 소신을 가지고 환경 담론을 꺼내는 것이 점점 더 어려워질 것은 뻔하다. 이런 경우 사목자 자신이 먹거리에 대한 뚜렷한 신학과 철학을 바로 갖추고 있는 게 중요하다. 그 때문에 사목자가 까다롭다는 말을 듣더라도 매번 먹거리와 먹는 자리에 대해서는 일정한 선을 제시하는 것도 신자들로 하여금 환경 중심의 신앙을 갖게 하는 방편이 될 것이다.

글쓴이가 여기에서 단순히 동물해방론이나 동물권리론, 나아가 극단적인 채식론을 들먹이는 것이 아니다. 다만 사목에서조차도 환경 문제에는 아무리 강조해도 지나치지 않는다는 것이다. 신자들은 환경에 대해 잘 안다고 생각을 한다. 그만큼 환경 문제에 대한 여러 정보들을 매체나 교육을 통해서 많이 접할 수 있었기 때문이다. 그래서인지 환경 문제는 답안이 뻔하다고 생각하며 더 이상 논의할 필요가 없다고 여긴다. 그 답안은 타자의 생명을 위해 내 욕망을 제어하는 것인데, 막상 알면서도 조금 불편하게, 조금 더럽게, 조금 느리게 사는 것이 싫으니까, 그 해답대로 살지 않게 된다. 세상에서 타자를 위해서, 자연을 위해서 자신의 쾌락을 초월(포기)하면서 살려고 하는 사람이 얼마나 되는가. 쉽지 않은 일이다. 자신의 눈앞에서 환경 파괴의 실상을 목격하거나 자신의 문제로 경험하지 않은 사람에게는 먼 나라의 이야기로 들리기 십상이다. 당장 자신에게, 자신의 집 앞에서 벌어진 일이라면 대처하는 마음 자세나 생활 태도가 달라질 것은 당연하다. 하지만 실상을 보면 성당조차도 건물 시설이 불편하거나 주차장이 없는 곳이어서 미사 환경이 좋지 못하다고 판단이 되면 찾아가기를 꺼리게 된다. 개신교만 해도 교회가 성장하려면 교회당보다 우선 주차장부터 확보해야 한다는 것이 일반적인 사목 통념으로 자리 잡고 있다.

그러므로 어떤 사목자가 신자들로 하여금 '우리 성당은 자연 환경의 보전을 위해서 조금 불편하게 살아가도록 합시다!'라고 말할 수 있겠는가. 성당의 신자들은 덥고/춥고 불편한 시설의 작은 성당보다는 시원하고/따뜻하고 편한 환경의 큰 성당을 더 선호할 테니까 말이다. 여기에서 편리함과 이기성을 좇는 본능적 인간으로 살 것이냐 아니면 (생태)영성/생태(이성)적 인간으로 살 것이냐의 갈림길에서 결단을 할 수밖에 없다. "사람은 자연의 아들이란 말이 있다. 우리는 햇빛 아래 공기를 마시고 바람을 쏘이며, 동식물을 먹고, 물을 마시고, 그것들로 옷을 만들고, 집을 짓고 산다. 그러나 우리가 자연물을 이용만 하고 그것을 기를 줄을 몰랐다면 자연을 참 알지는 못했을 것이다. 그리고 자연을 모른다면 하느님도 모를 것이다. 자연이 우리 생활의 자료도 되지만 우리의 정신교육의 교과서도 된다."[75] 함석헌의 말이다. 자연을 하느님을 아는 교과서라고 생각하지 못하고 오로지 인간의 도구로 인식하는 한 자연에 대한 폭력은 줄어들지 않는다. 자연은 하느님을 아는 교과서이기 전에 기실 하느님의 교과서이다. 자연은 당신 자신을 드러내는 장으로서, 그리스도인은 그 장을 통해서 길러지는 생명적 존재자들의 일부에 불과하다. 다시 말해서 자연이라는 교과서, 그 교과서 안에 현존하는 하느님을 통해서 인간의 마음, 신앙, 정신, 육체가 길러지는 것이 아닌가. 그렇다면 성당에서, 직장에서, 가정에서 자연을 위한 작디작은 불편함쯤은 달갑게 받아들일 수 있지 않은가. 그것이 애틋한 마음으로 환경을 대하는 신자의 자세가 아니겠는가.

2. 모든 그리스도인은 환경 청지기여야 한다!

창세기 1,28절에 의하면 하느님께서는 인간을 창조하시고 "자식을 많이 낳고 번성하여 땅을 가득 채우고 지배하여라. 그리고 바다의 물고기와 하늘의 새와 땅을 기어 다니는 온갖 생물을 다스려라."고 말씀을 하셨다. 이 구절에서 그리스도인이 환경 문제를 접근할 때 걸림돌이 되는 동사가 바로 지배하여라(kabash)와 다스려라(radah)라는 것인데, 이것을 사실적 정보로 알아들으면 곤란하다. 이렇게 말씀을 하신 하느님의 저의를 파악하는 것이 중요한데, 이 두 개념은 환경에 대한 인간의 청지기(관리자) 신분을 강조하신 것으로 받아들여야 한다. 청지기(하느님의 대리인)는 주인의 명에 따라 일하는 사람으로 주인의 것을 소유하거나 훼손할 수 있는 권한이 없다. 다만 인간은 창조주의 의중을 깊이 헤아려서 맡겨진 것을 잘 관리하고 보전해야 하는 임무만이 존재한다. 만물의 완전한 사용자는 오직 하느님뿐이시고 인간은 임시 사용자에 지나지 않는다는 것이다. 이 땅에 하느님의 나라가 도래할 때까지만 인간은 창조주 하느님의 것을 임시로, 잠정적으로 사용하기 때문에, 최소한 원형을 훼손하지 않으면서 지속적·영속적으로 사용할 수 있는 상태를 유지하지 않으면 안 된다. 이 자연 세계를 맡겨 주셨다는 것은 인간이 모든 만물의 으뜸이요, 맏이기 때문에 그런 것이 아니다. 다만 인간은 자연을 위한 수도자, 즉 '생태적 수도자'들로 살라 하신 것이다. 각각의 개인은 자연과 떨어져 홀로 있는 듯하나 현실적으로는, 신앙적으로는 하느님의 정원, 혹은 하느님의 생명적 수도원인 자연과 더불어 살며 자연존재에 관심을 갖고 기도하는 현존재이다.

그런데 지금 자연은 인간의 탐욕과 욕망으로 인해 너무 많은 상처와 파괴로 고통을 받고 있다. 그것은 하느님의 것을 인간의 것으로 잘못 인식하면서 생긴 결과이다. 사실 인간의 것이라고는 하나도 없다. 우리가 살아가면서 취하는 모든 것들은 거저 받은 선물이다. 달리 말하면 인간은 하느님의 은총으로 살아가는 존재라는 것이다. 하느님의 은총으로 살아가는 존재가 어디 인간뿐이던가. 온 우주가 하느님의 손을 거치지 않은 것이 없으니 모든 피조세계가 그분의 은총으로 살아가는 것이다. 어떤 피조물도 예외 없이 하느님의 은총 안에 있는 존재들이다. 그런 점에서 그리스도인은 생태적 은총을 묵상하고 감사하며 살아가야 할 것이 아닌가? 생태적 은총을 기억하지 않는다면 지구는 더 이상 지탱하기 어렵기도 하지만, 그리스도인은 하느님의 은총을 정분(精分)으로 하여 사는 존재이기에 모든 생명을 나누고 같이 살아야 한다는 것을 명심해야 한다.

"요나스(H. Jonas)는 생명이란 모두 목적을 가지고 있다는 형이상학을 전개했다. 그 목적을 파괴하는 것은 곧 악이다. 인류는 무수한 종을 멸종시켜 왔기 때문에 죄가 가장 많다."[76] 하느님의 은총 속에 살지 않는 그리스도인, 다시 말해서 생태적 은총 속에서 살지 않는 그리스도인은 오히려 반생태적인 죄악을 저지르고 있는 것이다. 하느님의 은총 안에 있는 모든 피조물들의 존엄성(하느님의 은총이 깃든 존재)을 인정하지 않고 오히려 남획하고 무차별하게 죽이는 일을 반복하고 있으니 설령 무의식적인 행위라 할지라도 그것은 죄악을 범하고 있다고 해도 과언은 아니다. 하느님의 창조 사건에 의해서 모두가 당신의 은총 안에, 당신의 시간 안에 있어야 하지만 인간의 이기심과 탐욕으로 인한 무분별하고 반이성적인 죽임으로 인하여 하느님의 은총과 하느님의 생명 시간을 함께 공유하지 못하고 있기 때문이다.

함석헌은 "나무는 땅이 하늘 향해 올리는 기도요 찬송이다. 하늘에서 내린 것에 제 마음을 넣어서 돌린 것이 숲이요 꽃이다. 머리 위의 저 푸른 하늘은 우리 정신의 숲이다."[77]라고 말한다. 매우 시적이고 감성적 표현이지만, 요지는 만물이 신앙적 감수성과 직결된다는 말일 것이다. 자연 하나하나를 놓고 보면 모두 기도와 찬미, 감사와 사랑으로 이어진 것들이다. 그것들은 결국 우리의 영혼에 울림을 일으켜 주고 정신의 깊이, 그리고 이성과 감성을 풍요롭게 해 주는 하느님의 걸작품들이 아니던가.

3. 모든 사목자는 근본적으로 환경사목자여야 한다!

사목자는 사람의 생명을 살리는 성직자이다. 영혼과 정신뿐만 아니라 육체까지도 돌보아야 하는 게 사목자의 역할이다. 그런데 오늘날 영혼과 정신을 돌보고 살리는 근본적인 사목 정신은 비단 인간에게만 해당되는 사항이 아니다. 인간의 돌봄과 살림은 자연 환경, 즉 우주적 돌봄과 살림이라는 환경사목적 의식에까지 확장될 수밖에 없다. 그런 의미에서 사목자는 환경의식의 공급자 혹은 생산자요, 그것을 먹고 사는 신자 또한 환경 의식의 공감자(공유자)이자 실질적 실천가(활동가)라고 말할 수 있을 것이다. 그렇다면 여기에서 말하는 환경의식은 무엇을 말하는가? 함석헌의 말을 들어보자. "만물은 이용해 먹기 위한 것만 아니다. 대접하고 생각하여 깨달아야 하는 하느님의 사자(使者)요 편지다. 그러므로 돌보고 보호한다는 정신으로 대하여야 한다. 평화주의는 이제 긴급한 문제다. 남의 생명을 먹고야 사는 이 생명일 수 없다. 남 죽이지 않고 나 스스로 사는 것이 영이다. 하느님은, 즉 진화의 목표는 영이다. 영이 되기 위해 불상생을 연습해야 한다."[78]

무릇 인간에게만 있는 다툼(투쟁)이 자연에게는 없다. 자연은 서로서로 조화를 이룬다. 진정한 의미에서 인간과 자연이 이루어야 하는 평화란 조화(어울림)와 다르지 않다. 자기의 이익을 위해서 다툼을 벌이는 인간의 폭력성을 자연에 투사하면서 자연과도 다투어 기어코 지배하고 개발을 위한 수단으로 삼겠다면 자연과의 조화를 결코 이룰 수가 없을 것이다. 그런 의미에서 사목자는 적어도 환경을 염두에 두지 않는다면 미래의 교회와 삶이 사라질 수 있다는 위기의 신학적 바탕 위에서 신자들을 교육·계몽해야 한다. 자연이 피폐된 상태에서는 모든 삶이 지탱될 수 없다는 위기의식을 갖지 않는다면 자연과 인간의 긴장감이 있는 조화로운 삶의 실현은 요원할 수밖에 없기 때문이다. 인간은 자연과의 상호공존의 삶을 무시하면 생존이 불가능하다는 것을 반드시 염두에 두어야 한다. 인간 없는 자연은 있을 수 있겠지만, 자연이 없는 인간은 생각할 수 없다. 그러므로 인간도 마찬가지로 생태계의 한 구성원임을 겸허하게 인식하고, 할 수만 있다면 불살생으로 가야 한다.[79] 우연히 손에 잡힌 책에서 다음 구절에 눈이 멎는다.

"그리스도 교회는 창조주의 피신탁자로서의 교인들로 하여금 피신탁물에게 평화와 안녕, 즉 생태학적인 정의를 유지하도록 해야 한다… 정의 혹은 평화는 하느님의 창조 사역에서 "좋았더라"에서 시작된 것이라 할 수 있다. 성경이 뜻하는 정의란 공정, 사랑, 친절, 온전, 성실 등으로서 이것은 하느님의 모든 창조물의 생존에 적용된다. 여기에서 정의와 생존에 적용된다. 여기에서 정의와 평화는 피조물 간의 조화, 화합과 평화를 위한 창조주의 보호책인 것이다."[80]

헨리 데이빗 소로우(Henry D. Thoreau, 1817-62)도 "인간을 시민사회의 일원이라기보다는 자연의 중요한 일부분으로 간주하고 싶다."고 말한다. 자연의 일부분으로서의 인간은 모든 존재자들과 함께 유기체적인 "좋음", 생명적인 "좋음"의 조화 상태에 있을 때 존재 의미가 있다. 생태계 내에서 자연이 인간에게 수단적 가치가 있어서 "좋음"이라는 성격을 가지고 있는 것이 아니라 모든 존재자들이 서로 조화를 이루기 때문에 "좋음"이 가능하다는 생각의 전환이 일어나야 한다. 그렇게 될 때에 자연이라는 타자에 대한 생태윤리학적 배려도 가능해진다. "생존권이란 조심스럽게 말하자면 부당하게 살해되지 않을 권리이지 생존하기 위해 사회의 자원을 무제한 향유할 수 있는 권리는 아니다."[81] 필경 인간만이 자기 생존의 권리가 있는 것이 아니라 자연 세계의 모든 존재도 생존의 권리를 가지고 있다는 배려심이 건강한 창조신앙의 척도라 말할 수 있다.

이와 같은 생태적 신앙을 갖게 하려면 생활세계와 자연 세계가 서로 유리될 수 없다는 인식을 가질 수 있도록 교회세계라는 공론장에서 신자들과의 의사소통이 이루어져야 한다. 교회는 바로 생태적 의사소통의 토대가 되는 장인 것이다. 교회와 생활세계를 생태적 공동체로 만들기 위한 합의, 논의, 설득은 곧 자연 세계를 위한 환경적 실천을 가능하게 만드는 사목자의 기초적인 능력이라는 것을 잊지 말아야 한다. 그런 차원에서 사목자는 교회의 신자들이 생태적 삶을 살도록 토의(deliberation), 공감, 그리고 실천적 결단을 이끌어 내는 주된 역할을 담당해 주어야 한다. 더불어 그렇게 함으로써 자연을 위한 신앙의 덕(virtus), 생태적 덕이 신자들의 영성과 이성의 결과로 나타나야 한다.

그러기 위해서 "이 세상은 신들이 우리에게 선사한 널따란 극장이다. 그러므로 우리는 마땅히 그 격조에 맞는 연기를 해야 한다."(Henry D. Thoreau, 1841.6.2. 일기)는 의식이 요구된다. 우리에게 선물을 주신 분의 마음을 따라 그 고마움에 부응하는 것은 고사하고 배신을 하는 일은 없어야 한다. 최근에 선출된 교황(제266대 교황, 2013.03~)이 자신이 사용할 새 이름을 '프란치스코'라고 한 것은 여러 가지로 의미 있는 일이다. 잘 아는 바와 같이 성 프란치스코는 생태주보성인이다. 그런 만큼 그가 가난한 이들에게 다가가겠다는 의지도 담겨 있지만, 전세계의 그리스도인들과 함께 가난한 자연을 사랑하는 일에도 소홀히 하지 않겠다는 것을 천명한 것이라 생각한다. 마찬가지로 이제 모든 그리스도인은 인간에 의해서 가난해져 버린 자연의 상처를 보듬고 위로(consolatio)하는 위로자, 하느님의 손으로 아름답게 만들어진 자연이 행여 다칠세라 감싸 안고 불쌍히 여길 줄 아는 그리스도인이 되어야 할 것이다.

여름과 겨울이 오면 교회는 그 어때 보다도 석유 · 원전 의존적 삶의 방식을 탈피하기가 어렵다. 이럴 때 일수록 어떻게 하면 성당이 녹색 교회가 될 수 있는가, 어떻게 하면 녹색 신자가 되도록 만들 것인가를 고민하는 것이 사목자가 해야 할 일이다. 오늘도 어두운 성당 구석의 조명은 놔두더라도 밝은 빛이 들어오는 자연 채광으로 미사를 봉헌할 수 있는 마음의 자세가 되어 있는지 스스로 성찰해 보아야 하리라. 그것이야말로 사제가 자연 환경에 부담을 주는 사목에서 벗어나고, 자연과 더불어 살아가려는 의지가 없는 그리스도인의 삶을 일깨워 하느님의 구원 공간을 살리면서 하느님의 우주적 구원에 동참하도록 하는 저탄소 환경사목의 시작일 것이다.

본당 사목자의 환경 인식과
생태적 리더십의 요청

당신은 하느님과 피조물을 총체적으로 생각하여 피조물 안에서 하느님을 보고 하느님 안에서 피조물을 보아야지 결코 이 둘을 분리시켜서는 안 된다. 모든 것은 하느님을 감추거나 하느님을 아는 데 있어서 장애물이 아니라 하느님을 증거해 주고 있기 때문이다.

– 토머스 머튼(Thomas Merton)

1. 대지의 아픔을 직시하라!

"지구를 오염시키는 것은 거룩한 것을 모독하는 행위이다. 창조의 일부를 고통스럽게 하고 죽이는 것은 하느님을 고통스럽게 하는 것이다. 왜냐하면 만물은 하느님 안에 존재하기 때문이다. 땅을 오염시키는 것은 어머니에게 침 뱉는 것과 같은 행위이다. 한 캐나다 인디언 신학자는 전체 환경세계를 '나의 전체 가족'이라고 말했다."[82]

지금 하느님의 거룩한 땅이 고통과 아픔으로 신음을 하고 있다. 자동차 도로를 만들기 위해서 지구의 살갗에 아스팔트 시공을 함으로써 신성한 땅을 죽음으로 몰아가고 있고, 난개발로 사막화가 되는 땅의 면적은 갈수록 늘어 가고 있다. 쓰레기 매립, 중금속 오염 등으로 썩어 들어가는 땅은 이미 생명을 잉태하는 대지, 인간이 돌아갈 대지가 아닌 것이다. 대지는 인간의 신성한 어머니나 다름이 없다. 땅을 함부로 하고 상처들을 안겨 준다면 하느님을 고통스럽게 하는 것이고, 생명의 원천인 어머니의 자궁을 유린하는 것이다. 이렇게 생활세계와 자연 세계가 생태적 허위와 무책임으로 파괴되는 상황에서 새로운 의식으로 전환을 꾀할 수 있는 것은 그리스도교의 수도자적 전통을 환경적으로 재인식하여 그들의 삶을 현실화 · 내면화하는 것이다.

"피조물이 매일 창조 활동을 계속해 나가는 곳에서 수사들을 우주의 공동 창조자가 되게 한 것은 바로 육체 노동이었다. 당신이 마루를 닦고 의자를 고치고 벽에 칠을 하고 땅을 갈고 기계를 손질할 때 마루와 의자와 벽과 땅과 기계는 당신에게 중요하게 된다. 당신은 당신 자신의 삶에 책임을 진 것이다. 현대 세계가 가장 많이 상실한 것은 삶에 대한 책임이다. 쓰고 버리는 사회에서는 어떤 것도 생명을 가진 것으로 간주되지 않는다. 사물들은 단지 일시적인 유용성을 가질 뿐이다. 결국 쓰레기 매립지에는 한 번 쓰고 버려져 영원히 다시 사용되지 않는 일회용 컵으로 가득 차게 되었으며 이로 인해 우리는 인류를 우리가 만든 쓰레기 더미에 묻고 있다."[83]

미국은 한 사람당 2kg 가량의 쓰레기를 버린다고 하는데, 그중 종이 쓰레기가 1/3이나 차지한다. 대부분 쓰레기 매립장이나 소각장으로 가는 것은 당연지사다. 이것이 삼림 파괴와 직결되는 문제라고 본다면 종이를 비롯하여 쓰레기를 재활용하는 문제를 진지하게 검토해야 할 것이다. "인간이 생존을 위해 필요한 소량의 제품만 만들어야 하는 것은 아니다. 그러나 사용할 수 있는 제품을 버리는 행위는 자연에 대한 범죄이다. 내구 연한이 사용연한을 상회할 때, 제품을 반드시 새로 만들어야 할 필요는 없다. 그런데도 유용한 제품을 상품으로써 경쟁력이 떨어졌다는 이유로 폐기하고 있는데 이를 허락해서는 안 된다. 새 셔츠, 만든 지 수 시간밖에 지나지 않는 도넛, 운동회 기념품인 노트 등을 폐기하는 것은 자연에 대한 모독이다."[84] 아마도 우리나라도 예외는 아니라고 생각하는데, 그런 문제의식을 가지고, 예컨대 교구 주보를 재생용지로 제작하는 방법도 생각해 볼 일이다.

땅이 황폐해지는 것은 이 문제 때문만은 아니다. 우리나라의 관행농법도 매우 큰 골칫거리다. 상업적으로 수익이 되는 산업형의 단일 작물만 심어서 수확하면 작물의 다양성이 사라지면서 비료와 농약 살포로 지력이 약해지고 해충은 더 면역성이 강해진다. 또한 산업형의 작물만을 재배하면 병충해가 발생하게 될 경우 모든 작물이 공격을 받는 것은 말할 것도 없거니와 자연적 방식의 포괄적 다양성이 사라지고 만다. 게다가 잡초는 작물과 경쟁자로 인식되어서 화학 제초제에 의해 궤멸된다.[85] 이에 반해서 아미쉬(Amish) 공동체는 트랙터 대신 여전히 말을 사용하는 인간적 농업을 고집한다고 한다. "농장들은 한 가족이 관리할 수 있는 것보다 크지 않다. 농장의 잡초들도 제초제를 사용하여 제거되지 않는다. 심지어 어떤 잡초들은 장마에 표토가 쓸려 내려가는 것을 막아 주기 때문에 그대로 보존된다. 해충들은 돌려짓기(그루갈이)에 의해 억제된다."[86] 따라서 정부만이 아니라 본당은 땅도 살리고 건강한 먹거리를 생산하기 위해서 산업형 농업을 극복하고 소규모 자영농으로 전환할 수 있도록 지원 및 투자를 아끼지 말아야 한다. 본당은 이와 함께 몇 가지 환경사목적 원칙을 세우도록 하면 어떨까? 우선 성당 먹거리를 위해서 옥상이나 주변 빈 공간을 이용하여 텃밭이나 정원을 조성하고, 남은 땅에다 부엌의 음식물 쓰레기를 혼합하여 퇴비를 만드는 것이다. 본당 공동체에서는 피치 못해서 물건을 포장해야 할 경우 미생물로 분해되지 않는 포장물로 포장하지 않으며, 우편물은 포장지가 아닌 낡은 종이에 싼다. 재생용지를 적극적으로 사용하며 일회용품(일회용컵)을 사용하지 않는다. 산모가 출산을 했을 때는 일회용 기저귀가 아닌 천기저귀를 선물한다. 산모가 아이와 함께 집에 있을 때는 가능한 한 천기저귀 사용을 생활화한다. 그리고 더 나아가서 산림 보호 지원에 앞장서는 교회가 되어야 하며, 그 일환으로 성당은 종이를 만들기 위해 벌채한 양만큼의 나무를 다시 심는 일을 계획·동참한다.

2. 피조 세계의 아름다움을 찬미하라!

피조 세계에 대해서 삶의 본질적인 측면, 필수불가결한 관계적인 측면에서 인식하고 그것과의 관계 속에서 살아가려면 자연을 기계적인 대상으로 바라보는 태도를 지양해야 한다. 하느님의 섭리에 의해서 매우 신비스럽고 불가해한 모습으로 우리에게 나타나고 정교하게 생태계가 유지되는 것을 마치 기계와 '같다'는 식으로 이해하면 곤란하다. 더군다나 자연이 인간에게 베풀어주는 생명적 결실로서의 먹거리 또한 기계문명과 과학기술문명의 생산품과 같이 인식하면 안 된다. 함석헌이 적시한 것처럼, 자연은 "단순한 기계가 아니고 하느님의 생명이 그 안에 관통하여 생동하는 우주"[87]이다. 따라서 자연은 하느님의 생명이 꿈틀대는 총체적 현상이다. 자연은 하느님에 의해서 숨을 쉬고 그 들숨날숨이 곧 하느님의 호흡이라는 것을 알게 해준다. 자연이 신비로운 것은 바로 하느님의 생명을 어렴풋하게 깨닫게 해 주고 그 속에서 살고 있는 인간이라는 생명체도 하느님의 생명과 맞닿아 있기 때문이다. 그래서 자연과 그 속의 존재인 인간을 보면 하느님의 숨결이 느껴지는 것이다. 함석헌은 한 걸음 더 나아가 "하느님의 살아 계심으로 인하여 우주는 산 것이다."[88]라고 확신한다. 결국 우주, 곧 자연 세계가 살고 인간이 사는 최초의 원인은 하느님의 사심이다. 하느님의 사심이 없다면 모든 존재의 존립 자체의 근거는 무(nichts)가 된다. 물론 우주와 자연은 그 자체 스스로 자신의 생명을 간직한 채 끊임없이 생성되고 지속된다고 주장할 수도 있다. 하지만 그 생명의 근원적인 배후에 초월적 존재의 살아 있음, 즉 모든 존재가 살도록 하는 생명 그 자체를 전제하지 않는다면 과연 자연 세계와 그 속의 존재인 인간의 의미성을 어디에다 두어야 하는가? 의미, 그것이 삶의 의미이든, 생명의 의미이든, 물질의 의미이든 의미가 있도록 만드는 것은 생명적인 것으로만 안 된다. 생명적인 것으로 살아가게 만드는 궁극적인 의미 그 자체, 혹은 최초의 의미 자체, 의미 부여자가 없다면 인간과 자연 세계는 무의미한 존재가 되고 만다.

모든 존재자가 의미 없이 태어나 의미 없이 살다가 죽어 가는 듯해도 실상은 물질적인 것을 초월하면서 생명적인 현상과 실제적인 삶에 의미를 부여하는 하느님, 곧 초월자의 사심, 초월자의 있음, 생명적 존재 그 자체요 우주적 질서의 부여자로서의 실재에 의해서 사는 것이다. 그 존재는 미려(美麗)한 것 자체다. 다시 말해서 아름다움 그 자체로서 자연 세계를 통해서 질서, 조화, 균형, 대칭 등 아름다움으로 나타나는 것이다. 하지만 인간은 미 그 자체에 대해서 망각하고 있을 뿐만 아니라 그분의 계시로 나타난 자연 세계를 '정복의 대상'으로 보고 완전히 무화(無化)시키고 있다. 함석헌의 비판적 어조를 들어 보자. "자연의 미려는 그 자신으로서의 미려가 아니요 참으로 미려한 것의 계시로서의 미려다. 자연 가운데서 장엄한 것을 감득함은 그 신체로서의 장엄이 아니요 참으로 위대한 것의 계시임으로서의 장엄이다. 고로 자연 가운데서 실재를 읽지 못하는 자에게는 자연은 산 것이 아니요 죽은 것이다. 현재 20세기의 문명이 이를 증명하고 있다. 오늘날 사람들에게 자연은 감격의 대상도 경탄의 대상도 아니다. 단순한 정복의 대상이다. 고로 그들에게는 이는 음미할 것이 아니고 처분할 것이다. 생명 있는 것이 아니고 죽은 사해다. 그것이 어쨌는가 하고 현대인은 반문하나 사실은 이것이 이 문명--이미 고귀한 혼의 소유자들에 의하여 불행한 선고를 당한--의 근본 병폐다. 시대의 첨단을 걷는 사람들에게는 자연이 살거나 죽거나 유신(有神)이거나 무신(無神)이거나 그런 것은 아무래도 관계없는 일인 것 같다. 그러나 어찌 알랴. 이 아무것도 아닌 것이 기실은 인류의 아들들을 모조리 몰아 멸망의 가운데에 넣는 날이 올 줄을."[89]

자연 세계를 단지 도구적 대상으로 생각하고 그것을 있는 그대로의 존재로 바라보지 못하는 시선의 왜곡, 이기적 욕망, 본능적 경쟁(투쟁), 이성의 결여로 인해서, 한갓 인간이라는 좋은 삶의 위기와 위협, 고통을 겪지 않으면 인간 본위로 인한 자기 살육을 깨달을 수 없게 될 것이다. 아름다운 것들에 대해서 아름다움으로 볼 수 있고 감탄할 수 있으며 그 너머에 아름다운 것 그 자체를 상상하고 지각할 수 있다면 자연의 황폐함을 막을 수 있지 않을까? 그러나 인간은 아름다운 것들조차도 향유의 대상이 아니라 소유 가치, 상품 가치, 화폐 가치로 환산하는 우매한 존재가 아니던가? 그렇다면 인간은 도덕적 존재로서의 자기 각성을 꾀하고 우주-속에-있는 존재라는 사실을 다시 한 번 상기하는 일이 중요하다. "대철 칸트는 '빛나는 성천(星天)은 내 위에, 도덕률은 내 안에!'라고 부르짖었다. 산 우주이고서 산 양심이다. 우주에 대한 숭경(崇敬)의 염이 싫어진 이 세상에 도덕의 퇴패함 또한 당연한 일이다. 이 시대가 만일 살고자 하거든 저희는 우선 산 우주 속에 자기를 발견하여야 할 것이다."[90]

인간이 산다는 것은 늘 어떤 사물이나 어떤 존재와 함께, 혹은 곁에서 사는 것이기도 하지만 큰 시각에서 보면 인간은 '속에서' 사는 것이다. 우주와 자연의 시각에서 조명해 보면 인간이란 수많은 존재자들 중에 하나에 불과하다. 다시 말해서 인간은 자연 안에 속해 있는 것이지, 자연이 인간에게 속해 있는 것이 아니다. 자연은 인간의 손에 맡겨져 임의대로 처분될 수 있는 대상이 아니라는 말이다. 오히려 역으로 인간은 자연의 속에 있으면서 자연의 질서와 흐름, 시간, 순리에 따라서 사는 게 마땅하다. 자연이 주체이자 주인이고 인간은 그 속에 있는 여러 존재자들 중에 하나로서, 그것이 베푸는 혜택을 공유하고 그로 인해 인간이라는 종의 생명성을 유지해 가는 존재이다. 그런 의미에서 "인간을 위해 자연을 지킬 것이 아니라, 자연을 위해 자연을 지켜야 한다."[91] 그것을 겸허하게 각성하고 자연 속의 다른 존재자들과 더불어 살아가는 지혜를 발휘하는 것이 인간이 가진 이성이다. 따라서 하느님께서 주신 '이성'을 통하여 혹은 생태적 이성(ecological reason)을 통하여 생명적인 것 총체와 그것을 주관하는 초월자를 인식하며 자연 속의 존재로서 삶의 지속성을 위해 지나친 욕심을 부리지 않는 데 있음을 명심해야 할 것이다.

3. 생태적 리더십을 발휘하라!

지금 한국 사회에 많이 언급되는 용어 중에 하나가 리더십이다. 과거에는 남성주의적인 리더십으로 일관하면서 카리스마가 있는 지도자 중심의 사고나 행동을 강조하였다. 그러나 지금은 가부장적인 군림형의 리더십이 아니라 여성적이면서 감성적인 리더십을 강조한다. 글쓴이는 이와 더불어 생태적 리더십(ecological leadership)이 중요하다고 생각한다. 달리 풀어서 말하면 사람과 사람 사이에서 발생하는 업무와 일, 그리고 조직 관리와 생산성을 위한 리더십에다가 이제는 자연을 고려하면서 인간과 자연과의 관계까지도 생각할 수 있는 리더십과 그러한 환경적 마인드를 가진 리더가 필요하다는 것이다.

정신분석학자 프로이트(S. Freud)는 인간의 인격적인 구조를 본능(id), 자아(ego), 초자아(superego)로 구분하였다. 쾌락 원리에 지배를 받는 본능은 인간의 욕구와 욕망에, 현실 원리에 지배를 받는 자아는 인간의 합리성과 이성에, 초자아는 인간의 도덕과 윤리에 각각 대응한다고 볼 수 있다. 이것을 생태심리학적 관점에서 적용해 본다면 자연 세계를 자신의 욕심과 욕망에 따라서 유린하고 갈취하려는 것은 id이다. 하지만 그래도 이성에 따라서 자신의 욕구를 제어하면서 합리적으로 자연을 이용하려는 의식은 ego다. 여기서 한 발 더 나아가서 자연을 도구적 존재가 아니라 자연과 더불어, 자연을 위하여 살아가야 비로소 인간도 살 수 있다는 의식을 갖게 하는 것은 superego다. 이를테면 환경 문제는 아랑곳하지 않고 배고픔만을 달래기 위해 햄버거를 먹는 것은 id, 햄버거로 허기진 배를 채우기에 앞서 가격이 합리적인가를 묻는 것은 ego, 햄버거를 먹는 문제를 윤리적 관점에서 바라보는 것은 superego다. 이와 같이 현재 환경 문제의 상황에서 우리에게 절실하게 요구되는 것은 바로 superego를 생태적 차원에서 강조·체화하는 것이다. 특히 superego를 통하여 인간보다 자연을 우선으로 고려하는 생태적 리더십이 절대적으로 요청된다.

더군다나 자연과 인간이 서로 보완·보충하고 보호하는 상보적 관계가 요구되는 바, 생태심리학적 의식을 통해서 함께 살아감(상생)의 방식을 모색하지 않으면 안 된다. 인간이 생존하기 위해서는 노동은 필연적일 수밖에 없는데, 이를 위해서는 자연을 이용하지 않으면 안 되는 분명한 한계가 있는 것이 사실이다. 그러나 적어도 그런 행위가 자연에 대한 폭력이 되지 않으려면 자연 본위의 상보적 삶, 상생적 삶이 선행되어야만 한다. 이것을 위해서 성당은 환경을 보전하기 위한 상시적인 강좌가 운영되어야 하고, 미래 세대를 배려하기 위한 환경교육이 철저하게 이루어지는 장이 되어야 한다. 앞서 말한 것처럼, 생태적 리더십은 자연 본위에 충실한 것을 말한다. 사목자는 성당에서의 모든 활동이 '과연 생태적으로 부합하는가?', '자연에 부담을 주지 않는가?'를 먼저 물어야 한다. 설령 그 때문에 성당의 운영과 정책이 늦어진다 하더라도 그것 또한 자연의 리듬이고 자연을 기다려준다는 의미에서 그 흐름으로 가야 할 것이다. 자본의 시간과 성과 위주의 사고에 역행하여 성당을 자연의 흐름에 따라 사목하는 것이 생태적 리더십이며 그런 사고와 행위가 몸에 밴 사목자는 생태적 리더가 되는 것이다. 또한 그러한 신념을 끊임없이 신자들에게 설득시켜서 함께 공유하는 것도 본당 사목자가 갖추어야 할 매우 중요한 생태적 리더십이다. 그래서 사목자는 오늘날 환경 위기 시대에 우주적 하느님에 대한 새로운 이야기, 자연에 대한 새로운 이야기를 제시하고 생명적인 밑그림을 그리는 사제여야 한다. 더 나아가서 화려하고 아름다운 수채화 같은 환경사목을 구상하는 사람, 신자들을 교육해서 환경 중심의 사유와 행위로 유도할 수 있는 사제가 되어야 할 것이다.

대지는 여전히 소유물이지만, 사실 소유물의 대상이 아니다. 인간이 자유로이 처분하거나 폐기하거나 이용할 수 있는 물건이 아니다. 그렇다면 대지는 권리 주체인 인격이라는 말이 된다.[92]

물의 생명성과 생명평화를 구현하는 본당 공동체

1. 상처 입은 물과 불안한 인간

고대 근동의 창조 신화나 중국의 고대 신화에서는 창조와 생명의 신비로서 물이 등장하고, 고대 그리스 철학자인 탈레스(Thales)는 우주가 물에서 비롯되었다고 주장할 만큼 물에 대한 관심의 역사는 오래 되었다. 또한 물은 과거의 역사를 통해서 보더라도 인간의 삶에서 단순한 액체 이상의 의미가 있다. 물은 신비요 생명의 원천이라는 생각이 있었기 때문에, 여러 고등종교에서부터 하등종교에 이르기까지 물은 성수(聖水) 그 자체였다. 그리스도교에서도 물이란 거룩한 것이다. 성당 입구에 들어설 때, 봉헌 예절 중 손을 씻을 때, 세례를 받을 때 등 물은 정결을 상징하는 매체이다. 우리의 어머니들이 이른 새벽에 우물물에서 기른 물을 떠놓고 하늘을 향해 지극 정성으로 빌던 정화수 의례, 비가 오지 않으면 기우제를 지냈던 농경 사회의 기후 의례, 죽은 시신을 물과 합일 의식을 치렀던 인도의 장례 의례 등에 이르기까지 물은 인간사(人間事)에서 떼려야 뗄 수 없는 것이었다. 이렇듯 물을 대하는 여러 모습을 놓고 볼 때 예나 지금이나 물이란 도구적 가치가 아니라 목적적 가치를 지닌 것이다. 그러한 물이 사유재니 공유재니 하는 말을 사용하던 것은 불과 한 세대도 되지 않았다. 그것은 물이 인간 삶의 사용가치 혹은 수단으로서의 가치로 인식되기 시작했다는 말이다.

우리 몸은 3분의 2가 안정된 물 분자 구조로 이루어져 있다. 그만큼 물은 인간의 생명과 직접적인 연관을 맺고 있는 것이다. 그럼에도 현재 지구상의 모든 인류가 풍족하게 물을 사용하고 있는 것이 아니다. 통계에 의하면 약 14억 명이 물 부족에 시달리고 있다. 우리나라도 OECD 국가들 중에 물부족 국가로 분류되었다는 것만 보더라도 물 공급 현황이 안전한 것은 아니다. 이러한 상황에서 도시가 점점 비대해져 감에 따라, 물은 더 부족할 것이며 그 혜택을 받는 사람 역시 그만큼 줄어들 수밖에 없다. 경쟁자를 뜻하는 영어 단어 'rival'과 '경쟁'을 뜻하는 'rivalry'는 모두 개울이나 시내를 뜻하는 라틴어 'rivus'에서 나온 단어들이다. 예로부터 물을 둘러싼 갈등과 전쟁이 있어 왔음을 상기시켜 주는 말이다. 앞으로 물 부족이 심해짐에 따라 지역적·지구적인 갈등과 고통이 심화될 것이다. 따라서 국가는 도시의 물 공급을 위해 환경을 파괴하고 수몰예정 지역의 주민들을 반강제적으로 이주시켜 고향을 잃게 만들면서까지 댐을 건설하여 그 대책을 강구하려 할 것이다.

단적으로 말해서 물은 공유재지 사유재는 아니다. 그렇다면 모두가 공유하고 향유하기 위한 실질적인 방편은 오염되지 않은 깨끗한 물을 지속적으로 확인하고 물과 접할 수 있는 기회를 평등하게 해야 한다. 근본적으로 물은 상품이 아니라 생명 자원이다. 그럼에도 물을 자원화해야 한다면 먼저 전제되어야 할 것은 자연환경과 유기체적 관계에 있지 않으면 안 된다는 것이다. 주변의 자연경관과 생태계를 모조리 파괴하면서 물을 자원화·상품화하겠다는 발상은 자칫 연쇄 오염 혹은 복합오염을 가져오기 때문이다. 그러한 의미에서 수자원 사업은 민영화되어서는 안 된다. 민간 기업에 의해 운영되는 시스템은 철저한 자본 축적을 목적으로 할 수밖에 없다. 물을 통해서 이득을 발생시키는 구조로 간다면 물뿐만 아니라 주변의 자연 생태계는 아랑곳하지 않고 훼손할 것이 자명하다. 중앙집권적 시스템에 의해 운영되는 국유화 역시 문제이기는 마찬가지다. 차선책은 물을 자원화·상품화하는 지역의 마을 공동체 혹은 지역 공동체의 합리적 운영을 유도하는 것이다. 물론 마을 공동체 자체로 운영되는 체제가 반드시 안전하고 이상적이라고는 말할 수 없다. 수자원으로 인한 지역 갈등과 경쟁적 개발 역시 무시할 수 없는 측면이 있기 때문이다.

우리나라의 물에 대한 고민은 일차적으로 지속가능한 개발을 위한 수자원의 효과적인 사용에 주안을 두고 있는 것 같다. 그 목적을 달성하기 위해서는 생태 원리와 경제 원리가 상호 조화를 이루어야 한다고 생각한다. 물 보전과 자원화이라는 두 마리 토끼를 잡기 위한 정책을 입안하기 위해서는 반드시 다음 몇 가지가 선행되어야만 한다고 본다. 첫째, 어떻게 환경 및 인간의 가치가 효과적으로 정책 결정 과정에 반영될 수 있는가? 둘째, 과학기술과 관련된 사실 판단과 정치 현실과 관련된 가치 판단의 관계는 어떠한가? 셋째, 어떻게 정치인, 정부 관료, 전문 기술인, 기업인, 환경운동가, 일반 시민 등의 입장이 수자원 개발을 위한 정책 결정에 통합될 수 있는가? 넷째, 어떻게 미래 세대의 복지를 보장하는 원칙을 따르면서도 개인과 지역 사회의 복지와 복리를 증진시킬 수 있는가? 다섯째, 어떻게 세대 내 그리고 세대 간의 민주적·생태적 협의가 이루어질 수 있는가? 마지막으로 어떻게 생물종 다양성을 보전하고 핵심적인 생태 과정과 생태 부양 체계들을 유지할 수 있는가? 그러나 그 무엇보다도 중요한 것은 이러한 정책 입안 과정에서 상충되는 의견이 제기될 때 반드시 '환경보전 가치'가 우선적으로 고려되어야 한다는 점이다.

이를 위해서 행정 당국과 수자원을 위한 정책 입안자들은 물 관리에 관한 선진국의 모델들을 충분히 검토할 필요가 있다. 예컨대 네덜란드의 경우 물 관리를 위한 법률과 행동 지침을 만드는 데 20여 년이 걸렸다고 한다. 그들의 신중함과 엄밀함을 엿볼 수 있는 사례이다. 잘 아는 대로 그 나라는 물이 범람하는 고통을 겪었던 민족이다. 그럼에도 불구하고 인위적인 방파제보다는 자연적인 물의 힘과 지류를 고려한 생태적 물 관리가 성공적이었다고 말한다. 범람은 종의 보존과 연결되어 있다. 이는 홍수의 영향을 완화시키고 물을 정화하면서도, 많은 동식물들에게 서식지와 피난처를 제공해 줌과 동시에 사람들에게 휴식 공간을 마련해 준다. 이러한 선진국의 물 관리는 하루아침에 이루어진 것은 아니다. 그들의 생태적 사유와 생태적 실천이 낳은 결과이다. 따라서 국민들의 의식이 성숙되지 않고서는 생태적인 물 관리는 요원하다 할 것이다. 환경 보전을 위한 내재적이고 본래적인 가치들이 엄격하게 지켜지기 위해서는 반드시 '생태적 의식의 고양'과 그에 따른 '시민(그리스도인)들의 의식이 계몽'되는 필연적 교육과 삶의 실천들이 병행되어야 할 것이다. 그것은 물을 아껴 쓰자는 계몽 투의 선전 문구에서 더 나아가 '물에 대한 경외'와 '물의 신비'를 자각하고 의식하는 부단한 자기 성찰을 요구하는 것이다.

지구 면적의 70%(97.5%가 바닷물)가 물로 이루어져 있지만 그중에서 인간이 식수로 사용할 수 있는 물은 정작 3%(실제로 사용가능한 호수나 하천의 물은 0.39%)도 되지 않는다. 그나마 지하수가 될 수 있는 빗물조차도 아스팔트 등의 포장도로 때문에 하수도를 거쳐 바다로 흘러 들어가는 실정이다. 비가 내려도 포장도로로 인해서 그 유거수(流去水, run-off water)를 땅이 가두거나 흡수하지 못하고 하수구로 바로 흘러 들어가기 때문에 수질오염의 가장 큰 원인이 된다. 또한 오염된 유거수는 진흙탕을 만들고 해변을 폐쇄시키다 못해 독성녹조를 발생시켜 물고기가 떼죽음을 당하는 결과를 초래한다. 이러한 악조건에서도 미국은 하루 평균 1인당 600리터, 유럽은 300-400리터, 아프리카는 20-30리터의 물을 소비한다고 한다. 선진국일수록 물 사용량이 많음을 볼 수 있는데, 이러한 때에 교회가 먼저 나서서 가능한 한 빗물 저장 탱크를 설치한다면 유거수 낭비를 줄이면서 수질오염도 완화시키고 빗물 재활용에 큰 기여를 하게 될 것이다.

2. 인간의 자연 소유와 앓고 계신 하느님

이 우주 속에서 인간이 사적으로 소유할 수 있는 것은 아무것도 없다. 여기서 사적이라는 말은 자연의 어떤 부분도 인간의 것이 아니라는 말이다. 설령 그것이 합법적인 근거로 자신의 소유가 되었다 하더라도, 그것은 결코 영원한 소유가 아닌 공동의 것(공유재)을 일시적으로 소유하면서 임시 관리인으로서 책임을 가지고 보호하기 위한 역할을 맡은 데에 지나지 않는다. 사실 공동이라는 말과 사용이라는 말도 인간중심적 시각에서나 쓰일 수 있는 말이다. 하지만 공동과 사용이라는 개념은 내 것이 없기 때문에 모든 피조 세계가 함께 나눠 쓴다는 의미에서, 하느님의 손때가 묻은 거처와 자신을 내어 주는 선물로서의 우주를 일시적으로 누구나 공유할 수 있다는 의미에서 말할 수 있는 것이다. 함석헌은 이를 다음과 같이 말한다. "몸을 보시오. 몸에 내 거랄 것 어디 있나? 숨도 제대로 쉬지, 내가 쉬는 게 아니에요.

피도 제대로 돌아가지, 내가 돌리는 거 아니지 않아요? 신경도 제 힘으로 하지 내 힘으로 하나요? 나라는 거 아무것도 없어요. 뭣이 있어요? 그러게 사람이라는 것 몸부터가 대부분은 제가 걱정 안 하고 하느님의 하시고 싶은 대로 하는 것에서, 어느 부분만을 택해서 고것 네가 해 봐라, 밥을 한 숟갈 더 먹으려면 더 먹고 안 먹으려면 안 먹는 거는 내게 있어요. 그것만은 내가 하게 하지 직접 안 하세요. 공기도 필요한 대로 넉넉히 줬고, 물도 필요한 대로 넉넉히 주었고, 지수화풍 사대(四大)에 부족이 아무것도 없어요."[93]

피조 세계의 어떤 것을 내 것이라고 말하는 것은 하느님의 존재를 부인하는 것이다. 모든 존재가 하느님의 것이기 때문이다. 당신이 머무시는 공간, 당신의 손으로 만드신 세계, 어쩌면 당신 현존 자체로서의 세계라면 피조 세계는 하느님 자신이 된다. 당신의 힘을 소진하면서 창조를 계획하고 하느님 자신을 버리면서 이 세계를 낳았다면, 피조 세계도 자신을 버려서 낳은 실체, 즉 하느님 자신 이외에 어느 누구의 소유도 될 수 없는 세계임에 틀림이 없다. 거듭 함석헌의 말을 인용하면, "그러니까 사람이 내 것이 뭣인지, 정말 따지고 들어가면 내 거라는 것 어디 있어요. 종교에서 어떤 종교에든 공동으로 하나 믿는 것이 "버려야 된다." 내 거라는 없어져야 된다고 하는, 내 거 내 거 해서 마지막에 내 이름, 나란 생각까지도 없어지는 것, 그 자리에 가야 된다고 하는, 말은 쉬운데, 말은 쉬워. 처음에는 참 좋다, 거 참 좋다, 나 미처 생각 못했는데 좋은 생각이다, 날 버려야 된다."[94] 따라서 나라는 존재도 버려야 한다. 하느님이 아닌 나를 내세우고 고집하니 세계의 주인인 것 같고, 나 아닌 다른 존재는 모두 나를 위한 존재 혹은 내가(나만) 생존하기 위해서 필요한 존재인 것처럼 인식하는 것이다. 나를 버리고 내가 있다는 생각을 버린다면 오직 창조주 하느님과 하느님 앞에서 평등한 피조물 밖에는 보이지 않을 것이다. 그렇게 되기 위해서는 마이스터 에크하르트(M. Eckhart)가 말하는 무심(無心, disinterest)의 상태에 있어야만 한다. 무심 혹은 피조물에 대해서 무관심하다는 것은 나의 사적 이익 관심에서 일절 멀어지는 것이다. 피조 세계가 나의 이익과 생명과 편리에 부합하느냐 아니냐는 따지지 않고 관심을 두지 않는 것, 즉 "순수한 무심(無心, disinterest), 곧 피조물로부터 초탈(detachment)"[95]하는 것이다. 그것을 에크하르트는 "순수한 무심은 텅 빈 없음(empty nothingness)"[96]이라고 표현한다. 나와 피조물 사이에 이익 관심이 놓여 있으면 피조물은 그저 내가 존재하는 한에서만 가치가 있는 쓸모의 대상, 이용 대상, 심지어 무존재와도 같은 시선으로 대하게 된다. 따라서 피조 세계에 대해서 욕심과 욕망의 마음을 두지 않고 떠나 있어야만 한다.

피조물에 대해서 무심의 마음으로 텅 빈 무로서 바라보려면 내가 무가 되어야 한다. 내가 무가 되어야 피조 세계를 무로서 바라볼 수 있다. 무는 완전한 존재로서의 하느님만을 인식하는 생태 인식론적 변화다. 내가 무가 된다는 것은 나라는 실체가 없다는 것이 아니라 하느님의 아들을 내 안에 낳은 존재로서 하느님의 아들로 존재 변화가 일어난 상태이기 때문에 더 이상 내가 나일 수 없는 것이다. 에크하르트는 그것을 이렇게 설명한다. "하느님은 당신 자신과 자신의 본성, 그리고 당신의 존재와 신성을 사랑하시나니 자신을 향해 갖고 있는 사랑 안에서 그분은 모든 피조물들을 사랑하신다. 사랑하시되 피조물로서가 아니라 하느님으로서 사랑하신다. 하느님이 자신에게 품은 사랑은 온 세상을 향한 그분의 사랑을 포함한다."[97] 이것은 두 가지로 생각해 볼 수 있다. 하나는 하느님은 피조물이 아니라는 것과 또 다른 하나는 피조물은 곧 하느님이라는 것이다. 에크하르트의 논조로 보아 그의 주장은 후자라고 말할 수 있는데, 피조물은 하느님의 흔적이요, 심지어 당신 자신인 것이다. 여기에서 우리는 피조 세계를 대하는 마음 자세를 멈칫거리게 된다. 피조물이 당신 자신이라면 앞에서 말한 것처럼 나를 버려야 한다. 이미 하느님을 소유하고 있는 내가 부족할 것이 없으니 더 이상 피조 세계를 소유하려고 할 필요가 없다. 에크하르트는 말한다. "무심에 이른 사람은 아무것도 원하지 않으며…"[98] 피조 세계에 마음을 두지 않는 존재는 바람과 의지가 없다(nichts wollen). 하느님으로 만족할 수 있기 때문이다. 아무리 이 말이 추상적으로 들린다 하더라도, 아무리 이 말이 비현실적이라 하더라도 분명한 것은 피조물로부터 우리가 가난해져야 하느님이 활동하실 수 있고 그분이 나타나실 수 있다는 사실이다.

피조 세계를 내 것으로 만드는 순간, 하느님의 피조 세계도, 하느님의 존재도 될 수 없다. 그러므로 피조 세계를 하느님처럼 가난하게 해야 하며 우리 자신도 가난해져야 한다. 그렇다고 우리는 하느님의 피조 세계를 무화(無化), 즉 우리에게 있어서 존재하지 않는 것처럼 여겨서는 안 된다. 하느님의 존재를 잘라냄으로써 무화시켜서는 안 된다는 말이다. 그래서 하느님의 존재를, 피조 세계를 지칭할 수 없는 그것(it) 혹은 사물성으로 전락하도록 내버려 둬서는 안 될 것이다. 또한 피조 세계를 마치 비존재인 양 파괴될 수 있는 존재로 보는 마음을 무심으로, 텅 빈 무로 바꾸려는 신앙의 모습을 가져야 할 것이다.

3. 우주적 그리스도의 몸을 나누는 본당 공동체

신이 하나의 행동(action) 안에서, 곧 땅에서 나는 좋은 것을 떼어 나누어주는 일에서 자신을 현존케 하시고 모든 사람에게 그 목마름을 고쳐주고 배고

품을 만족시켜 줄 수 있는 것을 갖추어 놓음으로써 그 자신의 임재를 보이시는 방법에 대하여 우리는 말하고 있는 것이다. 이것이 신의 임재하시는 장소이다.[99]

교회 공동체, 곧 본당은 성체성사를 통해서 우주적 하느님을 모시는 거룩한 공간이다. 사제와 함께 모든 신자들은 평화의 인사를 나누고 예수 그리스도의 몸과 피를 나눈다. 성체성사는 상징적으로 우주적 포도주(우주적 물)를 '공짜로' 받아 모심이다. 빵이 몸이 되고, 포도주가 피가 되는 실체(substantia) 변화의 사건은 하느님과 인간의 화해의 사건을 미사 때마다 기억하는 우주적 친교 행위(communion)이다. 동시에 그 사건을 통하여 인간과 인간, 자연과 인간이 우주적 매체들(땅, 물, 빛, 바람)과 한몸이 됨으로써 온전히 하느님과 일치되고 평화를 이룬다는 생태적 의미가 있는 것이다.

신은 교회를 사랑하신 것이 아니요, 이 세상을 사랑하신 것이다. 신이 자신과 더불어 화해하신 것이 바로 이 세계이다. 신은 그리스도 안에서 이 세계와 자신을 화해시키신 것이요, 교회와 화해하신 것이 아니다. 이 세계는 신의 사랑과 관심의 대상이다.[100]

우리가 폭력이 아닌 평화를 추구하면서 살아야 하는 이유는 신앙적으로는 그리스도께서 십자가 사건을 통하여 세상의 폭력을 이기고 평화를 이루셨기 때문이다. 이것의 생태신학적 함의는 근원적으로 우주적 평화를 이루신 분의 죽음과 부활을 기억하고 참예할 뿐만 아니라, 우리는 자연과 더 가까워지면서 우주적 그리스도를 먹고 마신다는 것이다. 그렇기 때문에 종교

적 생명성은 우주적 그리스도, 곧 자연을 받아 모심을 통하여 평화를 이룩
하는 데 있다. 자신을 내어 주신 우주적 그리스도, 자신의 생명을 인간에게
주신 예수처럼 인간과 자연이 서로 자신을 내어 주는 생명적 평화 관계가
되어야 할 당위성이 여기에 있는 것이다. 자연의 생명도 다른 생명체를 위
해서 자신의 생명을 내어 줌으로써 다른 생명이 살도록 하는 생명적 나눔이
없이 우주의 평화, 자연의 평화, 인간의 평화가 있을 수 없다는 것은 자명한
이치다. 본당 공동체는 타자의 생명으로 날마다 새롭게 살아가는 이 평화를
교육하며 나누어야 하는 우주적 그리스도의 몸이라는 것을 잊지 말아야 한
다. 더불어 우리와 함께 하는 향긋한 그 냄새, 푸른 그 빛깔, 신선한 그 바람,
맑고 투명한 그 물, 탁 트인 그 지평선, 마음에 안기는 그 숲, 둥그스름한 그
능선과 산비탈, 구불구불 운치 있는 그 느린 길, 아침을 깨우는 청아한 그 새
소리, 커다란 눈동자로 사심 없이 바라보는 그 누런 소, 이 모든 것들은 '우
주적 그리스도의 현존'이요 '하느님의 존재 충만'이라는 것을 자각해야만 할
것이다.

쇠진하는 생명의 빛과
생태 공동체로서의 본당

1. 빛으로서의 교회와 생태적 악덕의 번영

근본적으로 생태 공동체라 함은 단순히 인간의 생명뿐만 아니라 세계의 모든 생명/무생명들과 한데 어루어지는 삶을 우선으로 하는 무리라고 볼 수 있다. 그렇게 되려면 공동체는 모든 반생명적인 것과 짝하지 않으려는 의지가 있어야 한다. 세상은 생명적인 것들에 대해서 아무런 죄책감이 없이 사라지게 하고 죽임으로써 인간 자신만을 위한 터를 확장해 나간다. 무엇보다도 교회는 그러한 세상과 맞서는 공동체(contra mundum)가 되어야 한다. 교회가 하느님의 아들 예수 그리스도의 죽음으로 생명의 공동체로 발흥한 것처럼, 교회 공동체는 하느님에 의한 피조세계의 생명적인 것들을 살리는 일, 즉 구원하는 일에 앞장서야 한다. 그런데 지금 지구는 어떤 모습인가? 가속화되는 지구 온난화로 지표면의 온도는 높아져서 극지방의 빙하가 녹아내리고, 가뭄과 홍수는 우리에게 치명적인 동반자가 된 지 오래다. 어디 그뿐인가? 모든 생명체가 생겨난 바다는 열병을 앓고 있으며, 해수면은 높아 가고 산호초들이 하얗게 죽어 간다.[101]

우리의 생명은 태양 에너지에 의해서 영위되고 있다. 태양에서 지구에

도달하는 햇빛은 연간 m²당 500만kcal에 달하고, 이중에서 약 100만~200만 kcal 정도가 지상에 도달한다. 모든 생명체는 이 에너지를 소비·축적하는 형태로 살아간다. "모든 생물체는 녹색식물이 광합성을 통해서 태양 에너지를 몸 안에 축적한 것을 자신의 생명을 유지·성장시키면서 종족을 번식시켜 나가는 에너지원으로 하고 있고, 이것 이외는 생명체가 자신의 생체 안에서 직접적으로 활용할 수 있는 에너지는 없다."[102] 이렇듯 태양 에너지는 생명이 광합성 작용을 하게 함으로써 모든 생명이 살아갈 수 있는 가장 근원적인 에너지가 되는 것임을 알 수가 있다.

과학자들은 이 태양 에너지, 즉 빛이라는 것이 입자이면서 동시에 파동이라고 주장한다. 이것을 달리 물질과 정신으로 표현할 수가 있다. 애초에 태양 에너지는 물질과 정신으로 이루어져 있다고 볼 수 있다. 함석헌은 이것을 맴돌이라고 말한다. "태양도 맴을 돌지, 지구도 맴을 돌지. 물과 불이 꼬리를 맞물고 맴돌이를 하고, 정신과 물질이 서로 얼싸안고 맴돌이를 한다. 생명이란 요컨대 한 까닭 모를 맴돌이질이요, 소용돌이질이요, 회오리바람이다."[103] 그런데 요즈음 이 맴돌이질이 문제가 되고 있다. 지구는 갈수록 더워져 연신 여름과 겨울의 기온 기록을 갈아치우고 있다. 기후학자들이나 환경론자들은 2020년이면 지구에서 석유나 석탄 등의 화석연료를 찾아보기 어려울 수도 있다는 진단을 내놓고 있고, 그때쯤이면 지구의 온도는 물경 2℃나 상승할 것이라고 한다. 온도가 높아지면 높아질수록 사람들의 성정은 더 포악해지고 난폭해지다 못해 전쟁과 폭력이 난무할 것이라고 내다보고 있다. 지금 우리나라는 에너지 과잉으로 밤낮이 따로 없는 도시의 불빛을 밝히고 그로 인해 밤을 낮으로 착각한 매미는 밤새도록 울어대고, 지구의 온도는 계속 올라감으로써 생태계의 혼란을 야기하여 병충해와 곤충들의 때아닌 습격으로 인간의 삶의 균형이 무너지고 있다.

정신과 물질의 근원적인 에너지가 지구 전체에서 균형을 이루도록 해야 하는데, 인간의 과다한 화석 연료 사용으로 그 균형이 깨진 것이다. 이른바 생태적 죄악을 저지르고 있는 것이다. 성서는 우리 자신과 이 땅이 하느님의 신성(Gottheit)으로 가득하고 완전(골로 2,9-10, die ganze Fülle der Gottheit)하다고 말하는데, 우리는 성스러운 맴돌이질을 잘못하고 있는 것이다. 이러한 때에 교회는 에너지를 소비만 하고 탄소를 배출하는 데서 에너지를 생산하는 본당, 즉 태양광 발전 시스템의 도입으로 탄소 발자국을 줄이면서 동시에 에너지를 생산하는 방향으로 나아가야 할 것이다. 지붕형 태양광 발전 시설이 미관을 해친다고 생각되면 성당 외벽과 유리창 대신 설치하는 적정 기술 시스템을 생각해 볼 만하다. 그도 어렵다면 애초에 태양을 이용한 생태 건축을 고려하는 것이다. 단열을 철저하게 하고 대신 태양빛을 가능한 한 많이 받도록 설계를 한다면 자연형 에너지를 이용하는 본당이 될 수 있을 것이다.

"우리의 예배 공간은 자연과 조화를 이루는 곳에 자리 잡아야만 한다. 우리는 식사, 소비, 심지어 잔디마당을 돌보는 일에서도 지속 가능한 방법을 실천해야만 한다. 모든 생명의 형태들 속에 들어 있는 영의 존재와 가치를 부정하지 말자. 또한 피조물 가운데 어느 것도 존경하는 마음 없이는 결코 사용하지 말자. 우리의 손으로 유용하며 아름답게 만들 수 있는 것만 만들고, 아무것도 낭비하지 말자."[104] 하느님의 땅에서는 낭비되는 존재란 하나도 없다. 만일 낭비되는 존재가 있다면 하느님 자신도 쓸모가 없는 것이다. 우주적 자아인 우리는 우주적 그리스도(Cosmic Christ)와 하나가 되듯이 만물과도 하나가 된다. 생태영성은 우주적 그리스도와 우주적 자아인 우리의 완벽한 일치를 추구한다. 인간은 만물과 따로 떨어진 존재가 아니라 만물을 받아 모시고 그 안에 계신 우주적 그리스도와 하나가 되어 그 우주와 함께 하느님 안에서 머무는 것이다. 그러므로 우리는 우주와 별개가 아니라는 참 자아의 깨우침, 만물과 하나가 되기 위해서 자신을 비우는 영적 경지, 그리고 만물에 대해서 욕심을 부리지 않는 생태적 인간이 되어야 한다. 만물 안에서 하느님조차 낭비되지 않고 그분의 마음이 날마다 부활하도록!

2. 정처 잃은 하느님의 생명언어와 생태적 휴머니즘

퐁주(Francis Ponge, 1899-1988)는 "인간은 인간의 미래다."라고 말했지만, 지금의 시대에서는 "자연이 인간의 미래다."라고 말해야 할 때가 아닌가 싶다. 우리는 자연의 위압과 불가항력적인 힘에 대해서 항상 도피하거나 정복하려고만 하였지, 자연과 함께 하는 녹색의 세계, 녹색의 인간으로의 도약을 생각하지 않았다. 정확하게 말한다면 자연의 자연다움, 그리고 그 속에 계신 하느님의 하느님다움에 대해서는 까마득하게 잊고 있었다는 말이다. 하지만 오히려 인간이 인간에 대해서 희망을 품은 근대를 넘어서, 이제는 인간 자신의 생명을 위해서 자연에게 기대야 하는 위기에 처하고 말았다. 인간의 종차별주의, 나아가 생명 차별주의로 인한 오만이 대가를 치르게 되었다는 뜻이다. 그럼에도 우리가 근원적인 탐욕을 버리지 못한다면 그 깨달음이 무색할지도 모른다. "요새 사람에게 있어서는 고향이 차차 없어져 간다. 그들을 그렇게 만든 것엔 두 가지 원인이 있다. 하나의 향락욕이요, 하나는 사업심이다. 이것은 그들의 살림이 매우 물질적으로 됐기 때문이다. 물질 표준으로 사는지라 그들의 표어는 편리일 수밖에 없다. 편하기 위하여는 자동차를 타야 하고 자동차를 들여오기 위하여는 큰길을 내야하고 큰길을 내기 위하여서라면 선조가 심은 오래 늙은 나무도 찍어야 하고 그들의 뼈가 묻힌 뒷산도 허리를 잘라야 하며, 돈을 벌려면 사업을 해야 하고 사업을 하기 위하여는 자개도 팔아 넣고 금강산에도 광산을 파고 역사적 유물로 불도저로 밀어버려야 한다. 그래서 편한 점도 있겠지만, 그 대신 인간이 옅어져버린다. 기계는 어디 가서 맞추든지 다 들어맞는 것이 이상이지만 사람은 그럴 수는 없다. 세계 어디 가도 만날 수 있는 것은 편한 것이지만 귀한 것은 세계 어디 가도 만날 수 없고 거기만 있는 것이어야 할 것이다."[105]

함석헌은 인간이 기술의 노예, 자동화의 노예가 되었고 정신의 상실 등에 직면해 있다고 염려했다.[106] 편리를 추구하는 인간 때문에 아스팔트는 뜨거워지고, 편리로 일관하는 도시로 인해서 에어컨이 밖으로 뿜어낸 열기로 후끈 달아오른 지구는 뜨거움으로 타들어 간다. 그것의 밑바탕에는 인간의 탐욕과 인간성의 상실이 있다. 함석헌이 말한 옅은 인간은 오늘날의 시각에서 보면 자기 근원의 색깔이 없는 인간, 녹색을 생명의 빛깔, 혹은 생명의 색깔로 인식하지 못하는 인간이라고 말할 수 있다. 인간이 인간으로서의 역할을 하지 못하고 기계에 자신의 노동력을 빼앗김으로 인해 인간의 생명력과 역동적인 힘, 그리고 이성이 빛을 잃는 것이다. 기계는 인간과 생명, 그리고 지구를 획일화시킨다. 회색으로 강제 변화시키고, 검은색으로 만든다. 그럼으로써 모든 생명을 낱생명으로 취급하고 생명의 차별, 인종의 차별, 땅의 차별을 가져와 온생명을 무너뜨린다. 그렇다면 대안은 무엇일까? 생태적 휴머니즘(ecological humanism)이다. 인간의 인간다움은 곧 자연에서 찾을 수 있다는 사유 방식으로의 전환이 필요하다. 인간성의 상실이 인간 이성의 도구적 합리성에서 기인한 것이고 그에 따라 인간이 자연을 폭압적인 태도로 대해 왔다는 반성을 해 볼 때, 이성을 맹신하는 데서 탈피하여 자연에게서, 자연 속에서의 인간의 모습을 다시 정립하고 재구성해야 한다. 더 나아가서 자연에 대해서 사용하는 언어 또한 생태적인 살림의 언어를 사용하면서, 자연에 가한 인간의 잘못된 행태를 성찰하고 자연을 향해 사물적인 · 폭력적인 언어로 대하지 않도록 하는 것도 중요하다. 자연을 표현하는 어투, 어법을 새롭게 해야 한다. 20세기 정치언어, 일상언어, 과학언어, 홀로코스트 등에서 배태된 언어와 개념을 반성적으로 살펴야 한다. 성 프란치스코 (San Francesco d'Assisi)의 '태양의 찬가'를 보라. 그에 의하면 자연은 사물이 아니라 인격이다. 자연이 우리에게 말을 걸어올 때 우리는 자연을 사랑하는 언어, 자연의 아름다움과 자연에 대한 고마움을 표현하는 언어를 사용하면서 대상에 대한 마음과 인식을 달리하는 것이다. 그렇게 될 때야 비로소 자연을 우주적 공동체로 보고, 하물며 우리를 향해서 내리쬐는 햇빛이라 할지라도 동포, 즉 우주적 동포로 볼 수 있는 여지가 생길 것이다. 하지만 동포는 고사하고 자연을 죽은 사물로 대하는 순간, 한탄과 슬픔에 젖은 그들은 우리에게 말을 걸어오지 않을 것이다.

앞에서 빛은 정신이자 물질이라고 말했다. 그 빛을 어떻게 다루느냐에 따라서 친구이냐 아니면 적이냐가 결정된다. "탐욕은 권리를 주장하는 문화를 부채질하여, 돈을 벌 수 있다면 법을 어기고 환경을 파괴하고 나의 재물을 무기로 사용해서 절망적인 사람들을 착취한다."[107] 탐욕스런 마음을 가지고 빛을 이용한다면 빛은 한갓 인간의 생존에 필요한 또 하나의 수단적인 물질에 지나지 않을 것이요, 생명의 근원이라 생각한다면 빛은 우리의 정신과 영혼의 상징이요 실제임을 깨닫게 될 것이다.

3. 전 지구적인 생태적 운동과 생태적 기초 공동체로서의 본당

생태 공동체는 파시즘적 교회 공동체, 배태적인 국수주의적 인간 공동체를 넘어선다. 생태 공동체는 생명 자주, 생명 자율을 모토로 삼는 무리들의 합의체다. 하느님께서 창조하신 모든 생명적인 것들은 존재 가치가 있기 때문에 존귀한 것이다. 그래서 모든 생명적인 것은 그 나름대로 가치가 있으며 반드시 자신의 생명을 보전해야 할 이유가 있는 것이다. 생명이 있는 존재가 또 다른 생명적 존재를 무목적적으로 폭력을 가하거나 해치지 말아야 할 이유가 거기에 있다. 따라서 환경의 문제는 개인이나 교회의 문제만이 아닌 지구의 문제, 우주 공동체의 문제로 보는 공동체적 시각이 요구되는 것이다.

성당은 소우주로서, 단지 미사를 위한 공간이 아니라 생명을 위한 모든 활동, 계획, 신앙, 감성 등이 길러지는 곳이다. 공간과 공간을 구성하는 물건들, 사물들, 신자들은 생명적 경험들과 상상력이 묻어나는 신의 조각품이자 예술작품이다. 우리는 그 시공간을 함께 공유하는 하느님의 피조물들이며 생명적 존재들이다. 그러한 거룩한 공간인 본당이 파괴와 소멸이라는 부정의 의미를 담고 있다면, 그것의 무한한 확장인 생태 공동체인 자연 그리고 그 기초가 되는 본당 공동체는 같은 맥락에 있을 수밖에 없다. 의미의 간극은 문제가 되지 않는다. 본당 공동체가 생태 공동체라는 등식은 억지가 아니라, 오히려 자칫 무질료적·무형식적·무정형적이 될 수 있는 본당과 무의미한 관심 밖의 환경이라는 상관적인 과제가 사목의 제1순위가 될 수밖에 없는 현실적인 상황에 따른 분명하고도 필연적인 요청이다. 그래서 생태적 기초공동체인 본당은 녹색을 살림과 평화의 색으로, 신앙을 푸르게 하는 예복색으로뿐만 아니라 세계가 녹색으로 회복하여 물들어야 한다는 신앙 상식, 생태 의식을 갖고 생태적 감성을 몸으로 실천하는 공동체가 되어야 한다.

그리스도인으로서의 생태적 오블리주(Christian Oblige), 즉 그리스도인의 환경적 책무는 다른 데에 있는 것이 아니라 신앙 공동체로서의 본당 공동체에 대해 책임을 느끼듯이, 그 책임을 환경이라는 문제에까지 확장하여 모두가 공동 책임자를 자임하는 것이다. 하느님의 뜻하지 않는 방문은 본당 공동체의 지속성과 생명성을 위해서 늘 이루어지는 보살핌이다. 하느님의 백성을 위한 보살핌은 본당 공동체가 미사 공동체여서가 아니라 하느님의 생명을 담지함으로써 모든 생명적인 것들이 죽음이 아니라 생명을 낳고 살리며 또 보살피는 공동체가 되기를 바라는 마음 때문임을 알아야 한다. 영혼의 구원을 위한 사목은 성당 안에만 국한되는 것이 아니라 전 우주에도 해당이 된다는 의미에서 우주적(지구적) 사목, 우주적(지구적) 레지오, 우주적(지구적) 활동(단체)들이라는 관념이 본당 공동체의 공통된 의식이 되어야 할 것이다.

생태 공동체는 공존을 미덕으로 배운다. 경쟁이나 투쟁, 독식이나 욕심이 공동체 유지에 도움이 되지 않는다는 것이다. 그것은 나 아닌 다른 생명체를 낯선 존재, 즉 이방인으로 여기는 셈이다. 이방인은 어디에서도 환대를 받지 못한다. 한 공동체의 일원으로서 그는 공존의 대상으로 보지 않기 때문이다. 교회 공동체 안에 낯선 이방인이 존재하지 않듯이, 생태 공동체 안에서 모든 생명적인 것들은 결코 이방적인 존재, 낯선 것이 아니다.

본당 공동체는 생태운동의 주체여야 한다. 그렇다면 전 지구적인 생태적 파국 사태, 환경적 파국 사태에 직면하여 어떤 운동을 전개해야 하는가? 주도면밀하게 환경을 파괴하고 지구를 거대한 자본의 세력 안에 쥐고서 유린하는 것에 적극적으로 저항하며 교회와 신자들이 그러한 환경 파괴적 자본 혹은 제국에 대항할 수 있는 힘을 결집 · 확장시켜 가는 생태적 자율운동이 필요하다. 교회 혹은 종교공동체는 생태 공동체이자 자율 공동체이며, 자율 운동의 주체이다. 따라서 환경을 지배하는 그 폭력과 지배 장치로부터 벗어나기 위해서는 가톨릭과 같은 교회 본당 공동체와 공소, 그리고 수도 단체의 연합과 연대, 더 나아가 종교 간 연대가 하나의 대안적인 생태적 자율 운동이 될 수 있을 것이다.

지금 우리는 웃음, 즐거움, 휴식, 느림, 반노동/비노동을 통해서 환경적 가치를 증식하고 인간 본연의 삶의 가치를 회복하도록 하는 혁명과도 같은 사유나 행동의 전환이 요구된다. 거대한 제국이나 다름없는 환경 사용(자) 세력에 맞서 그들이 가진 힘과 생각, 체제를 해체해 나가기 위한 교회의 환경운동, 지구를 위한 생태적 자율 운동은 이 땅을, 이 지구를 더욱 자유롭게 하고 모든 개체들이 환경과 공존하면서 살아가는 새로운 공간(터)으로 만들려고 노력하는 운동이다. 그러려면 반드시 본당의 공동체적 운동은 하나의 대안적 삶의 방향을 제시해 줄 수 있는 이념과 행동들이 있어야 한다. 이를테면 생태영성적 바탕과 생명을 위한 자율적 조직, 그리고 그에 따른 범형적 삶이 있어야 여러 대안 공동체와도 네트워킹이 되어 이 자본주의적 이윤 논리와 자본의 지배 권력으로부터 사회를 해방시킬 수 있을 것이다. 교회는 반핵 운동뿐만 아니라 에너지 지배권력, 환경지배권력, 먹거리 지배권력, 수자원 지배권력 등에 대항하여 생태 투쟁을 하고 반환경적 삶의 거부, 온갖 형태의 명령의 거부를 넘어 생태적 주체성을 만들어 낼 수 있어야 한다. 교회는 가타리(F. Guattari)가 말하는 횡단적이고 분자적인 움직임이 되어 환경과 자본에 변화를 가져올 수 있는가?[108]

2011년 3월 11일에 일어난 후쿠시마 원전 사고 이후, 우리는 환경을 생각하는 유전자를 완전히 바꿔야 한다는 것을 뼈저리게 느끼지 않았는가? 일부 과학자들은 화학물질 도파민과 세로토닌을 조절하는 영성적 유전자, 곧 신을 인식하는 유전자 VMAT2를 발견했다고 하는데, 이처럼 우리에게는 선천적으로 자연을 동반자로, 혹은 생명 그 자체로 인식하는 유전자는 전혀 없는 것일까? 앞으로 주일만큼이라도 자가용을 자제하고, 자전거나 도보로 미사를 드리러 가는 것은 어떨까? 만일 우리에게 선천적인 생태적 유전자가 없다면, 그와 같은 아스케제(Askese)가 우리의 유전자를 후천적으로라도 생태적인 유전자로 바꾸는 길이 될지 누가 알겠는가?

본당공동체와 우주공동체-내에서의-거룩한 바람[성령]의 동일현존

1. 거룩한 바람의 신음과 생태적 파국을 극복하기 위한 생명의 영

우리가 숨쉬는 공기가 예사롭지 않다. 우리가 1분에 열두 번 정도 숨을 쉬고 한 번에 약 500cc 정도의 공기를 들이마신다고 보면, 하루에 9000리터의 공기를 마시는 셈이다. 그러므로 하느님께서 공짜로 주신 공기, 그 공기의 질이 나빠지면 삶의 질도 나빠질 수밖에 없지 않겠는가. 이는 공기의 오염, 즉 인간의 들숨날숨이라는 근본적인 건강 보존의 문제가 심각하게 발생하였다는 것을 말해 준다. 라이프니츠(G. W. Leibniz)가 말하는 것처럼, "그리스어 pneuma와 라틴어 spiritus도 공기를 의미한다. 이것[공기]은 아주 미세한 질료이다. 실제로 비물질적으로 창조된 실체는 이 질료[공기]에 싸인다."[109] 우리가 살아가는 데 필수불가결한 공기는 그 기원인 하느님의 영에 있다는 것을 방증하는 것이다. 그리고 보면 호흡은 근본적으로 나의 호흡이 아니라 하느님의 호흡이다.

그뿐만 아니다. "구약성서는 생명의 생동성은 공기의 호흡에 있다고 본다. 그러므로 ruah(루아흐)는 인간과 동물 속에 있는 생명의 숨과 생명의 힘을 뜻한다(전도 12,7; 3,21). 신적인 것은 죽은 것에 반하여 생동하는 것이요, 경직된 것에 반하여 움직이게 하는 것이다. 하느님의 영은 인간과 동물을 생동하게 만드는 하느님의 숨결이다."[110] 모든 생명은 하느님의 숨결로 살아간다. 하느님의 힘과 호흡에 의해서 유지되지 않는 생명은 하나도 없다. 그래서 생명이란 모든 생명들로 하여금 살라는 하느님의 명령이다. 그것은 인간 주체의 숨이 아니라 당신의 생명성이기 때문이다. 생명 주체는 자신의 숨으로 순간을 영원하게 향유할 수 없고, 오직 하느님의 절대적 숨으로만 자기의 생명성을 보존할 수가 있다. 그런데 지금 이러한 이성적 주체인 인간을 비롯하여 모든 생명체의 숨/호흡이 문제가 되고 있다. 생명들이 신음을 하고 있는 것이다. 인간의 이기적인 자기 생명적 실현이 자신뿐만 아니라 다른 생명까지도 아프게 한다. 산업 기술 문명의 발달과 교통수단의 팽창, 화석연료의 무(절제)한 사용은 결국 지구 허파가 감당할 수 없는 지경에 이르게 하였고, 인내와 절제를 모르는 인간은 자신의 숨을 위해 모든 생명들로 하여금 회색의 검정숨을 쉬게 함으로써 고통스럽게 신음하고 있다.

몰트만(J. Moltmann)은 그것을 "성령의 신음"이라고 규정한다. "이 땅의 파괴된 자연으로부터 인간에 의하여 억압되고 착취되는 피조물들의 신음이 하느님에게 상달된다. 그것은 성령의 신음이다."[111] 모든 생명체가 거친 숨을 몰아쉬면서 대기에 있는 온갖 유해한 오염 물질을 흡입한다는 것은 하느님의 고통이다. 거칠게 말한다면 하느님의 숨결이 오염된 것이다. 그러니 피조물도 신음하지만 하느님 자신이 신음하고 있는 것이 아니겠는가. 이러한 상황을 극복, 결별, 단절하려면 어떻게 해야 할 것인가? 인간 정신(spiritus; geist)의 새로운 부활이 필요하다. 새로운 의식의 해방만이 죽음에서 생명으로 나아갈 수 있을 것이다. 함석헌은 정신의 숨과 공기의 숨에 대한 상관성을 설명한다. 정신의 숨도 곧 공기의 숨에서 나오는 것인데, 그래서 숨통이 막히면 안 되는 것이다. 정신 살림을 위해서는 들숨날숨을 편하게 할 수 있는 깨끗한 공기가 필요하다.[112] 공기로 숨을 쉬지만 정신적인 숨통이 막히면 안 된다. 그것의 근본은 공기의 숨통이다. 정신의 숨통이 막히는 것은 공기의 숨통이 막혔기 때문이다. 그러므로 무엇이 먼저랄 것도 없이 정신 살림과 공기 살림을 동시에 살려야 할 것이다. 새로운 정신과 의식을 가지고 있어야만 비록 보이지 않는 공기라 할지라도 우연적이고 일시적인 것으로 인식하지 않을 것이요, 공기의 살림이 있어야만 이성적 실존인 인간의 의식이 살게 될 것이다.

이렇게 살림의 토대를 마련하기 위해서는 인위적인 바람에 의존하기보다 순수하고 무위적인 바람을 만나 그것을 호흡하고 에너지를 만들어 낼 수 있는 수단, 곧 풍력발전을 모색해야 한다. 레스터 브라운(Lester R. Brown)은 기후 안정을 위한 풍력 에너지의 잠재력을 긍정적으로 보고 있다. 그 일례로 캘리포니아주에서는 풍력 발전을 통해 샌프란시스코의 전 가정에서 필요로 하는 전기를 공급하고 있음에 주목하고 있다.[113] 그와 같이 우리나라도 종교, 특히 교회가 앞장서서 실정과 환경을 고려하여 농촌에 있는 본당들은 에너지 자립을 위해서 풍력 발전을 생각해 봄직하다. 또한 각 성당은 발전형 운동기를 설치, 에너지를 생산하는 것도 화석연료 의존도를 줄이고 재생 가능한 에너지 사용도를 높이는 방법이 될 것이다.

앞에서 글쓴이는 하느님의 숨결과 피조물의 호흡이 같은 맥락에 있다고 말했다. 신선한 살림의 공기를 마실 수 있는 권리를 확보하기 위해서는 모든 생명의 공간을 거룩하게 여길 수 있어야 한다. 다시 말해서 공기(바람) 살림의 의무가 선행되고 그 공기를 생명으로 인식하여 모든 생명체와 함께 나누려는 의지가 있어야 한다. 하느님의 영을 사사화할 수 없듯이 공기 또한 생명으로서의 자유로움을 인정하고 그 존재 자체의 존재다움(공기다움)을 실현하도록 해 주어야 한다. 바람이 어디서 와서 어디로 가는지 알 수 없지만 바람의 통찰력을 갖는다면 바람(공기)의 자유로움을 에너지화할 수 있을 것이다. 적어도 생활세계, 신앙 세계 내에서 사적으로, 수단으로 사물처럼 사용하고 소유하려는 것이 아니라면 말이다.

2. 하느님의 소외와 샬롬 공동체인 본당

자연의 황폐화는 하느님의 소외이자, 그분의 목소리를 사라지게 만든다. 하느님의 영, 즉 성령(Ruah)은 자연의 소리를 형상화했다는 주장을 제기하는 학자도 있듯이, 그런 의미에서 자연은 하느님의 목소리나 다름이 없다. 따라서 성령은 성직자의 언어도 아니요, 그렇다고 교회가 독점을 해야 하는 언어도 아닌, 우주의 언어, 자연의 언어인 것이다. 그런 하느님의 목소리가 자연의 파괴로 인해서 잦아들고, 그로 인해서 인간이 그 목소리를 듣지 못한다면 하느님의 말씀하시는 소리는 영원히 들리지 않기 때문에 그분의 목소리는 인간으로부터 소외되고 말 것이 아니겠는가.

샬롬 공동체로서의 본당은 그러한 하느님의 목소리를 들을 수 있는 귀를 만들어 가고 또 들을 수 있도록 해야 하는 책임이 있다. 하느님의 목소리는 선하시고 자비로운 음성이시라는 것, 그 소리는 그리스도인에게만 들리는 것이 아니라 온 우주에 울려 퍼진다는 사실을 알리고 깨우치도록 하는 일을 본당 공동체가 해야만 진정한 의미에서 샬롬 공동체라고 말할 수 있을 것이다. 하비 콕스(H. Cox)는 ""샬롬"은 평화, 기쁨, 인간적인 상호 의존, 사회적 조화, 고양(高揚)된 정의(正義) 등의 적극적 조건이다. 그것은 풍부함과 훌륭한 건강과 이웃 사랑을 의미한다."[114]라고 말한다. 그러므로 본당 공동체는 전 우주의 샬롬 공동체를 위하여 생태적 평화, 생태적 정의, 자연으로 말미암은 기쁨, 자연과의 상호 의존 등을 통한 온전한 샬롬을 추구하도록 노력해야 한다. 샬롬이야말로 온 우주의 하느님의 평화의 목소리가 울려 퍼지는 것임을 인식한다면 우리가 자연을 이웃으로 여기고 그들과 사랑의 사귐을 나누지 않을 수가 없을 것이다.

공동체(community)는 생태학적 지혜를 회복하고 환경 위기 시대에 공동 과업(cum-munio)[115]을 위해 투신하는 것이다. 특히 샬롬 공동체는 단순 평화와 전쟁이 없는 상태의 소극적 평화를 지향하지 않는다. 그것은 평화에 대한 책임, 모든 생태계와 더불어 존재해야 한다는 인간의 책임의식·책임감성을 통한 현재와 미래 생명의 존중에 있다. 본당 공동체의 사목이란 신자의 유지 및 확보, 미사 공동체의 실현을 넘어서 미래 세대에 대한 책임, 미래 세대를 위한 생태교육이 공동체 안에 함께-뿌리 내리게 하기, 더불어-머물게 하기(con-temple) 위한 하느님에 대한 관상적 활동(contemplatio)임을 깨달아야 할 것이다. 이런 의미에서 샬롬 공동체는 하느님의 영과 사제, 그리고 신자들이 함께 만들어 나가는 공동체라고 할 수 있다. "지구를 맡았으면 어떡하든지 이걸 건지는 게 우리의 책임"[116]이다. 그 책임 중에서도 미래 세대에 대한 책임은 매우 중요하다. 현재의 세대는 미래 세대의 운명에 책임을 질 수 있어야 한다. 현재의 세대는 미래 세대와 신체적, 인격적 통합성을 통한 유대성을 가지고 있기 때문이다.[117] 신체적·인격적 통합성이라는 것이 과거, 현재, 미래 세대 간에 책임적 존재로 결속된다는 점에서 환경에 대한 책임성에서도 전혀 예외는 아니다.

익명의 미래 세대를 위해서 우리의 신앙과 그리스도교의 정체성 확인도 재차 필요하다. 본회퍼(D. Bonhoeffer)가 물었던 "오늘 우리에게 있어서 그리스도교란 진정 무엇인가?", "그리스도는 진정 누구신가?"를 다시 물어야 한다. 그리스도론적 · 교회론적 생태 영성은 하느님의 영, 곧 거룩한 바람의 현존과 예수 그리스도의 삶, 그리고 신앙공동체인 교회의 삶이 서로 분리되지 않고 함께 어우러지는 곳에서 실현되기 때문이다. 그리스도가 생명의 바람을 사셨듯이 교회도, 그 공동체 속에서의 신자도 거룩한 바람을 생명으로 인식하며 살아야 하는 것이 마땅하다. 따라서 교회는 미래 세대를 위한 생태적 인격, 생태적 그리스도의 삶을 실현하는 공동체가 되어야 할 것이다.

3. 인간의 생태적 몽유병 상태에서의 해방

인간과 자연은 상호 간의 사랑을 통해서 완성된다. 인간은 자연을 존중하고 자연은 인간에게 자신을 희생하면서도 생명의 주체적인 자유로움을 느끼고 서로의 생명과 삶에 대해서 개방한다. 그것은 인간이 자연을 위해서, 자연은 인간을 위해서 자신의 생명을 나누게 될 때 사귐의 관계에 있다고 말할 수 있다. 자연과 인간의 관계는 근본적으로 성령 안에서 사귐에 있기 때문이다. 두 존재의 관계는 적이 아니다. 그래서 친절과 사랑과 호의를 베푼다. 인간은 손님인 자연을 지배하지 않는다. 오히려 그들의 생명에 관심을 가지며 전 우주적인 생명에 참여하는 자로서 살아가게 된다. 따라서 인간이 자연을 생명적 주체나 주권이 없는 듯이 낯선 존재로 대한다면 파괴만이 있을 뿐이다. 인간은 자신을 자연에 온전히 개방할 뿐만 아니라 자연을 치유하고 해방하며 삶(생명)을 위해 상호 연대와 상호 주권(주체)을 모색해야 한다. 마치 하느님의 영이 인간에게 사랑의 호의를 베풀고 구원과 사랑을 안겨 준 것처럼 사귐의 진정한 의미를 직시해야 할 것이다.[118] 인간 자신의 자연 지배와 통제권을 무한히 확장시키려는 욕망은 스스로가 자연(우주) 속에서 고립되는 길이다. 인간의 자기보존의 욕구만을 우선으로 생각할 경우, 타자 즉 자연이 갖고 있는 생명의 보존 욕구를 고려하지 않을 수 있다. 그뿐만 아니라 인간의 자기보존의 과잉적 욕구는 이성적인 자기가 아닌 것으로 존재하게 하고, 동일한 지평에서 자연의 생명적 자기보존 욕구는 자기 자신이 아닌 존재로 전락하고 만다. 자기보존의 욕구가 강하면 강할수록 자기 파괴와 자연의 황폐화가 더 심각해진다. 자기보존 욕구가 생태계 전체를 생각하는 이성에 의해 제어되지 않는다면 자연의 자기보존 욕구는 인간을 공격하는 파괴의 힘으로 되돌아 올 것이다. 따라서 인간의 자기보존 욕구와 자연의 자기보존 욕구가 균형과 조화, 그리고 질서를 이룰 수 있도록 해야 한다.

우리는 흔히 자연이 아름답다고 말하곤 한다. 여기서 '아름답다'는 동사는, "아름", 즉 "양팔로 껴안아서 만든 둘레"라는 뜻을 가지고 있으면서 "나답다"는 의미와 통한다. 내 품안에 들어온 만큼의 사이 좁힘 혹은 존재의 가까움은 나와 너의 몸이 맞닿는 것이요, 생명의 힘이 서로 만나 동질성을 느끼는 화해이다. 따라서 아름답다는 말은 "너와 나를 동일하게 여긴다."라는 뜻을 함축하고 있다. 그렇다고 해서 '아름답다'를 인식의 소유나 실질적 소유의 개념으로서 발언하는 감성 혹은 느낌으로 보아서는 안 된다. 그리스도인에게 자연이 심미적 가치로 다가오는 것은 그것이 오감을 즐겁게 해주기 때문이 아니다. 대상의 아름다움이 아니라 대상이 품고 있는 하느님의 아름다움이 표상되기 때문이다. 자연이 혼자가 아닌 이유가 거기에 있다. 자연은 하느님의 아름다움 그 자체와 함께 있기 때문에 외롭지 않다. 그런 의미에서 자연의 본질 유래(Wesenherkunft)는 하느님의 본질로부터 도래한다. 자연은 하느님의 본질의 확장이다. 또한 하느님에 대한 사유는 자연으로부터 시작된다는 것을 알아야 한다. 그리스도인이, 그리고 모든 인간이 지배, 군림, 우월, 무한 사용, 수단 등의 환경적인 미몽 혹은 몽상으로부터 깨어나려면 근원으로서의 자연으로, 하느님의 사유 근거인 자연으로 돌아가야 한다.

"아우구스티노에 따르면 존재하는 모든 것은 선하며, 마땅히 존재해야 할 모습으로 존재하기를 거부할 때에만 악이 된다."[119] 마찬가지로 자연이 자연으로서 존재하는 것, 하느님의 거룩한 피조물로 존재하는 것이 선이라면, 파괴와 착취, 군림과 지배, 수단과 사물로서의 대상으로만 인식하고 대한다면 그것은 악이다. 존재의 본질을 상실하게 하고 왜곡하기 때문이다. 자연의 본래성 상실로 인해서 하느님은 고통을 받으신다. "하느님은 고통을 없애는 대신에, 우리와 함께 고통을 나누신다."[120] 자연과 함께, 또 인간의 고통과 함께 친히 고통을 마다하지 않으시는 하느님은 자신의 고통으로 자연의 고통을 끌어안으신다. 그 고통의 절규를 멈추게 하기 위해서 하느님은 자연에 대한 인간 자신의 언어와 행위가 침묵하기를 원하신다. 인간의 침묵, 곧 인간의 멈춤, 인간의 쉼이 먼저가 되어야 자연이 침묵할 수 있고, 자연이 쉴 수 있기 때문이다. 지금 자연이 쉼을 원한다. 자신이 모든 피조물에게 쉼-터가 되어주었듯이, 이제는 자신이 쉼-터를 바란다. 하지만 자연의 숨을 터 주어야 그들의 쉼-터가 생길 수 있다.

자연도 쉼(休)이 필요하다. 자연에게 온전한 쉼(休)을 주도록 해야 한다. 인간의 계산 속에 자연을 넣게 되면 꼼짝없이 숫자와 경제적 척도에 갇혀서 자연은 숨조차 쉬지 못할 것이다. 몽롱한 도구적 이성을 성령의 힘으로 깨우고 자연의 신비를 낱낱이 발가벗겨 폭로하려는 힘으로부터 자유롭게 해야 한다. 성령은 새로운 의식의 비약(도약)을 가능하게 할 뿐만 아니라 피조물의 고통을 바라보는 인간의 의식을 변화시킨다. 이른바 생태적 의식으로의 비약이다. 그것을 통해 성령의 힘을 느끼고 그 힘의 근원이 생명임을 알게 되는 그리스도인, 그래서 그 힘을 믿고 결단하는 그리스도인만이 지구의 운명을 바꿀 수 있다.

"성령은 그리스도인의 삶 안에 하느님의 선하심, 곧 돌보아주고 가엾이 여기는 실천을 발생하게 하는 힘이다. 성령이 주어졌음은 사람들 안에 하느님의 그런 힘이 주어졌다는 것을 의미한다. (하느님은) 선하심을 실천하는 우리의 숨결로 계신다. 그래서 하느님은 성령이시다. 베푸시는 생명이 근본으로서 우리 안에 계신다."[121] 자연을 돌보는 연민의 힘은 하느님의 영으로부터 온다. 거룩한 바람이 모든 존재자들에게 평등과 평화를 가져오듯이, 우리 안에 내재하는 하느님의 힘은 우리와 자연을 차별함이 없이 동등하다는 생태영성을 일깨워 준다. 또한 우리 안에 있는 하느님의 힘은 탈중심적 생태 영성으로 나타나고 하느님이 만드신 모든 세계는 마침내 하느님의 시공간이 된다. 그러기에 생명의 영이 다시 한 번 이 시공간을 거룩하게 하시기를!

종교를 더 근원적으로 실용화하고
환경을 더 근원에서 사유하기

1. 종교를 좀 더 근본적으로 묻는 종교실용주의

"무엇이 진리인가?" 이 물음은 종교나 철학에서 어떤 형태로든 답변을 요구한다. 실용주의 철학자들은 진리란 하나의 관념이나 사변이 아니라 만족스러운 결과, 즉 그 사람의 신념에 따른 행동의 결과를 보고서 판단할 수 있다고 믿었다.[122] 다시 말하면 결과가 진리를 보증해 준다는 말이다. 이미 실용주의의 선구자였던 칸트(I. Kant)의 도덕적 인간학은 침잠된 이성의 도덕적 진리의 타당성을 현시화했다는 것을 알 수 있다. 이성의 자기 해명은 도덕적 행위를 통해서만이 확인될 수 있는 바, 도덕적 결과는 이성의 의식과 확신을 결정한다. 마찬가지로 종교에 대한 실용주의적 관점에 따르면 종교적 신념과 신의 관념은 그에 상응하는 결과를 동반하지 않으면 진리 또한 무용한 것이나 다름이 없다. 그런 의미에서 오늘날 종교가 추상화되거나 도덕적인 삶조차도 이끌어 내지 못하는 것은 결국 진리 무용설을 나타낸다고 볼 수 있다. 특히 종교의 물신주의는 이미 19세기에 마르크스가 비판한 것이거늘, 마르크스라면 불편한 심기를 감추지 못하는 그리스도인들이 어찌하여 그 페티시즘에 매몰되어 빠져 나오지 못하는 것일까? 자본주의의 상징인 컨

베이어벨트 시스템, 대량 생산과 대량 소비, 과시 소비와 모방소비 등으로 치닫는 한국교회는 철학과 영성이 빠진 교회, 이성과 신앙이 추를 잡지 못한 교회가 되어 가고 있는 것은 아닌지 의심스럽다. 그렇다면 우리는 종교를 더 철저하게 근원적으로 실용주의화해야 한다.

칸트에 의하면, 어떠한 것에도 구속되지 않고 오로지 순수한 실천이성의 도덕법칙에 따라 사는 인간만이 자유롭다. 신앙은 자유로움이며, 진리로 자유롭게 되는 것(요한 8,32)이다. 자유가 아니라면 신앙을 생산한다는 것은 무의미하다. 그런 차원에서 신은 어떠한 것에도 얽매이지 않고 홀로 자유로운 존재인 초월적 아나키스트였다고 볼 수 있지 않을까? 아나키즘은 원죄 자체 혹은 원죄의 논리를 거부한다. 이 같은 교리에는 여전히 정치적 권력이라는 잔재가 남아 있다고 보기 때문이다. 인간 본성을 구속하는 어떠한 것이든 그 권력과 지배를 거부하는 아나키즘으로서는 수용 불가한 것이다. 그것은 아무리 종교의 권위라 할지라도 국가 권위주의의 연장선에 지나지 않을 뿐이다. 그러므로 교회의 권력자, 혹은 교회의 설교자는 여전히 권위를 가지고 인간의 이성을 마비시키고 인간의 자유와 주체적인 선택을 억압한다고 보는 것이다. 물론 기성종교는 이러한 아나키스트의 주장을 마뜩치 않게 생각할 것이다. 그러나 그 논리를 가만히 따라가 보면 매주 죄의식에 대한 참회를 반복함으로써 권위와 권력에 종속되는 수동적인 인간으로 전락하고 마는 현실을 돌아보게 된다.[123]

구원은 죄의식이나 권위주의와 연관된 것이 아니라 자유와 해방을 뜻한다고 볼 때, 교회에서 읊조리는 죄의식에 대한 고백과 언어는 우리에게 참된 자유를 주지 못한다. 구원의 지표는 억압이나 종속, 그리고 무지함에 의한 맹목이 아니라 자기 자신과 세계에 대한 눈뜸과 깨우침이다. 예수는 그것을 깨우칠 때에 진정한 하느님의 지배(Herrschaft Gottes)가 도래할 것이라고 가르쳤다. 그런 의미에서 종교는 아나키즘적인 성격을 가지고 있어야만 한다. 다시 말해서 잘못된 리더십에 대한 반지도자 혹은 반리더십이라는 해체가 필요하다는 것이다. 소수 엘리트층에 국한되고 집중된 교회 계급주의의 리더십은 참된 자유를 주지 못한다. 그것은 야스퍼스(K. Jaspers)가 말한 것처럼, 잠정적인 이념(Idee)이 되어 초월자로 향하도록 유도할 수는 있다 하더라도 완결된 형태의 지도자로 인식해서는 안 된다. 그것이 한국교회가 가지고 있는 병폐가 아니던가. 한 명의 지도자에게 집중된 리더십으로 인해서 이른바 잘나가는 교회라도 어느 날 갑자기 그 지도자의 권위가 추락하는 순간, 종속되고 수용적인 (그리스도인의 신앙적) 자유는 상처를 받고 완성되지 못하는 것을 볼 수가 있다. 그래서 프란치스코 교황(제226대 교황, 2013.03~)은 어쩌면 독단적이고 독선적인 리더십이 아닌 겸손과 섬김, 청빈이라는 가치를 되살리는 리더십을 강조하고 있는지도 모른다.

그것은 비단 인간과 교회 공동체에만 해당되는 것은 아니다. 생명 공동체의 구성원인 모든 생명적 존재자들이 평등하게 도덕적 지위와 가치를 지니고 있다는 탈중심주의적 인식은 생태아나키즘과도 상관이 있다. 그들과 함께 하는 친밀한 관계는 주와 종, 지배와 피지배의 관계를 해체하는 데서 가능한 지구적·생명적 놀이이자 생태적 놀이요 사목의 놀이라고 볼 수 있다.[124] 이와 같은 놀이의 현실성은 위기에 처한 지구와 교회를 위한 종교적인 실용주의로서 요청되는 이른바 생태적 실용주의로의 전회를 꾀하고 있는 것이다.

2. 불가능한 가능성인 놀이로서의 환경 사목

샤르댕(Pierre Teilhard de Chardin)에 의하면, 지구는 생명의 미사가 드려지는 제단이다.[125] 생명과 구원의 놀이가 재현되는 제단은 해방의 사건이 벌어지는 장이다. 생명적인 것들이 자발성과 자유에 입각하여 저마다 고유의 의미와 세계를 창조한다. 생명의 빵이 파스카의 신비를 드러내듯이, 지구는 하느님의 생명을 현시하고 생명적 존재들에게 밥상을 진설한다. 거기에는 경쟁이 아닌 나눔과 사랑, 그리고 베풂, 파괴가 아닌 생명의 확인과 획득, 속도가 아닌 기다림 등의 놀이미학을 본질로 한다. 하지만 이와 같은 지구의 미사 성제에도 불구하고 교회 혹은 그리스도인의 놀이조차도 "'자유로운 사회', '긴장감', '조화', '다양과 자발성', '개인의 자질과 공동체 정신의 조화'경쟁심과 소유욕의 가치가 지배하는 사회에서는 이러한 자유로운 사회의 가치들이 표현되지 못하고 갇혀 있다."[126]

경쟁과 소유가 내면화되어 있는 교회에서는 놀이다운 놀이를 할 수가 없다. 사목적 배려조차도 형식과 기만, 권력화되어 때로는 폭력과 지배, 그리고 무지로 일관한다. 사목이 놀이가 되어야만 본당 공동체의 운영과 사목 자체에 열정과 즐거움이 있을 수 있다. 즐거움, 조화, 그리고 배려가 없는 사목과 지구 공동체에서는 세계를 창조해 나가는 상호주관적 놀이는 불가능하다. "하느님을 '제조자'(maker)로 보는 은유가 공예품을 만들어 내는 장인(artisan)을 모델로 하여 만들어졌다 하더라도, 하느님은 '죽은 물체'가 아닌 살아 있는 세계를 창조하는 분이다. 우리는 하느님을 자신이 창조 사역 안에서 커다란 즐거움을 누리는 분으로 이해하며, 동시에 창조물은 하느님에게 찬양으로 응답한다. 하느님은 자기가 창조한 세계 안에서 즐거워하며, 행성·산·시내·동물과 식물들은 하느님과의 관계 안에서 이런 즐거움에 응답한다. 하느님과 자연의 관계는 종종 물활론적으로 상호 인격적이다."[127]

놀이는 놀이로서 서로 기쁨과 환희를 느끼게 한다. 혼자만 즐거운 것은 주객의 권력과 지배로 인해서 초월과 탈존을 불가능하게 만든다. 압박과 가상적 놀이는 결코 자신을 기쁘게 하지 못할 뿐만 아니라 본당 공동체와 지구 공동체를 물리적 도구나 상업적 도구로 전락시킨다. 전락은 분열이다. 놀이에서 분열은 치명적이다. 놀이에서 놀이의 주체는 놀이 자체이어야 하는데, 놀이를 하는 인간이 그 놀이의 주체가 되고자 할 때 놀이의 즐거움은 깨지게 되는 것이다. 놀이는 놀이로서 인간과 지구 공동체를 폭력적인 것에서부터 무장해제를 시키게 하기 때문에 의미가 있는 것이다. 따라서 놀이가 놀이의 주체가 되게 할 때 지구를, 본당 공동체의 그리스도인을 동료(company, 한솥밥을 먹는 존재)로 생각할 수 있다.

우리는 자연을 생명적 동료의 존재로 인식할 때에 계속되는 창조(creatio continua)의 작업 속에서 그들과 함께 춤을 출 수가 있다. 자연을 물질적이고 사물적 존재로서 바라보는 것이 아니라 영성과 윤리의 태도로서 식물과 동물, 그리고 꽃들에게 인사하고 그들과 서로 이어져 있는 연대성과 "혈족관계"를 알게 되면 하나가 되는 생명의 놀이에 참여하게 된다.[128] 이러한 자연의 새로운 발견만이 우리의 삶을 지속 가능하게 만들 것이다.

3. 기계적 시간을 멈추는 사목

위기에 처한 현실 속에서 미래의 사목 방향을 어떻게 구상해야 할 것인가? 환경이란 여전히 우리를 불편하게 하는 여러 삶의 가능성들 중에 하나로만 봐야 할 것인가? 아니면 전부라고 인식해야 할 것인가? 우리의 물음은 환경 위기 시대에 중요한 결단과 행위를 요청하고 있는 것이 사실이다. 행동하지 않으면 안 되는 절박함, 행위 자체를 완전히 교정하지 않으면 삶이 종말을 맞이할 수 있다는 두려움과 공포의 시대에 살고 있는 것이다. 따라서 우리는 지금 우리 자신의 의식과 행위에 있어서 새로운 태도변경이 필요하다. 그것은 하느님께서 자연을 사랑하고 잘 보전하라고 하는 부르심, 곧 우리의 환경적 성소(vocatio)의 확인에 있다. 그리스도인은 저마다 자신의 삶의 환경에서 그에 합당한 성소적 삶을 살아간다. 하지만 지금은 그와 더불어 환경적 성소를 감지하고 책임감을 가지고 그것을 실천해가지 않으면 안 된다. 그것은 더 나아가서 생태적 사도직으로 이어진다. 사제만이 그리스도의 사도로서 부르심을 받은 것이 아니다. 지금의 환경 위기 시대에서는 그리스도인이라면 누구나-어쩌면 그중에서도 자연환경을 위해서 부르심을 받은 특별한 사도가 있을 수도 있지만-생태적 사도직을 수행하지 않으면 안 되는 시점에 와 있다.

교회의 교회다움은 시대에 따라 그 물음과 해답을 달리 해 왔고, 실제로 교회의 사명을 재확인할 때마다 시대의 요청에 부응하려고 노력했다. 지금 교회는 종래의 기계적 시간을 멈추는 사목을 해야 한다. 다시 말해서 "전통 윤리학은 인간이 인간의 자유에 기반하고 있다면, 요나스의 새로운 윤리학의 토대는 자연이다. 자연은 인간과 모든 사물의 총체를 뜻한다."[129] 자연을 기반으로 하는 사목, 자연에 초점을 맞추는 사목이 되어야 인간도 배제하지 않고 진정으로 현재와 미래의 인간 구원을 위한 사목이 될 수 있다. 본당 공동체는 인간 구원만을 위한 도구가 아니라, 자연환경을 포함한, 자연환경을 구원의 대상으로 여기는 새로운 의식의 변화를 맞이하고 있는 것이다. 그리하여 사목의 근원을 우주적 구원으로 확대하고 사목을 자연환경으로 본질 환원하여, 좀 더 근원적으로 환경을 사목의 본질로 생각하는 전환이 이루어 져야 한다. 더 원본적으로(originare) 자연환경의 문제를 발견하여 그 대안을 모색하고 사목에 반영하려는 노력, 자연환경의 본질을 직관하면서 형이상 학적으로 자연 그 배후의 사태 그 자체(zu den sachen selbst)를 파악하려는 자연 에 대한 현상학적 해석과 이해가 사목에서 펼쳐질 수 있도록 사제의 사목적 태도의 근본적 변경은 필연적일 수밖에 없다.

이것은 결국 "우리는 우리 자신 안에서 자연을 발견하며, 자연 역시 우리와 닮은 모습을 지니고 있다. 살아 있다는 점에서 자연과 인간은 동일하다."[130] 는 인식에서 출발한다. 자연과 인간이 동일하다는 근본 의식은 사목의 방향 을 재정립하도록 만든다. 그래서 교회는 에너지와 기후, 그리고 생명적 가 치를 좀 더 근본적으로 사유하는 환경사목을 불편하게 받아들이면 안 된다. 지금 물을 마시고, 공기를 숨쉬고, 먹거리를 제대로 먹을 수 있다고 해서 잠 시라도 땅, 물, 빛, 바람을 홀대하고 함부로 대한다면 그 무시는 머지않아 우 리 삶을 송두리째 고통으로 몰아갈 것이다. 하지만 불행하게도 교회 자신도 근원적이고 본질적으로 자연을 사유하지 않는다. 지금 향유할 수 있고 향유 하고 있기 때문에 앞으로도 향유할 수 있다고 생각하기 때문이다. 지금 향 유 가능하다고 해서 미래에도 향유 가능할 것이라고 생각하는 안일하고 이 기적인 태도는 좀 더 에너지의 고갈에 대해, 좀 더 기후변화에 대해 근원적 으로 · 본질적으로 사유하고 실천하는 것을 방해한다. 이러한 때일수록 사 목자가 깨어 있어야 한다. 사목자가 깨어 있는 만큼 평신도가 깨어 있을 수 가 있다. 사목자가 기계적 시간, 기계적 사유, 계량적 사목에서 벗어나 자연 을 생각하는 만큼 사목이 바뀌고 평신도가 바뀔 수 있다. 분명히 환경사목은 사람을 불편하게 한다. 하지만 그것이 삶의 본질이 되는 순간 자연을 중심으로 하는 삶이 오히려 자연스럽다는 것을 알게 된다. 생태중심의 삶이야말로 더 원본적이고 근원적이라는 사실을 새삼 깨닫게 되기 때문이다.

사목자는 역사의 흐름을 새롭게 바꾸는 사목을 기획하여 신자들의 삶을 새롭게 조형하도록 해야 한다. 그러기 위해서는 지금까지 인위적이고 사목자 개인의 의식 중심이던 사목에서 자연 중심의 사목으로, 즉 시간 측정이나 시간 다툼의 경쟁적 사목을 지양하고 여유와 느림[131]을 지향하는 사목으로 바꿔야 할 것이다. 그러한 사목은 새로울 것도 없다. 아니 이미 원시 그리스도교 공동체, 초기 불교, 모라비안 등은 상호부조, 연대감이 있었고, 상호투쟁이나 경쟁보다는 상호부조를 가지고 오는 것이 윤리적 진보[132]라고 보았다. 따라서 자연을 목적으로 하는 사목, 자연의 합목적성을 모든 인식의 근간으로 삼는 사목은 보편적인 윤리적 사목과 맥을 같이 한다고 볼 수 있다. 자연을 전제로 하는 사람이 모든 사실과 사태, 그리고 삶을 윤리적으로 숙고하지 않을 수 없을 것이다. 그 사람의 행위의 타당성, 정당성, 명분은 자연에서 비롯된다.

이러한 사목과 삶의 방식과 관련해서 억압적 체제와 자연을 실험화하는 허구적 제도를 거부한다. "수 세기 동안 교회 혹은 성서에 대한 복종을 설교했던 도덕 이론들도 이제는 그 고삐를 벗어 버리고 국가에 대한 복종을 설교하고 있다. 국가는 그대의 신이다!"[133] 국가의 자연에 대한 비도덕적 행위, 정책, 전략 등은 근원적 자연(archi-nature)에서 파괴와 경쟁, 무분별한 개발, 비상식적 개발 담론으로 끌어간다. 그래서 촘스키는 다음과 같이 말한다. "살아 있는 모든 개인과 사회 세력들이 제약받지 않고 자유롭게 활동할 수 있는 여건을 만드는 데 주력하고 있다. 교회나 정치 세력의 영향을 적게 받을

수록 인간의 개성은 더욱더 능률적이고 조화롭게 발전하며, 이런 인간의 자연스런 발전 정도가 한 사회의 지적 문화를 측정하는 중요한 척도가 될 것이다."[134] 물론 여기서 교회를 부정하자는 것은 아니다. 다만 인간의 자유와 자연의 권리, 그리고 자연의 자기 목적적 보존을 해치는 모든 형태의 담론과 체제의 비정상성을 해체해야 한다고 말하는 것이다. 교회도, 국가도 결국 자연 속의 존재들이다. 이러한 유형의 존재들과 체제, 제도들도 자연의 재현(represent)일 수밖에 없다. 자연을 닮은 것들이어야 한다는 것이다.

톨스토이에 의하면 종교에 대한 근본적·근원적 인식은 도덕적 실천과 성스러운 자연에 대한 인식[135]에 있다고 보았다. 마땅히 종교는 도덕적 실천에 대한 강박증을 갖고 있어야 한다. 거기에 그치는 것이 아니라 자연에 대한 거룩한 인식과 실천, 그리고 계몽을 성소로 끌어낼 수 있어야 한다. 교회는 세계를 오독하지 말아야 할 것은 말할 것도 없거니와 자연을 오해하는 일도 없어야 한다. 사목에서 자연의 비언표성, 비언표적 행위는 죄악이다. 거룩한 언표와 발언, 서술은 사목자 자신과 본당 공동체를 기계적 삶으로부터 변화시키겠다는 의지요, 새로운 사목의 상상이다. 그뿐만 아니라 하느님이 창조하신 객관적 자연(nature), 그리고 주관적 본성(nature)에 의한 시적 언어(poetic language)의 발화는 공동체적으로 자연화하고, 인간의 삶을 새롭게 창조(poiesis)하게 된다. 자연을 닮은 시적 언어는 건조하고 메마른 기계적 언어를 타파하고 자본의 언어에 생명력을 불어넣는다. 사목자가 가진 생태적 상상력과 생태적 유토피아는 신자들로 하여금 자본의 지배, 반환경적 삶에서 깨어나도록 만든다. 사목자의 청빈과 순명의 기호도 환경적 삶을, 종교적 삶을 더 이상화할 수 있을 것이다. 자연환경은 본당공동체에게, 세대에서 세대로 끊임없이 이야기되어야 할 텍스트임을 감안할 때 사목자 자신과 환경은 지금 콘텍스트이면서 텍스트로서, 텍스트이면서 콘텍스트로서 신자의 담론이 되고 있는가를 속가량해야 할 것이다. 그런 의미에서 환경은 이론의 문제가 아니라 녹색 그리스도교가 되기 위한 실천철학이자 실천적 영성의 접근을 요한다는 점을 반드시 기억해야 할 것이다.

의식의 사물화와 참을 수 없는 삶의 가벼움

"의식은 생명의 반사(反射)다. 생명은 쏘아 나가기도 하지만 또 되돌아온다. 물질에 있는 반사작용이나 정신에 있는 반사는 한가지 운동이라 할 것이다. 소위 정신이라는 것, 생각이란 것은 생명의 반사 혹은 반성이다. 하나님의 마음의 방사선의 끄트머리가 다시 저 나온 근본으로 돌아가기 시작한 것이 마음이란 것, 생각이란 것이다."[136]

"생각하지 않는 사람은 사람이 아니다. 생각이란 다른 것 아니요, 물질을 정신화함이다. 없는 데서 있는 것을 창조해 냄이다. 고로 악한 놈, 병든 놈, 불리한 조건에 있는 놈일수록 생각하는 것이요, 또 하지 않으면 안 된다. 생각하면 서로 떨어진 것이 하나가 될 수 있고, 생각하면 실패한 것이 이익으로 변할 수 있다. 인도를 인도로 만든 것도 생각이요, 히브리를 히브리로 만든 것도 생각이다. 철학하지 않는 인종은 살 수 없다. 우리의 가장 근본적인 결점은 생각이 깊지 못한 것이다. 생각은 생명의 자발(自發)이다."[137] 함석헌의 『인간혁명의 철학2』에 나오는 말이다.

우리는 지금 스스로, 자처해서 의식을 사물화하고 있다. 의식을 사물화한다는 것은 근원적으로 무엇일까? 의식은 사물과는 별개로 생각하고 판단하고 지각한다. 사물은 인간에게 있어서 도구적이고 물질적이다. 사물의 사물성을 논한다 하더라도 사물 안에 의식이 내재되어 있다고 말할 수 없다. 그것은 생각·판단·지각하는 주체적인 이성의 기능을 갖고 있지 않기 때문이다. 이처럼 의식 바깥에 있는 사물은 분명히 의식과의 연관성에서 전혀 주체적이라 말할 수 없는 의식과 떨어져-있음이라는 존재론적 지평에만 속해 있다.

그렇다면 '의식의 사물화'는 어떻게 해명할 수 있을까? 그것은 의식이 더 이상 사유하는 역할을 포기했다는 의미가 아닐까? 의식은 이제 물건이나 도구에 지나지 않는 임의적·수동적 대상으로 전락하고 만 것이다. 나아가 의식은 정지된 채 있음을 의미한다. 사유하지 않는 1차원적 인간, 그러면서 동일하게 사물 속에 매몰되어 버리는 인간은 의식의 작용이라는 자기 정체성을 상실한다. 여기서 자기는 의식이 깨어 있을 때 비로소 자기 자신이라 말할 수 있다.

그러나 의식이 사물화되어 버린 인간은 사유를 통해 의식 안에 들어 온 세계를 비판적으로 인식하고 판단할 수 없다. 사물의 본성을 띤 의식은 타자의 언어와 정보에 의해 지배당한다. 사물은 지배할 수 없고 지배당하고, 지배자의 처분에 맡겨지듯이 자신을 자신인 채로 소유할 수 없다. 자신의 비존재적 실존의 상태에 있는지도 모르고 자신은 타자를 자신으로서 확인하지만 엄밀성이 결여되어 있다. 그런 연유로 의식이 사물화되어 버린 인간은 자신이 스스로 사물이 된 것도 모르면서 잡담(한담/객설)을 하며 살아간다.

우리가 무심결에 바라보는 사물, 대상, 사건, 심지어 사람조차도 사물화된 형태로서의 의식으로 바라본다. 정치, 경제, 사회, 환경, 교육 등은 우리 자신의 의식을 사물화하도록 강제한다. 엉겁결에 담론의 대상으로 삼고 있는 존재자가 시간의 무한한 퇴락으로 빠져 들어가 헤어 나오지 못하는 것은

'무심코', 즉 자신 스스로가 의식의 사물화가 된 것을 모르는 것이다. 타자에 대한 인식은 책임을 담보로 하지 않는다면 인식조차도 이성의 결여나 다름이 없다. 의식의 결여된 상태는 의식의 사물화에 자신을 내맡기는 것이다. 이렇듯 의식의 사물화와 의식의 결여는 밀접한 상관성을 갖는다. 그것은 타자를 소유하려고 하기 때문이다.

의식은 항상 무엇을 향한 의식으로서 바깥 실재에 대한 배려와 관심 없이는 의식은 공허하기 짝이 없다. 이는 "내용 없는 사상들은 공허하고, 개념 없는 직관들은 맹목적이다."(Gedanken ohne Inhalt sind leer, Anschauungen ohne Begriffe sind blind, *KrV.*, B75)라는 칸트의 말을 인용하지 않더라도 당연한 귀결이다. 따라서 의식 바깥의 대상에 대한 배려가 없이는 온전한 인간 존재, 이성적 존재라고 말할 수 없을 것이다. 타자의 인정 없이 어찌 어떻게 내가 있을 수 있단 말인가. 그러므로 타자의 인정과 배려가 없는 인간은 의식이 결여된 존재로 봐야 한다. 그는 자신의 의식조차 대상화·물질화해서 비생명적인 사물성으로 전락시키고 만 것이다. 이 국가와 사회 곳곳에서 평균 인간, 평균 문화가 자리하고 있는 이유가 바로 여기에 있다.

의식이 사물화되고 심지어 의식이 결여됨으로써 인간 현존재는 하나의 사물처럼 규격화, 수량화, 수치화되고 만다. 현존재의 모든 사유와 행위는 동일화되고 그에 따른 인간의 문화 또한 획일화된 채 또 하나의 계급 구조와 권력을 갖게 된다. 평균 인간, 즉 평균적인 현존재는 막연한 불안과 현대 기계 문명(현대 물질문명)에 대한 공포로 자신의 의식을 사물적인 것에 의존하고 거기에서 안정을 찾는다. 그 순간 현존재의 의식 작용은 주체적인 자의식의 활동과 판단에 따라서 이루어지는 것이 아니고 타율, 타자적 의식에 동조하고 그에 의해서 조작되는 기이한 현상이 벌어진다.

그럼에도 불구하고 현존재는 자신의 의식이 자율적이고 주체적인 것으로 착각하고 사물적인 것에 저항하기보다는 사물적인 것이 갖고 있는 사물성에 끌려가고 만다. 현존재의 의식과 의지, 삶의 주체성은 온데간데없이 오로지 한담(閑談)거리, 공담(空談, leeres Geschwätz)거리의 삶만을 끌어안고 무게가 있는 삶의 진지함과 진정성에는 눈을 가린다. 그러므로 이제는 사물적인 것과 사물성을 비판하기보다 더 근원적인 의미에서 사물이 되어 가고 있는 현존재의 의식 자체에 대한 근본적인 비판이 있어야 한다. 더불어 그 의식을 사물화시키는 사물적인 것의 구조와 사물적인 것을 포함하는 세계 일반에 대한 엄밀한 반성이 병행되지 않으면 안 될 것이다. 만일 그러지 않는다면 의식은 여전히 의식이 아니게 되며, 삶은 가벼운 일상의 차원으로 전추하여 거슬러-나아가지-못하는 의식-없음, 이성-없음이라는 현존재 그 자신의 심각한 위기에 봉착하게 될 것이다. 앞에서 필자는 삶이 가벼워졌음에도 불구하고 삶과 삶과 연관된 모든 사건과 현상에 대해서 한낱 빈-이야기[공담]로 일관하는 시원을 의식의 사물화라고 말했다. 의식은 침묵[말-없음, 말하지-않음]을 모르며 시끄러운 소음과 자질구레한 소리, 원치 않는 소리에 빼앗겨 순수한 의식과 순수한 생각이 떠오를 틈이 없다. 옛말에 지과필개(知過必改) 혹은 과즉물탄개(過則勿憚改, 허물이 있으면 고치기를 꺼려하지 말라)라 했다. 이런 시대일수록 무의미하게 떠드는 소리가 아닌 의식이 부르고 의식이 생각하는 이성의 회복이 절실하게 요청되는 때가 아닌가 싶다.

정신은 아무것도 섞인 것이 없이 맑아야 정신이다. 정신이 못 움직일 것이 없다는 것은 맑기 때문이다. 흐리면 아무것도 못한다. 정신을 흐리게 하는 것은 욕심이다. 욕심이란 정신 속에 들어온 외물(外物)이요, 물질이란 정신의 운동이 무디어 엉킨 것이다. 정신이 맑기 때문에, 빈 것이기 때문에 만물을 짓고, 살리고, 움직일 수 있으나, 돌아가는 동안에 엉켜 걸림이 생기면 그만 가는 길이 막힌다. 기가 막혀 죽겠다는 것은 그것이다. 피가 노폐물로 인해 걸러지면 섭섭이와 콩팥으로 보내어 그 섞인 것을 걸러내야 하고, 걸러내면 다시 새 피가 되듯이 정신도 흐려지면 그 속에 끼인 물욕(物欲)을 덜어내야 하고, 물욕에 달라붙기를 그만두면 다시 정신의 제 본바탈에 돌아온다. 그것이 새로움이다.[138]

제1부 함석헌의 초월론적 세계와 정치·종교 수사학

1 함석헌, 『함석헌전집』 2, 「인간혁명의 철학」, 한길사, 1983, 25쪽.
2 위의 책, 25쪽.
3 위의 책, 26-27쪽.
4 위의 책, 61쪽, 66쪽.
5 위의 책, 27쪽.
6 위의 책, 56쪽.
7 위의 책, 30쪽.
8 Martin Buber, 장익 옮김, 『하씨딤의 가르침에 따른 인간의 길』, 분도출판사, 1978, 40쪽.
9 위의 책, 37-38쪽.
10 함석헌, 앞의 책, 65-66쪽, 74쪽.
11 함석헌, 『함석헌전집』 2, 「인간혁명의 철학」, 한길사, 1983, 30-31쪽.
12 함석헌, 『함석헌선집』 3, 「생각하는 백성이라야 산다」, 한길사, 1996, 92-93쪽.
13 함석헌, 『함석헌전집』 6, "살림살이", 「시집/수평선 너머」, 한길사, 1983, 45쪽.
14 Robin R. Meyers, 김준우 옮김, 『언더그라운드 교회』, 한국기독교연구소, 2013, 328쪽.
15 위의 책, 174쪽.
16 위의 책, 181쪽.
17 함석헌, 『함석헌전집』 11, 「두려워 말고 외치라」, 한길사, 1984, 125쪽.
18 위의 책, 88-89쪽.
19 위의 책, 89쪽.
20 위의 책, 33쪽, 95쪽; "권력국가와 대국가주의 비판", 99쪽 참조.
21 최장집, 『민중에서 시민으로』, 돌베개, 2009, 102쪽.
22 조세현, 『동아시아 아나키즘, 그 반역의 역사』, 책세상, 2001, 153쪽.
23 위의 책, 28쪽.
24 최장집, 앞의 책, 100쪽.
25 J. Molyneux, 이승민 옮김, 『아나키즘: 마르크스주의적 비판』, 책갈피, 2013, 23쪽.
26 최장집, 앞의 책, 124쪽, 154쪽.
27 이규호, 『말의 힘』, 좋은 날, 1998, 58-60쪽.
28 최장집, 『한국민주주의의 이론』, 한길사, 1993, 4쪽.
29 최장집, 『민중에서 시민으로』, 124쪽, 168-169쪽.
30 함석헌, 『함석헌전집』 11, 두려워 말고 외치라, 한길사, 1984, 74-75쪽.
31 위의 책, 97쪽.
32 최장집, 『민중에서 시민으로』, 돌베개, 2009, 142쪽.
33 위의 책, 210쪽, 212쪽.

34 Dalai-Lama/S. Hessel, 임희근 옮김, 『정신의 진보를 위하여』, 돌베개, 2012, 67쪽.

35 S. Hessel, 유영미 옮김, 『분노한 사람들에게』, 뜨인돌, 2012, 107쪽.

36 위의 책, 106쪽.

37 위의 책, 112쪽.

38 위의 책 참조.

39 Marshall Blonsky, "개설: 기호학의 고민, 기호학의 재평가", Marshall Blonsky 엮음, 곽동훈 옮김, 『베일 벗기기』, 시각과 언어, 1995, 43쪽.

40 위의 책, 24쪽.

41 Marshall Blonsky, 위의 책, 41쪽.

42 위의 책, 77쪽.

43 위의 책, 53쪽, 75쪽.

44 함석헌, 『함석헌전집』19, 「영원의 뱃길」, 한길사, 1985, 48-49쪽.

45 M. Foucault, "섹슈얼리티와 고독", Marshall Blonsky 엮음, 위의 책, 168쪽.

46 함석헌, 『함석헌전집』11, 「두려워 말고 외치라」, 한길사, 1984, 94-96쪽.

47 위의 책, 135쪽.

48 위의 책, 138쪽.

49 J. Habermas, 이진우 옮김, 『현대성의 철학적 담론』, 문예출판사, 1994, 173쪽.

50 함석헌, 『함석헌전집』5, 「서풍의 노래」, 한길사, 1984, 143쪽.

51 위의 책, 145쪽.

52 위의 책, 144쪽.

53 위의 책, 146쪽, 148쪽.

54 위의 책, 139-140쪽.

55 함석헌, 『함석헌전집』19, 「영원의 뱃길」, 한길사, 1985, 51-52쪽.

56 S. Freud, 김정일 옮김, 『성욕에 관한 세 편의 에세이』, 열린책들, 2003, 189-195쪽, 275-282쪽.

57 함석헌, 『함석헌전집』19, 「영원의 뱃길」, 한길사, 1985, 58-59쪽.

58 M. Foucault, 이규현 옮김, 『성의 역사. 제1권 앎의 의지』, 나남출판, 1990, 101쪽.

59 위의 책, 98-99쪽 참조.

60 A. Badiou, 서용순·임수현 옮김, 『베케트에 대하여』, 민음사, 2013, 65-67쪽.

61 J. Bousquet, 김관오 옮김, 『달몰이』, 아르테, 2007, 78쪽.

62 J. Bousquet, 위의 책, 83쪽.

63 Eric J. Hobsbawm, Antonio Polito, 강주헌 옮김, 『새로운 세기와의 대화』, 끌리오, 2000, 184-185쪽.

64 Eric J. Hobsbawm, Antonio Polito, 위의 책, 186쪽.

65 함석헌, 『함석헌전집』19, 「영원의 뱃길」, 한길사, 1985, 8쪽.

66 위의 책, 8쪽.

67 위의 책, 9쪽.

68 함석헌, 『함석헌전집』19, 「영원의 뱃길」, 한길사, 1985, 8쪽.

69 위의 책, 20-21쪽.

70 J. Habermas, 이진우 옮김, 『현대성의 철학적 담론』, 문예출판사, 1994, 218-220쪽.

71 함석헌, 『함석헌전집』 19, 「영원의 뱃길」, 한길사, 1985, 7쪽.

72 위의 책, 8쪽.

73 위의 책, 9쪽.

74 D. Allen, 정재현 옮김, 『신학을 이해하기 위한 철학』, 대한기독교서회, 1996, 17-21쪽.

75 Jean-Pierre Vernant, 박희영 옮김, 『그리스인들의 신화와 사유』, 아카넷, 2005, 466-471쪽.

76 Klaus Held, 이강서 옮김, 『지중해 철학기행』, 효형출판, 2007, 46-49쪽; Pierre Hadot, 이세진 옮김, 『고대철학이란 무엇인가』, 이레, 2008, 316-319쪽.

77 Klaus Held, 위의 책, 31-37쪽; 알레테이아라는 말은 현대 기초존재론자인 마르틴 하이데거의 진리 개념에서 탈은폐로 번역이 될 만큼 매주 중요한 존재론적 개념이다.

78 Klaus Held, 최상안 옮김, 『그리스 · 로마 철학기행』, 백의, 2000, 24-25쪽.

79 F. Braudel, 위의 책, 55쪽.

80 김덕수, "지중해, 영원한 '우리'의 바다. 고대 로마의 지중해", 박상진 엮음, 『지중해 문명의 바다를 가다』, 한길사, 2005, 54-59쪽.

81 Wolfgang Stegemann und Ekkehard W. Stegemann, 손성현 · 김판임 옮김, 『초기 그리스도교의 사회사』, 동연, 2009, 27쪽.

82 E. Underhill, 안소근 옮김, 『신비주의의 본질』, 누멘, 2009, 125쪽.

83 Johann Gustav Droysen, 이상신 옮김, 『역사학』, 나남, 2010, 50-51쪽.

84 함석헌, 『함석헌전집』 2, 「인간혁명의 철학」, 한길사, 1983, 80쪽.

85 위의 책, 80쪽.

86 함석헌, 『함석헌전집』 11, 「두려워 말고 외치라」, 한길사, 1984, 304쪽.

87 위의 책, 319-320쪽.

88 위의 책, 379쪽.

89 위의 책, 380쪽.

90 위의 책, 379-380쪽, 388쪽.

91 위의 책, 19쪽.

92 F. Fanon, 이석호 옮김, 『검은 피부, 하얀 가면』, 인간사랑, 1998, 212쪽.

93 Catherine Clément/ Julia Klisteva, 임미경 옮김, 『여성과 성스러움』, 문학동네, 2002, 26-27쪽.

94 F. Fanon, 앞의 책, 169쪽.

95 앞의 책, 129쪽.

96 위의 책, 218-219쪽.

97 F. Fanon, 앞의 책, 217쪽.

98 최창모, 『금기의 수수께끼』, 한길사, 2003, 220-221쪽.

99 Daniel A. Helminiak, 김강일 옮김, 『성서가 말하는 동성애』, 도서출판 해울, 2003, 32쪽, 61쪽, 90쪽, 98-100쪽, 142쪽, 202쪽 참조.

100 이상억, "동성애자를 위한 돌봄의 목회미학", 기윤실부설기독교윤리연구소 편, 『동성애에 대한 기독교적 답변』, 예영커뮤니케이션, 2011, 277쪽.

101 F. Fanon, 앞의 책, 152쪽.

102 F. Fanon, 위의 책, 200쪽.

103 F. Fanon, 위의 책, 230쪽.

104 F. Fanon, 위의 책, 278쪽.

105 Rita Gross, 김윤성 옮김, 『페미니즘과 종교』, 청년사, 1999, 133쪽.

106 Rita Gross, 위의 책, 149쪽.

107 Kathy Rudy, 박광호 옮김, 『섹스 앤 더 처치』, 한울, 2012, 156쪽, 182쪽.

108 함석헌, 『함석헌 전집』 5, 「서풍의 노래」, 한길사, 1984, 35쪽.

109 위의 책, 44쪽.

110 함석헌, 『함석헌전집』 11, 「두려워 말고 외치라」, 한길사, 1984, 48-49쪽.

111 길희성, 『길은 달라도 같은 산을 오른다』, 휴, 2013, 135쪽.

112 길희성, 위의 책, 39쪽, 134쪽.

113 길희성, 위의 책, 195쪽.

114 길희성, 위의 책, 177-180쪽.

115 H. Cox, 마경일 옮김, 『신의 혁명과 인간의 책임』, 현대사상사, 1981, 100-101쪽.

116 E. Brunner, 박영범 옮김, 『교회를 오해하고 있는가?』, 도서출판 대서, 2013, 41쪽.

117 R. R. Meyers, 김준우 옮김, 『언더그라운드 교회』, 한국기독교연구소, 2013, 359쪽.

118 이광수, 『슬픈 붓다』, 21세기북스, 2013, 300쪽, 284-285쪽, 76쪽.

119 이광수, 위의 책, 301쪽.

120 함석헌, 『함석헌전집』 19, 「영원의 뱃길」, 한길사, 1985, 128-129쪽.

121 함석헌, 위의 책, 179쪽.

122 이광수, 앞의 책, 87쪽.

123 이광수, 위의 책, 92쪽.

124 함석헌, 『함석헌전집』 19, 「영원의 뱃길」, 113쪽.

125 함석헌, 위의 책, 126-127쪽.

126 Jean-Paul Sartre, 정소정 옮김, 『존재와 무』, 2009, 144-150쪽.

127 함석헌, 『함석헌전집』 4, 「죽을 때까지 이 걸음으로」, 한길사, 1984, 197쪽.

128 함석헌, 『함석헌전집』 19, 「영원의 뱃길」, 144쪽.

129 길희성, 『길은 달라고 같은 산을 오른다』, 휴, 2013, 164쪽.

130 길희성, 위의 책, 250쪽.

131 H. Cox, 앞의 책, 95쪽.

132 H. Cox, 위의 책, 156-157쪽.

133 Stephen J. Gould, 김명남 옮김, 『여덟 마리 새끼 돼지』, 현암사, 2012, 192쪽.

134 Stephen J. Gould, 위의 책, 211쪽.

135 위의 책, 212쪽.

136 위의 책, 137쪽.

137 함석헌,『함석헌전집』19,「영원의 뱃길」, 137-138쪽.

138 함석헌, 위의 책, 142쪽.

139 John Heagle, 이세형 옮김,『고통과 악』, 생활성서사, 136-137쪽.

140 John Heagle, 위의 책, 138-139쪽.

141 홍성욱, "진화론과 기독교의 역사는 불교에 무엇을 말하는가", 안성두 외,『붓다와 다윈이 만난다면』, 서울대학교출판문화원, 2010, 278쪽.

142 최재천, "다윈의 진화론: 철학논의를 위한 기본 개념", 철학연구회 편,『진화론과 철학』, 철학과현실사, 2003, 63쪽.

143 박치완, "베르그송의 '생명' 개념을 통해 본 기계론적 진화론의 한계", 철학연구회 편, 『진화론과 철학』, 철학과현실사, 2010, 140-141쪽.

144 M. Ruse,『다원주의자가 기독교인이 될 수 있는가?』, 청년정신, 2002, 327쪽; 이한구, "진화론은 철학을 어떻게 변화시켰는가", 안성두 외,『붓다와 다윈이 만난다면』, 222-223쪽.

145 한국종교연합은 2011년 '종교평화지수 제정을 위한 한국종교연합 콜로키움'을 5차례에 걸쳐 시행하였다. 종교 간 평화지수는 종교 간 갈등과 화해 상생의 사례를 종합 분석해 이를 지수화함으로써 종교 간 화해와 상생을 위한 대안적 실천 방안을 모색하려는 데 있다. 필자는 이를 위해 2011.9.24.에 본 논문을 발표한 바 있다.

146 김종서,『종교사회학』, 서울대학교출판부, 2005, 93-94쪽.

147 한국기독자교수협의회 · 한국교수불자연합회 공저,『현대사회에서 종교권력, 무엇이 문제인가』, 동연, 2008 참조.

148 엄한진, "지역의 형성과 종교: 지방자치제 이후 원주의 종교-지역 관계의 변화를 중심으로", 송호근 외 편저,『한국사회의 연결망 연구』, 서울대학교출판부, 2004, 211-265쪽.

149 양영진, "막스 베버의 종교사회학에 대한 일고찰", 정성우 외,『막스 베버 사회학의 쟁점들』, 민음사, 2995, 397-398쪽.

150 김덕영,『짐멜이냐 베버냐? 사회학 발달과정 비교연구』, 한울, 2004, 121-125쪽.

151 Max Weber, 전성우 옮김,『탈주술화, 과정과 근대: 학문, 종교, 정치』, 나남, 2002, 124쪽.

152 위의 책, 128-129쪽.

153 Max Weber, 박성환 옮김,『경제와 사회1』, 문학과지성사, 1997, 143-144쪽.

154 Ted Benton, 고영복 옮김,『사회학 방법론의 조류』, 홍성사, 1984, 168-171쪽.

155   Friedrich H. Tenbruck, 차성환 편역,『막스 베버의 사회과학 방법론』, 문학과지성사, 1990, 106-107쪽.

156 이정록 · 구동회 지음,『세계의 분쟁지역』, 푸른길, 2005, 43쪽.

157 Max Weber, 박성환 옮김,『경제와 사회1』, 166-168쪽. 막스 베버의 주장에 따르면, 갈등은 사실 폭력이나 경쟁 혹은 싸움과도 같은 개념도 포괄하고 있다고 봐야 할 것이다. "싸움(Kampf)은, 행위가 상대방(들)의 저항에 거슬러서 자신의 의지를 관철하려는 의도에 지향되어 있는 한에서의 사회적 관계를 뜻한다고 하겠다. '평화적'인 싸

움 수단(Kampfmittel)이란 실질적인 내용이 시의적인 물리적 폭력이 아닌 수단을 뜻한다고 하겠다. '평화적인' 싸움이 다른 사람도 욕망하는 기회에 대한 자신의 처분권을 형식상 평화적으로 얻으려는 노력으로서 치러진다면, 그러한 싸움은 '경쟁'을 뜻한다고 하겠다. … 실제로 경쟁이 일어나는 곳에서만, 우리는 '싸움'이라는 말을 쓰고자 한다."

158 양영진, "베버 종교사회학 저술의 내적 연관성", 전성우 외, 『막스 베버 사회학의 쟁점들』, 민음사, 1995, 384-385쪽.

159 박길성, "한국사회의 갈등지형과 경향", 윤인진 외, 『한국인의 갈등의식』, 고려대학교출판부, 2009, 19쪽.

160 임현진, 『한국사회 갈등 해소를 위하여』, 백산서당, 2010, 178쪽.

161 이승미, "아시아·태평양 종교·문화 갈등지역에서 평화교육의 실태와 과제", 이삼열 외, 『아시아의 종교분쟁과 평화, 오름』, 2005, 441-453쪽.

162 A. O'Hear, 신중섭 옮김, 『현대의 과학철학 입문』, 서광사, 1995, 215쪽.

163 위의 책, 214-240쪽.

164 박영도, 『비판의 변증법. 성찰적 비판문법과 그 역사』, 새물결, 2011, 90쪽.

165 위의 책, 103쪽.

166 I. Kant, *KrV*, AXI, "우리 시대는 진정한 비판의 시대요, 모든 것은 비판에 부쳐져야 한다. 종교는 그 신성성에 의거해서, 법칙수립(입법)은 그 위엄을 들어 보통 비판을 면하고자 한다. 그러나 그럴 때 종교와 법칙수립은 당연히 자신들에 대한 혐의를 불러일으키는 한편, 꾸밈없는 존경을 요구할 수 없을 것이다. 이성은 오직, 그의 자유롭고 공명한 검토를 견뎌낼 수 있는 것에 대해서만 꾸밈없는 존경을 승인한다."

167 I. Kant, 이한구 옮김, 『영구 평화론』, 서광사, 2008, 26-28쪽 참조; Volker Gerhardt, 김종기 옮김, 『다시 읽는 칸트의 영구평화론』, 백산서당, 2007, 55쪽.

168 I. Kant, *KU*, §40; Volker Gerhardt, 위의 책. 294쪽; Salim Kemal, *Kant and Fine Art*, Oxford University Press, 1986, pp. 158-168.

169 U. Beck, 한상진 외 편, 『위험에 처한 세계와 가족의 미래』, 새물결, 2010, 220쪽.

170 이재영, "평화감수성을 연습하다", 2010 평화백서 편집위원회 기획 및 엮음, 『2010 평화백서』, 검둥소, 2010, 266쪽.

171 위의 책.

172 이성우, "세계평화지수 연구의 필요와 방법론 논의", 『세계평화지수연구』, 오름, 2009, 25쪽.

173 함석헌, 『함석헌전집』19, 「영원의 뱃길」, 한길사, 1985, 17쪽.

174 George Weigel, 김덕영·송재룡 옮김, "요한 바오로 2세 시대의 로마 가톨릭 교회", 『세속화냐? 탈세속화냐?』, 대한기독교서회, 2002, 57-58쪽.

175 함석헌, 『함석헌전집』19, 「영원의 뱃길」, 18쪽.

176 위의 책, 368-369쪽.

177 함석헌, 『함석헌전집』11, 「두려워 말고 외치라」, 한길사, 1984, 377쪽.

178 위의 책, 378쪽.

179 알렉세이 호먀코프, 허선화 옮김,『교회는 하나다/ 서구 신앙 고백에 대한 정교 그
리스도인의 몇 마디』, 지식을만드는지식, 2010, 152쪽

180 신오현,『자유와 비극』, 문학과지성사, 1979, 188-189쪽.

181 Jean-Paul Sartre, 박정자 외,『변증법적 이성비판1. 실천적 총체들의 이론』, 나남,
2009, 33쪽.

182 Jean-Paul Sartre, 박정태 옮김,『실존주의는 휴머니즘이다』, 이학사, 2008, 34, 59쪽.

183 함석헌,『함석헌전집』11,「두려워 말고 외치라」, 한길사, 1984, 265쪽.

184 함석헌, 위의 책, 147쪽.

185 함석헌, 위의 책, 170-171쪽.

186 함석헌, 위의 책, 204-205쪽.

187 신오현, 앞의 책, 194쪽.

188 함석헌, 앞의 책, 240쪽.

189 Jean-Paul Sartre, 박정태 옮김,『실존주의는 휴머니즘이다』, 35쪽, 44-45쪽.

190 Jean-Paul Sartre, 박정자 외,『변증법적 이성비판1. 실천적 총체들의 이론』, 32-33쪽.

191 Jean-Paul Sartre, 정명환 옮김,『문학이란 무엇인가』, 민음사, 1998, 15쪽.

192 Jean-Paul Sartre, 위의 책, 27쪽.

193 A. Danto, 신오현 옮김,『사르트르의 철학』, 민음사, 1985, 53, 55쪽.

194 함석헌, 앞의 책, 150-151쪽.

195 Jean-Paul Sartre, 정명환 옮김,『문학이란 무엇인가』, 147-148쪽.

196 함석헌, 앞의 책, 169쪽.

197 Jean-Paul Sartre, 정명환 옮김,『문학이란 무엇인가』, 33쪽.

198 함석헌, 앞의 책, 230-234쪽.

199 Jean-Paul Sartre, 정명환 옮김,『문학이란 무엇인가』, 68쪽.

200 함석헌, 앞의 책, 25-254쪽.

201 Jean-Paul Sartre, 정명환 옮김,『문학이란 무엇인가』, 213쪽.

202 함석헌, 앞의 책, 294쪽.

203 Jean-Paul Sartre, 정명환 옮김,『문학이란 무엇인가』, 62쪽.

204 변광배,『사르트르 참여문학론』, 살림, 2006, 22-24, 49쪽.

205 변광배, 위의 책, 51쪽.

206 A. Danto, 앞의 책, 51쪽.

207 Andre Robinet, 류종렬 옮김,『프랑스 철학사』, 서광사, 1987, 122쪽.

208 함석헌, 앞의 책, 157쪽.

209 Jean-Paul Sartre, 박정태 옮김,『실존주의는 휴머니즘이다』, 77-79쪽.

210 함석헌, 앞의 책, 198쪽, 201-203쪽, 206-207쪽.

211 변광배, 앞의 책, 18쪽.

212 신오현, 앞의 책, 191쪽.

213 '유동적'(liquid)이라는 표현은 지그문트 바우만(Z. Bauman)의 사회학적 개념인 '리
퀴드'에서 모티프를 얻었다. 논의의 내용과 방향은 다르지만, 필자는 그의 저서『리

퀴드 러브』에서 말하는 유동적, 액상적, 액체적 인간상의 경계를 확장하여 종교의 문제를 비판 재구성하려고 하였다.

214 Paul F. Knitter, "Toward a Liberation Theology of Religions", John Hick and Paul F. Knitter, eds. *The Myth of Christian Uniqueness. Toward a Pluralistic Theology of Religions*, Eugene, Oregon: Orbis Books, Wipf and Stock Publishers, 1987, pp. 178-197.

215 함석헌,『함석헌전집』19,「영원의 뱃길」, 한길사, 1984, 30쪽.

216 위의 책, 31쪽.

217 위의 책, 34쪽.

218 위의 책, 35쪽.

219 위의 책, 37쪽.

220 위의 책, 49쪽.

221 위의 책, 51쪽.

222 J. Heagle, 이세형 옮김,『고통과 악』, 생활성서, 2003, 21쪽.

223 Susan Sontag, 이재원 옮김,『타인의 고통』, 이후, 2004, 149-150쪽.

224 M. Cronin, 이효석 옮김,『팽창하는 세계』, 현암사, 2013, 88-95쪽. 타자살해는 반드시 상식적인 개념의 살인을 의미하는 것을 넘어서서 타자를 자기와 동일화, 획일화하여 타자 존재 양식의 특징을 완전히 말살하는 전체주의적 성격으로 확장된다.

225 손봉호,『고통받는 인간』, 서울대학교출판부, 1995, 128쪽, 132쪽.

226 위의 책, 44쪽.

227 기다모리 가죠(北森嘉藏), 박석규 옮김,『하나님의 아픔의 신학』, 양서각, 1987, 74쪽.

228 손봉호,『고통받는 인간』, 60쪽.

229 Susan Sontag,『타인의 고통』, 166쪽.

230 위의 책, 202쪽.

231 위의 책, 203쪽.

232 Arno Gruen, 조봉애 옮김,『평화는 총구에서 나오지 않는다』, 창해, 2012, 84쪽, 84-89쪽 참조.

233 손봉호,『고통받는 인간』, 204-205쪽.

234 위의 책, 203~204쪽.

235 강영옥,『고통, 신앙의 단초』, 우리신학연구소, 1999, 220-221쪽.

236 J. Habermas, 이진우 옮김, "탈현대로의 진입: 전환점으로서의 니체",『현대성의 철학적 담론』, 문예출판사, 1994, 112-113쪽.

237 M. Heidegger, 박찬국 옮김,『니체와 니힐리즘』, 철학과현실사, 2000, 19쪽.

238 위의 책, 33쪽.

239 위의 책, 20쪽.

240 Peter Berkowitz, *Nietzsche: The Ethics of An Immoralist*, Cambridge, Massachusetts: Harvard Uni. Press, 1995, pp. 109-110.

241 U. Beck/ Elisabeth Beck-Gernsheim, 이재원 · 홍찬숙 옮김,『장거리 사랑』, 새물결, 2012, 135쪽.

242 Paul F. Knitter, 변선환 옮김, 『오직 예수이름으로만?』, 한국신학연구소, 1986, 309-329쪽.
243 이찬수, "제3장 대동에서 만나는 종교와 평화", 서울대학교평화인문학연구단 편, 『평화인문학이란 무엇인가』, 아카넷, 2013, 111-143쪽 참조.
244 Whalen Lai and Michael von Brück, *Christianity and Buddhism. A Muticultural History of Their Dialogue*, trans. Phyllis Jestice, Maryknoll, New York: Orbis Books, 2001, p. 245.
245 John H. Yoder, 김복기 옮김, 『교회, 그 몸의 정치』, 도서출판 대장간, 2011, 104-105쪽.
246 Stephen T. Asma, 노상미 옮김, 『편애하는 인간』, 생각연구소, 2013, 81-85쪽.
247 Aureilus Augustinus, 박주영 옮김, 『아우구스티누스 행복론(De beata vita)』, 누멘, 2010), 27쪽.
248 위의 책, 44쪽.
249 탁석산, 『행복 스트레스』, (주)창비, 2013, 241쪽.
250 Stephen T. Asma, 『편애하는 인간』, 257쪽.
251 위의 책, 263쪽.
252 위의 책, 274-275쪽.
253 길희성, 『불교와 그리스도교의 창조적 만남. 보살예수』, 현암사, 2004, 14쪽.
254 Paul F. Knitter, 변선환 옮김, 『오직 예수이름으로만?』, 332쪽.
255 위의 책, 356쪽.
256 John H. Yoder, 『교회, 그 몸의 정치』, 155쪽.
257 J. Habermas, "인문과학의 이성비판적 폭로: 푸코", 『현대성의 철학적 담론』, 294쪽.
258 서공석, "신앙언어로서 신학의 어제와 오늘", 「신학전망」, 광주가톨릭대학교, 제177호(2012/여름), 26쪽.
259 S. Sontag, 『타인의 고통』, 25쪽.
260 양현혜, "함석헌과 무교회를 둘러싼 종교 사상적 모색", 「종교연구」, 제67집, 한국종교학회, 2012년 여름, 161쪽.

제2부 함석헌의 환경세계 인식과 실천

1 함석헌, 『함석헌전집』 11, 「두려워 말고 외치라」, 한길사, 1984, 351쪽.
2 박은식, 이종란 옮김, 『왕양명실기』, 한길사, 2010, 289쪽.
3 함석헌의 양명학에 대한 이해는 『함석헌전집』 20, 「씨올의 옛글풀이」, "한사람: 王陽明, 大學問", 한길사, 1990 참조.
4 Han Joachim Störig, 임석진 옮김, 『세계철학사(하)』, 분도출판사, 1989, 208-222쪽.
5 황갑연, 「심학 체계에서 보는 '심생물'의 의미」, 김길락 외, 『왕양명 철학 연구』, 청계, 2001, 118-121쪽; 김세정은 리(理)란 "자신과 이분화된 대상 사물에 내재된 법칙을 의미하는 것이 아니라 유기적 관계성을 바탕으로 마음으로부터 창출되는 구체적인 실천 행위의 조리(條理)를 의미(하며)··· 리는 인간 마음으로부터 창출되는 마음의 한 형

태"라고 주장한다. 김세정, "심리일원론 체계와 생명의 창출·전개", 김길락 외, 『왕양 명 철학 연구』, 청계, 2001, 219쪽; "리는 주자처럼 대상적·객관적 사물의 이치가 아 니라, 양명은 '마음의 조리'라고 주제화했다." 유명종, 『왕양명과 양명학』, 청계, 2002, 82쪽; 문성환, 『전습록, 앎은 삶이다』, 북드라망, 2012, 57쪽. "양명에게 이치(理)는 사 물에 속해 있는 '무엇'이 아니다. 매 순간 나의 온 마음이 물(物)을 격(格)해 얻게 되는 바름, 그것이 리(理)다. 즉 이치는 내 마음을 떠나지 않는다. 이치란 결국 내 마음의 문 제라는 것! 이 말은, 이치란 저기 어딘가(바깥)에 있는 것이 아니며, 반드시 지금-여기 에 있는 나의 마음의 문제임을 뜻한다."

6 황갑연, 위의 책, 140쪽.

7 『王陽明全集·答季明德』권6, 214쪽(上海古籍出版社, 1992). "仁者, 天地萬物之心也. 心者, 天地萬物之主也. 心卽天, 言心則天地萬物皆擧之矣.", 한정길, "왕양명 심학의 이 론적 기초", 김길락 외, 『왕양명 철학 연구』, 청계, 2001, 158-159쪽 재인용.

8 한정길, 위의 책, 164쪽

9 한정길, 위의 책, 166쪽

10 김세정, 앞의 책, 209쪽

11 김세정, 위의 책, 228쪽

12 박연수, 『양명학의 이해-양명학과 한국양명학-』, 집문당, 1999, 53-54쪽.

13 유명종, 앞의 책, 121쪽; 문성환, 앞의 책, 58쪽.

14 문성환, 위의 책, 67-70쪽.

15 문성환, 위의 책, 97-98쪽.

16 김경수 역주, 『노자역주』, 도서출판 문사철, 2010, 419-420쪽.

17 김세정, 앞의 책, 215쪽

18 『傳習錄·黃省曾錄』권下, 274조목. "蓋天地萬物與人原是一體, 其發竅之最精處, 是 人心一點靈明, 風雨露雷日月星辰禽獸草木山川土石, 與人原只一體", 김세정, "왕양명 의 유기체적 우주관", 김길락 외, 『왕양명 철학 연구』, 청계, 2001, 313쪽 재인용.

19 김세정, 위의 책, 322쪽; 『傳習錄·答聶文蔚』권中, 179조목. "夫人者, 天地之心. 天 地萬物, 本吾一體者也.", 최재목; "함석헌과 양명학: 한사람: 王陽明, 大學問을 중심으 로", 이만열 외, 『생각과 실천2: 함석헌의 비교사상적 조명』, 한길사, 2012, 73쪽 참조.

20 김세정, "왕양명의 유기체적 우주관", 김길락 외, 『왕양명 철학 연구』, 청계, 2001, 334쪽.

21 김세정, 『왕양명의 생명철학』, 청계, 2008, 148-149쪽.

22 진래, 전병욱 옮김, 『양명철학, 예문서원』, 2003, 111-112쪽; 김대식, 『함석헌과 종교 문화』, 도서출판 모시는사람들, 2013, 226-227쪽.

23 김대식, 『함석헌의 철학과 종교 세계』, 모시는사람들, 2012, 65쪽; 황종렬은 종교적 관 점에 따라 environment에서 나타난 '둘레'를 뜻하는 개념에서 벗어나 "성령이 세상을 감싸듯이, 자연 만물이 인류를 품어 안고 있는 것을 표상할 수 있다. 어머니가 아이를 안고 있듯이, 온 창조계가 인류를 품어 기르는 것을 나타낼 수 있기도 한 것"이라고 말한다. 황종렬, 『가톨릭교회의 생태복음화』, 두물머리미디어, 2008, 20쪽.

24 진래, 전병욱 옮김, 앞의 책, 106쪽.

25 박재순, 『함석헌 씨 올 사상』, 제정구기념사업회, 2013, 195쪽.

26 함석헌, 『함석헌선집』 3, 「생각하는 백성이라야 한다」, 한길사, 1996, 85쪽.

27 함석헌, 위의 책, 264쪽.

28 함석헌, 위의 책, 333쪽.

29 함석헌, 위의 책, 406쪽.

30 함석헌, 위의 책, 415쪽; 김영호는 "그가 '생각하는 백성'이라야 산다고 했을 때 이 生覺은 깨달음[覺]을 지향하고 있음을 암시한다."고 주장한다. 김영호, "함석헌과 인도 종교-다원주의적 종교관", 한민족철학자대회, 「인간다운 삶과 철학의 역할」(자유발표1), 제8회 한국철학자연합대회(대회보2), 1995, 237쪽.

31 함석헌, 위의 책, 440쪽.

32 함석헌, 위의 책, 462쪽.

33 함석헌, 『함석헌선집』 3, 「생각하는 백성이라야 한다」, 한길사, 1996, 521-522쪽.

34 함석헌, 『함석헌전집』 2, 「인간혁명의 철학」, 한길사, 1983, 118쪽.

35 함석헌, 『함석헌전집』 11, 「두려워 말고 외치라」, 한길사, 1984, 95쪽.

36 김대식, 『함석헌의 철학과 종교 세계』, 66쪽.

37 함석헌, 『함석헌전집』 9, 「씨 올 에게 보내는 편지2」, 한길사, 287쪽.

38 함석헌, 『함석헌선집』 3, 「생각하는 백성이라야 한다」, 한길사, 1996, 227-228쪽.

39 함석헌, 『함석헌전집』 2, 「인간혁명의 철학」, 한길사, 1983, 80쪽.

40 김대식, 『함석헌과 종교문화』, 70쪽.

41 함석헌, 『함석헌전집』 2, 「인간혁명의 철학」, 한길사, 1983, 169쪽.

42 함석헌, 『함석헌전집』 2, 「인간혁명의 철학」, 175쪽; 함석헌, 『함석헌전집』 2, 「인간혁명의 철학」, 39쪽 참조. "정신은 본래 혁명적입니다."; 함석헌, 『함석헌전집』 2, 「인간혁명의 철학」, 187-188쪽 참조.

43 함석헌, 위의 책, 95쪽.

44 함석헌, 위의 책, 322쪽.

45 함석헌, 위의 책, 377-378쪽.

46 함석헌, 위의 책, 68-69쪽.

47 함석헌, 위의 책, 94쪽.

48 함석헌, 『함석헌전집』 5, 「서풍의 노래」, 한길사, 1984, 146쪽.

49 함석헌, 위의 책, 166쪽.

50 함석헌, 『함석헌전집』 2, 「인간혁명의 철학」, 한길사, 1983, 141-142쪽; 143쪽.

51 함석헌, 위의 책, 217쪽.

52 함석헌, 위의 책, 278쪽.

53 함석헌, 『함석헌전집』 3, 「한국기독교는 무엇을 하려는가」, 한길사, 1983, 247쪽.

54 함석헌, 위의 책, 178쪽.

55 문성환, 앞의 책, 155쪽.

56 함석헌, 『함석헌전집』 3, 「한국기독교는 무엇을 하려는가」, 한길사, 1983, 255쪽.

57 김세정, "심리일원론 체계와 생명의 창출·전개", 김길락 외, 『왕양명 철학 연구』, 청계, 2001, 232쪽.

58 박재순, 『함석헌의 철학과 사상』, 한울, 2013, 75쪽.

59 김대식, 『함석헌과 종교문화』, 225쪽.

60 함석헌, 『함석헌전집』2, 「인간혁명의 철학」, 한길사, 1983, 360-361쪽.

61 Wayne Klein, *Nietzsche and the Promise of Philosophy*, State University of New York Press, 1997, pp. 147-148.

62 Wayne Klein, 위의 책, 175쪽.

63 한정길, "왕양명 심학의 이론적 기초", 김길락 외, 『왕양명 철학 연구』, 청계, 2001, 206쪽.

64 함석헌, 『함석헌전집』2, 「인간혁명의 철학」, 한길사, 1983, 210쪽.

65 함석헌, 『함석헌전집』2, 「인간혁명의 철학」, 한길사, 1983, 312쪽.

66 함석헌, 『함석헌전집』11, 「두려워 말고 외치라」, 한길사, 1984, 371, 376쪽.

67 함석헌, 위의 책, 382-386쪽. "삶은 내기다. 으뜸이 되잔 것이 삶의 바탈이요 겨냥이다… 삶은 사랑이다. 사랑내기다. 사랑이 으뜸이다. 으뜸은 사랑이다."

68 Martin Heidegger, 전양범 옮김, 『존재와 시간』, 동서문화사, 2012, 470-471쪽.

69 Morten Tønnessen, "Uexküllian Phenomenology", *Phenomenology/ontopoiesis retrieving geo-cosmic horizons of antiquity: logos and life*, ed., Anna-Teresa Tymieniecka, *Analecta Husserliana*, v. 110, part. 1, pp. 328-335; 마르틴 하이데거는 환경적 자연도 존재자와 마찬가지로 세계 소속성을 갖는다고 말하면서 그들은 세계-역사적(das Welt-geschichtliche)이라고 불러야 한다고 주장한다. Martin Heidegger, 위의 책, 489쪽; 신학에서는 이 공간을 단순히 물리적 장소로 인식할 것이 아니라 "하느님의 생명, 하나님의 가족, 하느님의 정의와 평화가 깃들어 있는 자리로서, 하느님의 품"으로 인식해야 한다고 말한다. 나아가 자연과 인간의 공간은 "삶의 근원적 토대"요, "존재의 궁극적 원천 자리"로 인식해야 한다고 주장한다. 황종렬, 앞의 책, 22-23쪽.

70 이종관, 『소피아를 사랑한 스파이』, 새물결, 1995, 198쪽.

71 Michel Onfray, 강현주 옮김, 『철학자의 여행법』, 세상의모든길들, 2013, 48-55쪽.

72 마르틴 부버의 철학에 대한 함석헌의 해석은 다음의 책을 참조. 함석헌, 『함석헌전집』11, 「두려워 말고 외치라」, 한길사, 1984, 93-94쪽.

73 한림덕, 이찬훈 옮김, 『한 권으로 읽는 동양미학』, 이학사, 2012, 158-162쪽. "중국 고전미학은 원기론의 기초 위에서 사람과 자연의 통일을 강조하는데, 그 실질은 심미와 예술이 자연에 근본적인 연원을 두고 있을 뿐 아니라 자연을 초월하기도 하며 자연을 초월하면서도 또한 자연으로부터 떨어지지 않는다는 것을 강조하는 데 있다." 이처럼 동양철학에서는 마음과 사물의 상호융합과 합일, 그리고 주체와 객체의 통일을 강조하는데, 여기에는 이른바 '정감'(情感)이라는 인간의 뜻과 감정이 개입이 된다. 따라서 마음과 자연의 매개가 되며 어떤 존재론적 공간을 가능하게 해줄 수 있는 것이 정감을 통한 거리미학이 아닐까 생각한다. 한편 마르셀 뒤샹(M. Duchamp)은 주체

와 객체 사이에 아무리 다가서도 얇은 빈틈이 생긴다는 뜻의 앵프라맹스(inframince: infra, 기반/하부+mince, 얇은 것/마른 것)를 말했는데, 인간과 자연과의 관계도 그렇게 표현할 수도 있을 것이다.

74 함석헌, 『함석헌전집』11, 「두려워 말고 외치라」, 한길사, 1984, 354쪽.

75 함석헌, 『함석헌전집』2, 「인간혁명의 철학」, 한길사, 1983, 312쪽.

76 시나가와 데쓰히코(品川哲彦), "8. 생명은 어떤 경우라도 존중받아야 하는가", 사토 야스쿠니 · 미조구치 고헤이 엮음, 김일방 · 이승연 엮음, 모럴 아포리아, 글항아리, 2013, 94쪽.

77 함석헌, 『함석헌전집』2, 「인간혁명의 철학」, 한길사, 1983, 307쪽.

78 함석헌, 『함석헌전집』2, 「인간혁명의 철학」, 한길사, 1983, 322쪽.

79 방용호, 『신음하는 지구촌』, 현대사상사, 1994, 66-67쪽 참조.

80 방용호, 위의 책, 484쪽.

81 시나가와 데쓰히코, 앞의 책, 93쪽.

82 E. Breuilly and M. Palmer 편저, 오희천 옮김, 『땅 없으면 하늘도 없다』, 도서출판 글터, 1995, 24쪽.

83 E. Breuilly and M. Palmer 편저, 위의 책, 111-112쪽.

84 加藤尙武(가토 히사다케), 김일방 옮김, 『환경윤리란 무엇인가』, 중문출판사, 2001, 112쪽.

85 Jane Goodall, 김은영 옮김, 『희망의 밥상』, 사이언스북스, 2006, 82-85쪽.

86 E. Breuilly and M. Palmer 편저, 위의 책, 173쪽.

87 함석헌, 『함석헌전집』11, 「두려워 말고 외치라」, 한길사, 1984, 188쪽.

88 함석헌, 위의 책, 189쪽.

89 함석헌, 위의 책, 193쪽.

90 함석헌, 위의 책, 194쪽.

91 加藤尙武(가토 히사다케), 김일방 옮김, 『환경윤리란 무엇인가』, 중문출판사, 2001, 112쪽.

92 加藤尙武(가토 히사다케), 위의 책, 176쪽.

93 함석헌, 『함석헌전집』11, 「두려워 말고 외치라」, 한길사, 1984, 36-37쪽.

94 함석헌, 『함석헌전집』11, 「두려워 말고 외치라」, 한길사, 1984, 39쪽.

95 Raymond B. Blakney, 이민재 옮김, 『마이스터 에크하르트1』, 다산글방, 150쪽.

96 Raymond B. Blakney, 위의 책, 158쪽.

97 Raymond B. Blakney, 위의 책, 361쪽.

98 Raymond B. Blakney, 위의 책, 160쪽.

99 H. Cox, 마경일 옮김, 『신의 혁명과 인간의 책임』, 현대사상사, 1981, 33쪽.

100 H. Cox, 위의 책, 27쪽.

101 R. R. Myers, 김준우 옮김, 『언더그라운드 교회』, 한국기독교연구소, 2013, 351쪽.

102 전헌호, 『가능성과 한계』, 위즈앤비즈, 2011, 62-64쪽.

103 함석헌, 『함석헌전집』, 죽을 때까지 이 걸음으로, 한길사, 1984, 9쪽.

104 R. R. Myers, 앞의 책, 352-353쪽.

105 함석헌, 앞의 책, 142쪽.

106 함석헌, 위의 책, 142쪽.

107 R. R. Myers, 앞의 책, 299-300쪽.

108 윤수종, 『자율운동과 주거공동체』, 집문당, 2013 참조.

109 G. W. Leibniz, 이동희 편역, 『라이프니츠가 만난 중국』, 이학사, 2003, 100쪽.

110 J. Moltmann, 김균진 옮김, 『생명의 영』, 대한기독교서회, 1992, 65쪽, 370쪽.

111 J. Moltmann, 위의 책, 112쪽.

112 함석헌, 『함석헌전집』 19, 「영원의 뱃길」, 한길사, 1985, 141-143쪽.

113 Lester R. Brown, 박진도 옮김, 『식량대란』, 도서출판 한송, 1997, 142쪽.

114 H. Cox, 마경일 옮김, 『신의 혁명과 인간의 책임』, 현대사상사, 1981, 80쪽.

115 M. Fox, 황종렬 옮김, 『원복』, 분도출판사, 2001, 27쪽.

116 함석헌, 『함석헌전집』 19, 「영원의 뱃길」, 한길사, 1985, 144쪽.

117 J. Habermas, 이진우 옮김, 『현대성의 철학적 담론』, 문예출판사, 1994, 34쪽.

118 J. Moltmann, 위의 책, 163-164쪽.

119 John Heagle, 이세형 옮김, 『고통과 악』, 생활성서사, 2003, 87쪽.

120 John Heagle, 위의 책, 76쪽.

121 강영옥, 『고통, 신앙의 단초』, 우리신학연구소, 1999, 240쪽, 243쪽.

122 김동식, 『프래그머티즘』, 아카넷, 2002, 137-139쪽.

123 Jean Préposiet, 이소희 · 이지선 · 김지은 옮김, 『아나키즘의 역사』, 이룸, 2003, 63-64쪽.

124 Joseph R. DesJardins, 김명식 옮김, 『환경윤리』, 자작나무, 1999, 356-357쪽.

125 H. Cox, 오강남 옮김, 『예수, 하버드에 오다』, 문예출판사, 2004, 446쪽.

126 Colin Ward, 김정아 옮김, 『아나키즘, 대안의 상상력』, 돌베개, 2004, 150쪽.

127 Rosemary R. Ruether, 전현식 옮김, 『가이아와 하느님: 지구 치유를 위한 생태 여성 학적 신학』, 이화여자대학교출판부, 2000, 246-247쪽.

128 Rosemary R. Ruether, 위의 책, 296-298쪽.

129 양해림, 『한스 요나스의 생태학적 사유 읽기-『책임의 원칙』 독해』, 충남대학교출판 문화원, 2013, 46쪽.

130 양해림, 위의 책, 85쪽.

131 박홍규, 『인디언 아나키 민주주의』, 홍성사, 2009, 56-59쪽.

132 P. A. Kropotkin, 김영범, 『만물은 서로 돕는다』, 르네상스, 347-348쪽.

133 P. A. Kropotkin, 백용식 옮김, 『아나키즘』, 도서출판 개신, 2009, 133쪽.

134 Noam Chomsky, 이정아 옮김, 『촘스키의 아나키즘』, 해토, 2007, 50쪽.

135 Jean Préposiet, 앞의 책, 271쪽.

136 함석헌, 『함석헌전집』 2, 「인간혁명의 철학」, 한길사, 1983, 94쪽.

137 함석헌, 위의 책, 377-378쪽.

138 함석헌, 위의 책, 217쪽.

찾아보기